陶行知画传

周洪宇/著

山东教育出版社
·济南·

图书在版编目（CIP）数据

陶行知画传 / 周洪宇等著 . —济南 ： 山东教育出版社，2011（2024 重印）
ISBN 978-7-5328-7041-7

Ⅰ. ①陶… Ⅱ. ①周… Ⅲ. ①陶行知（1891～1946）—传记—画册 Ⅳ. ① K825. 46—64

中国版本图书馆 CIP 数据核字（2011）第 201848 号

陶行知画传

周洪宇　著

主　管：山东出版传媒股份有限公司
出版者：山东教育出版社
（济南市二环南路2066号4区1号　邮编：250003）
电　话：（0531）82092664
网　址：http：// www. sjs. com. cn
发行者：山东教育出版社
印　刷：山东华立印务有限公司
版　次：2024 年 4 月第 1 版第 4 次印刷
规　格：787mm × 1092mm　16 开本
印　张：17.75 印张
字　数：335 千字
书　号：ISBN 978-7-5328-7041-7
定　价：78.00 元

（如有印装质量问题，请与印刷单位联系调换）
（电话：0531-76216033）

愛滿天下

行知

文化為公

陶行知

e a MEXICO!
peón de
xplica el
México
DOCTOR T

捧着一颗心来
不带半根草去

陶知行题

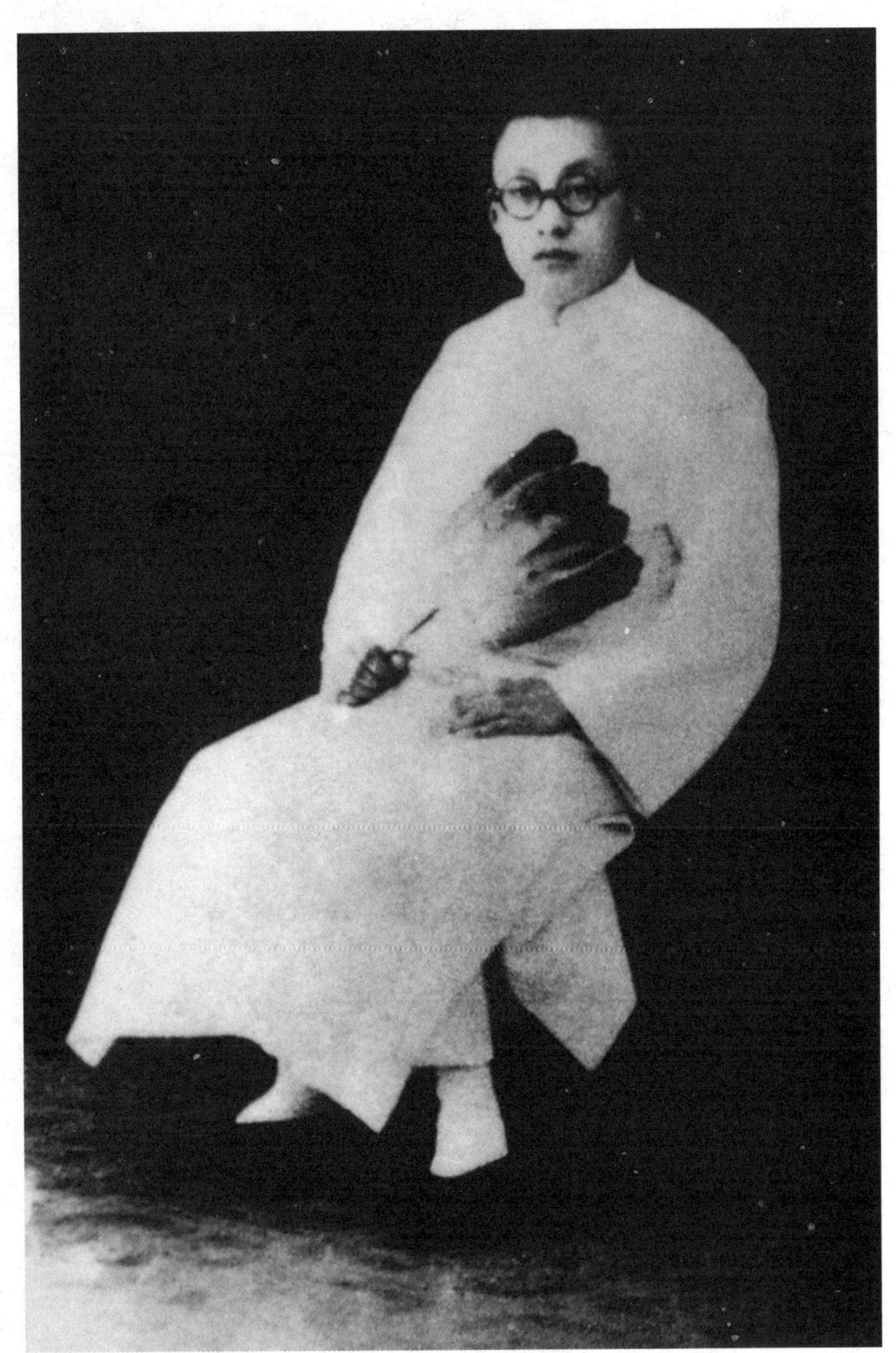

滴自己的汗吃
自己的飯自己
的事自己幹靠
人靠天靠祖上
不算是好漢

自己二字含有個人與團体兩
重意義

陶知行

人生两个寶雙手與
大腦用腦不用手快
要被打倒用手不用
腦飯也吃不飽手腦
都會用纔算是開天
闢地的大好老

手腦相長歌

陶知行題

拔茅草搬石塊自己的學校自己開
互相教導互相信賴
讀書不做讀書獄
分析過去抓住現在創造將來

改作黃金時代歌

陶行知題

目　录

家世与童年　/ 001

001 贫寒家庭出身的“小和尚”

002 特别能吃苦耐劳的“徽骆驼”

003 深受尚实、求实、笃实的徽州地域文化影响

006 酷爱白居易、杜甫为人与诗风的少年郎

从皖南乡村蒙馆走进世界著名学府　/ 007

007 旸村蒙馆，早期的传统文化启蒙

009 崇一学堂，新式西方文化教育的初步洗礼

011 金陵大学，系统接受现代民主科学，世界观、人生观、价值观奠基

020 赴美国伊利诺大学攻读政治学硕士，迈出走向世界的第一步

022 转赴哥伦比亚大学师范学院攻读教育学博士，开启教育生涯之门

爱情、婚姻与家庭　/ 028

028 慈祥仁爱的父母

032 幼年早夭的姐姐与为哥哥事业而倒下的妹妹

033 厚道朴实的第一任妻子汪纯宜

036 聪明可爱且同为“战友”的四个儿子

041 与“忘年交”第二任妻子吴树琴的浪漫爱情

广泛的社会交往与人事资源　/ 047

047 江浙教育前辈蔡元培、黄炎培与张謇

055 哥伦比亚大学的老师斯特雷耶、杜威、孟禄、克伯屈与桑代克

062 哥伦比亚大学的同学郭秉文、胡适与陈鹤琴
074 共产党人弟子李鹏、张劲夫、刘季平、董纯才、戴伯韬、方明与张健

大刀阔斧、勇往直前的教育改革 / 081
081 主持南京高师、东南大学教育科，提倡高等教育革新
083 主持中华教育改进社，推动全国教育改革
086 组织中华平民教育促进总会，推行平民教育运动
089 发起乡村教育同志会，推行乡村教育运动
092 创办中国普及教育助成会，发动普及教育运动
093 成立国难教育社和生活教育社，开展战时教育运动
098 主持民盟中央教育委员会，推动民主教育运动

艰难曲折、耗尽心血的办学实践 / 101
101 创办晓庄师范，“远东教育革命的策源地”诞生
112 创办山海工学团，“产生一个富有生活力的新细胞”
123 创办育才学校，为国家、为民族、为人类“培养人才之幼苗”
136 创办社会大学，“在明民德，在亲民，在止于人民之幸福”

独具特色、富有原创性的生活教育学说 / 143
143 生活教育学说的来源
146 生活教育学说的形成与发展
148 生活教育学说的三大命题
152 生活教育学说的具体主张
161 生活教育学说的历史作用及其现代价值

文化艺术界刮起的“行知风” / 165
165 创作别具一格的“陶派诗”，开创一代诗风
176 创作新型教育小说，开创中国现代教育文学
179 创作杂文和散文，堪称现代杂文家和散文家

185 创作大众歌曲，成为文艺大众化的健将
189 创建晓庄戏社和育才戏剧组，推动大众戏剧
192 创办育才绘画组，提倡国画创作

大力推动文字改革，勇当“新文字”“大众语”的急先锋 / 194
194 力倡新文字改革
197 发起大众语文运动

发起“科学下嫁”，积极推动科学普及 / 203
203 主持科学教育调查，力倡科学教育
204 创办自然学园，推行“科学下嫁”运动
207 培养科普骨干，出版科普书籍

从民主主义者转变成为共产主义战士 / 209
209 从旧民主主义到新民主主义
215 从实用主义到辩证唯物主义
216 从辛亥革命、五四运动、抗日战争到战后反独裁、反内战

中华民族优秀的人格范型 / 234
234 爱满天下的博大胸襟
236 乐于奉献的伟大情操
236 炽烈真诚的教育激情
237 不屈不挠的刚毅品质
238 求真务实的思想作风
241 开拓求新的创造精神

陶行知大事年表 / 243
参考文献 / 265

育才学校校歌

鳳凰山上

我們是鳳凰的兒女。
我們是鳳凰山的小主人。
鳳凰山是我們的家，
我们的学校，
我们的樂園，
我们的世界。

我们是鳳凰山的開墾者，
要創造出新的鳳凰山，新的家，新的学校，新的樂園，新的世界。
我们要虛心，虛心，虛心。

家世与童年

贫寒家庭出身的“小和尚”

陶行知原名陶文濬，字世昌，1891年10月18日出生于安徽省歙县西乡黄潭源村的一个贫寒家庭。他有一姊一妹，姊名宝珠，幼殇。妹名美珠，又名文渼。

陶行知的父亲名长生，字位朝，号筱山，粗通文墨，为人厚道，原在休宁县万安镇经营亨达官酱园。鸦片战争之后，由于帝国主义列强的入侵和洋货倾销，农村的自给自足经济每况愈下，营业萧条，家境困难，只得将酱园出顶给曹氏亲戚，回故乡黄潭源村种田务农，卖柴卖菜。陶行知的母亲曹翠仂，除种田务农、操持家务外，还替人缝补浆洗作佣人。

青少年时期的陶行知。

陶行知小时乳名和尚，是因为他有一个姐姐幼年夭折，陶父鉴于人丁不旺，出于迷信观念和民间习俗，想让陶行知寄于沙门，荫佛长寿，故取乳名和尚。同时，也是因为他小时候头发为省事起见常常被母亲剃得光光的，村里人都叫他“小和尚”。陶家那把剃刀，用过三代，遂有“一把剃刀剃三代”之说。陶行知把母亲使过的剃刀视为最可纪念的传家宝。母亲逝世后，他曾做诗一首：“这把刀！曾剃三代头，细数省下钱，换得两担油。”

由于家境贫寒，陶行知自幼便饱经世故沧桑，深知农家疾苦。十一二岁时，他就成为家中的半个劳动力，每天随祖母一起绩麻，跟母亲一起种菜，随父亲一起砍柴、卖柴和卖菜。他平日接触的大多是贫民，一直生活在贫民社会环境中，对劳苦大众无比挚爱，对有钱有势者则极为鄙视，自幼便形成了亲民、爱民、为民、救民的思想。

当时，歙县西干十寺有两个当家和尚勾结官府，鱼肉人民，利用宗教，作威作福，强奸妇女，并以宣扬佛教为名，沿西干山坡修建18座佛龛，强捐恶索，惹起众怒。陶行知激于义愤，与同学朱家治等人，把西干沿河的木雕菩萨全部摔入河里，并质疑说：“佛心何在？”还告诫小和尚不要为虎作伥，应修善宁人，方是佛门本色。可见他自小就有一种强烈的正义感，这是他日后亲民、爱民、为民、救民的思想起点。

特别能吃苦耐劳的“徽骆驼”

陶行知的故乡歙县，旧属徽州府，在安徽省南部。徽州全境多为山区，虽风景秀美，但山多地少，土瘠民贫，全年的粮食仅够当地居民三月之需。因此，为了生存，徽州人大多离乡背井，外出经商。他们多以小生意起家，刻苦耐劳，积累资金，逐渐扩大势力。有的竟成为富商大贾。徽州人以善于经商闻名全国，甚至有“无徽不成镇”的说法，意指一个地方只要徽州人进来，就开始设店经商，把小村落变成小市镇。徽州人特别能够吃苦耐劳，富于开拓创业精神，人称“徽骆驼”、“绩溪牛”。陶行知自幼便深受这种精神的感染，萌生了艰苦奋斗、开拓进取的意识。1923年春，陶行知曾在《游牛首山》这首诗的题注中，对“绩溪牛”的精神予以称赞：“吾乡称绩溪人为绩溪牛，人以为侮辱，我以为是尊敬，因为牛是农家之友，没有牛，我们哪里来的饭吃呀！”纵观陶行知的一生，他不正是这样一头“绩溪牛”和“徽骆驼”吗？

陶行知的故乡安徽省歙县。

深受尚实、求实、笃实的徽州地域文化影响

徽州商人为了在激烈的商业竞争中始终立于不败之地，他们十分注重自身文化素养的提高。因此，徽州地区的学习气氛格外浓厚。孩子们从小就要进各类塾馆读书，接触儒家经典。许多徽商是或“先儒后贾”，或“儒而兼贾”，或“亦儒亦贾”，或“先贾后儒”。由于徽商具有这个特点，因而他们在商业竞争中，具有“权低昂，时取予”的

保存完好的古徽派建筑群。

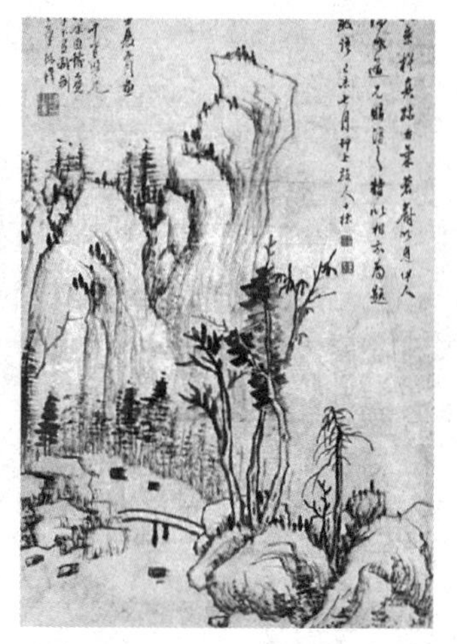

明末清初新安画派一代宗师渐江的代表作。

洞察能力，容易发财致富，并易于与政界官场建立密切联系，为进一步扩大势力创造条件。

与此相关，徽州人非常重视发展教育事业，兴建各级各类学校。自明初起，各乡创办社学，徽州六县共有社学 394 所。及至清朝康熙年间，发展到 512 所。嘉庆以后，社学渐衰，私塾又起。“远山深谷，居民之处，莫不有学有师。”“十户之村，不废诵读。”徽州的书院也有相当发展。从北宋到清末，徽州六县共建书院 70 所，其中宋建 18 所，元建 6 所，明建 34 所，清建 12 所。明清时期，徽州宗族还普遍实行资助学员的宗规家法。《重修古歙东门许氏宗谱》卷八《许氏家规》规定：“凡逼族人子弟肄习举业，其聪明俊伟而迫于贫者，厚加作兴，始于五服之亲，以至于人之殷富者，每月给以灯油、笔札之类，量力而助之。”

徽商拥有的雄厚经济实力与徽州甚为发达的教育事业，导致徽州地区的文化学术在明清时期出现了空前繁荣的景象。地域性哲学、经学、医学、绘画、戏剧、建筑、雕刻、盆景等专业性文化得到了长足发展，相继衍化为自成一体、具有鲜明地方特色的派别。新安理学、徽派朴学、新安医学、新安画派、徽班徽调、徽派建筑、徽派雕刻、徽派篆刻、徽派盆景等，无不享有盛名，著称全国。尤其是徽派朴学，在清代学术史上力压群芳，影响深远。徽派朴学的创始人为婺源江永。他一生从事教育与著述，学问渊博。江永的高足戴震是徽派朴学的集大成者，其治学“长于分析条理，而裁断严密，每获一义，

歙县许国石坊，陶行知少年时喜欢去的地方。

及参互考之：往往确不可易”。继戴震之后，黟县俞正燮，歙县洪榜、凌廷堪、汪莱、程恩泽，绩溪胡匡衷、胡培翚、胡春乔等，都是清代学术界出类拔萃的著名学者。徽派朴学代表了清代学术的最高成就，其学风集中体现了清代学术尚实、求实的特点。

诞生在这种文化地理背景中的陶行知，自然要受到地域文化的影响。其实事求是、大胆怀疑、敢于批判的精神，无疑是徽派朴学基本治学精神的继承与弘扬。

酷爱白居易、杜甫为人与诗风的少年郎

从孩子时代起，陶行知就在这样一个学风朴实、名人辈出的文化之乡，饱受传统文化的熏陶。源远流长的徽州文化，给他以耳濡目染、潜移默化的影响。他从 6 岁起开始接受启蒙，接受儒家教育。此后虽因家庭原因，时有中辍，但好学精神未减。即便是风雪之日，他也从不停止向先生问学。他曾先后拜歙县、休宁的几位名儒为师，研习《四书》《五经》，在传统文化方面奠定了厚实根柢。这为他后来事业的发展打下了良好的基础。

少年时代，陶行知对唐代诗歌产生了浓厚的兴趣，其中尤为酷爱白居易、杜甫两人的作品。他因家贫无钱买书，就向同学汪采白的父亲汪纪修借唐诗来抄写。他边抄边吟，抄写十分认真。还书时，汪先生问他："唐朝诗人中，你最推重谁？"陶不假思索地答道："白居易、杜甫。"汪先生又问："为什么？"陶说："白诗通俗，杜诗沉郁。他两人诗的风格虽不同，但多感时之作，喊出了人民的呼声。"

杜甫和白居易都是有强烈的人民性和爱国主义精神的诗人，他们的作品充满了对人民的爱和对敌人的恨，对祖国的赤诚和忧虑。从这些祖国的优秀文化遗产中，陶行知吸取了丰富的人民性的思想力量和爱国主义的精神。不仅如此，他还学习了白居易用大众语言写大众诗的艺术风格。陶行知后来写了近 700 首诗歌，成为现代中国著名的大众诗人。他的诗作感时忧国，反映民生疾苦，对反动派的祸国殃民、屈膝投降，口诛笔伐，沉雄有力，而且明白晓畅，老妪可解，这显然是师承白、杜的结果。

从皖南乡村蒙馆走进世界著名学府

旸村蒙馆，早期的传统文化启蒙

陶行知自幼聪慧，资质优异，而且是家中唯一的男孩，陶父将家庭的希望都寄托到他的身上，再加其父陶位朝有一定的文化基础，还曾担任过教会学校的国文教员，他期望通过教育儿子成才而改变家庭的贫困命运，于是他经常利用闲余时间对陶行知进行识字教育，让其临摩字形。

早期的智力开发，使得陶行知比一般的孩子聪明，而且勤劳务实，礼貌待人，这就引起了旸村塾师方庶咸秀才的注意。于是，1897年，6岁的陶行知便通过行束脩之礼入方秀才私塾开蒙。此后的陶父继续利用业余时间，在家对陶行知进行习字教育，并接受简单的儒学知识。陶行知的记忆力特别强，三刻钟内就能背诵《左传》43行。

黄潭桥，陶行知少年时濯足戏水的地方。

8岁时，陶父重返休宁万安任册书，陶行知也随父入吴尔宽

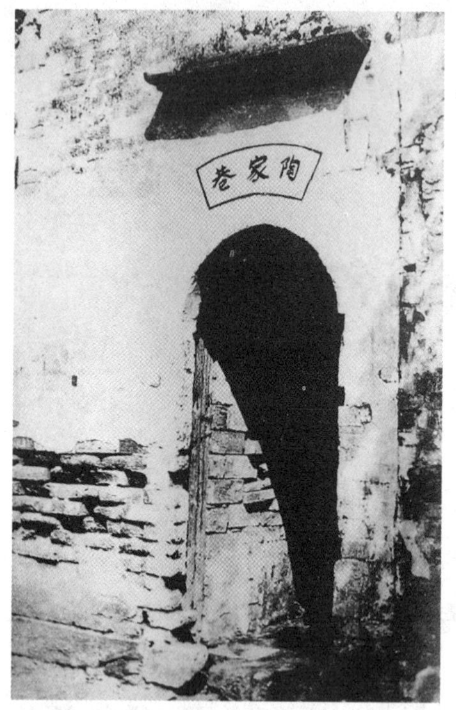

陶家巷内的陶行知故居。

陶行知早年就读的旸村蒙馆和万安私塾。

私塾伴读。陶行知在这里接受了较为系统的经学教育，他天资聪颖，刻苦钻研，反应灵敏，深得外祖母、塾师、学友的青睐，在此五年一直苦读中国传统儒学经典，奠定了较好的旧学基础。

1903年，12岁的陶行知又得到了秀才程朗斋对四书的解读指导。后来，他还不辞艰辛，翻山越岭，奔波十几里来到航埠头曹家经馆，向前清贡生王藻请教，他经常站立门外候教，甚至不顾大雪纷飞，王藻曾赞扬他有一种“程门立雪”的古人之风。这种求学的诚意深深打动了王先生，陶行知从王藻那里得到了对五经的指点与教诲。

这样，陶行知通过传统的家庭教育和四处求学的双重途径，受到了良好的传统文化教育，为日后成为聚中国传统美德与高尚气节于一身，兼具儒家的亲仁、墨家的兼爱、佛家的慈悲和基督教的博爱品质的文化伟人和教育大师奠定了深厚的文化根基。

崇一学堂，新式西方文化教育的初步洗礼

1906年，陶行知进入隶属于基督教内地会的“徽州府崇一私立中学堂”学习，开始接触西方近代科学文化知识，经受西方文化的洗礼。

陶行知跨入崇一学堂，这并非历史的偶然，实与当时的时代环境、他的家庭以及本人际遇均有密切关系。鸦片战争以后的中国，西方列强在军事侵略、经济掠夺的同时，逐步加强了文化渗透。他们以强大的武力作后盾，迫使清政府签订了一系列不平等条约，并向西方传教士敞开了国门，允许西方传教士在各省租买田地，开设教堂，传播基督教。从此，西方传教士蜂拥而入，很快便深入到中国的穷乡僻壤。当时在安徽地区活动的教会组织，主要有内地会、来复会、浸信会、北长者会、信义会、圣公会等。其中，内地会的势力最大。内地会是英、美等国基督教新教对中国派遣传教士的差会组织，由英国人戴汝生于1865年创立，总会设在伦敦。所派传教士来自各个不同的宗派，以英、美、加拿大、澳大利亚和新西兰人为主，亦有少数德、奥、瑞士和北欧人。在安徽打头炮的是密多士（Wr.Meadows）和卫良（Wr.Williamson）两人。经过一番惨淡经营，终于1869年在安庆奠定了传教事业的基础。此后几年中，内地会是安徽唯一的教会组织。在1869—1885年期间，先后创立差会总堂四处：安庆（1869）、宁国（1874）、池州（1874）和歙县（1875）。歙县崇一学堂就是他们于1900年为传播基督教义和西方文化科学知识、扩大教会影响而创办的。校长由歙县内地会教堂的英籍牧师吉布斯（C.W.Cibbs）兼任，此人汉名唐进贤。

陶行知13岁时，一度重返休宁万安工作的父亲陶位朝被解除册书一职，再次回家务农。他也随父离开万安回到歙县。当时教堂通事（翻译）章觉甫与陶位朝是朋友，看见老友落魄潦倒，全家生活困难，便介绍陶行知的母亲到歙县内地会教堂当帮佣，除炊事外，兼做勤杂工。小小年纪的陶行知，颇懂体贴父母。常随父母挑瓜挑柴进城出售。卖完菜、柴后，总是去教堂帮助母亲做一些洗菜、挑水等杂活。崇一学堂校长唐进贤，爱好中国经史文学，见陶行知举止大方，手脚灵活，又喜其聪明好学，遂嘱陶母送他入学，并免收学费，于是，在15岁这一年，陶行知进了崇一学堂这所教会学校求学。

入崇一学堂学习，是决定陶行知一生命运的关键性的一步。崇一学堂为他从旧式知识分子转变为现代文化人架设了第一块跳板。崇一学堂学制三年，开设的课程有德行、修身、经学、国文、英文、中西历史、算学、代数、格致、地理、音乐、体操等12门，

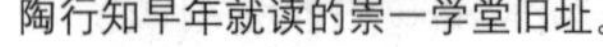

陶行知早年就读的崇一学堂旧址。

陶行知在崇一学堂时的宿舍旧址，陶曾在床头墙上题诗："我是一个中国人，要为中国作出一些贡献。"

唐进贤一人兼授英文等 7 门。这些课程的设置，体现了教会学校把基督教文化同儒家思想中有利于教会的东西结合起来的意图，表明教会教育是一种中西混合式的教育。当时的同学有姚文采、江粹青、程家庚、章文美、章文启、汪邦镐、朱家治、汪嵩祝、洪范五、程祖贻、汪邦荣、汪邦钊、汪孔祁、汪邦钧等 18 人。他与姚文采、洪范五同住在一间寝室，经常进行背书比赛，陶行知以惊人的记忆力总是夺得冠军。

在崇一学堂，陶行知珍惜时间，发愤攻读，如饥似渴地学习西方文化科学知识，学业上突飞猛进，并滋生了爱国意识。尽管在此所接触到的西方文化还极为有限，崇一虽名为中学堂，实际程度似仅与高小相齐。但无论如何，它毕竟给幼小的陶行知打开了一扇眺望新世界的窗口。从这扇窗口，他看到了发达的西方，看到了四书五经、子曰诗云所无法告诉他的新世界。他的视野也从一个小小的歙县扩大到全中国甚至全世界。一股强烈的历史使命感由此而开始萌发，他用毛笔在宿舍的墙壁上题写了两行座右铭："我是一个中国人，要为中国作出一些贡献"，并朝夕以此自勉。正是以崇一学堂为起点，他开始了对救国救民真理的艰难探索。

金陵大学，系统接受现代民主科学，世界观、人生观、价值观奠基

在崇一学习两年后，因唐进贤临时有事返回英国，学校便关了门。当时，陶行知目睹旧中国贫穷落后，科学医疗很不发达，庸医误人，自己的姐姐因病夭折，遂在好友章文美等人的影响下，像早期的孙中山、鲁迅和郭沫若那样，一度萌生了行医济世、医学救国的念头，为此，他于1909年春投考杭州的一所教会学校——广济医学堂。由于该校对于非基督徒学生在课程学习等方面有歧视性规定，他只待了三天便愤而退学。

离开杭州后，陶行知一度流落苏州。不久又回家专攻英语。1909年秋，巧遇办完事后回到中国的唐进贤，经其介绍，考入南京美国教会美以美会办的汇文书院。1910年春，汇文书院与基督会和长老会合办的宏育书院合并为金陵大学堂，他直接升入金大学习。金大初创时，仅设文科及若干数理课程。文科分预科、本科两部。预科2年，本科3年。因他此前已有汇文的半年成绩，故预科只读了一年半，便于1911年升入文科本科，至1914年夏完成学业，他在金大生活和学习了五年。如果说跨入崇一，是他在人生道路上迈出的关键性的第一步，那么，求学金陵，无疑是更为坚实有力的又一脚。

金陵求学的这五年，正是民族、民主革命浪潮汹涌澎湃之时。陶行知一面勤奋学习，一面踊跃投身于辛亥革命的洪流之中。他曾发起组织大学运动会，以门票收入充作“爱国捐”，帮助黄兴领导的南京留守机关解决财政困难。并倡设金大学报《金陵光》中文报，任中文主笔，撰文宣传民主共和思想。

金陵大学时期的陶行知。

在此期间，陶行知在学习上非常勤奋。不但其各门专业课程成绩优异，为全校师生所瞩目，而且还利用课余时间，广泛涉猎了近代西方哲学、社会政治学说和大量的中国古代文化典籍，西方的达尔文、赫胥黎、斯宾塞、林肯等人与中国的孔子、孟子、墨子、庄子、荀子、朱熹、王阳明、王畿等人的著作和学说，均在其博览之列，而近人严复、梁启超、孙中山等人的思想尤为他所熟悉。其中，他

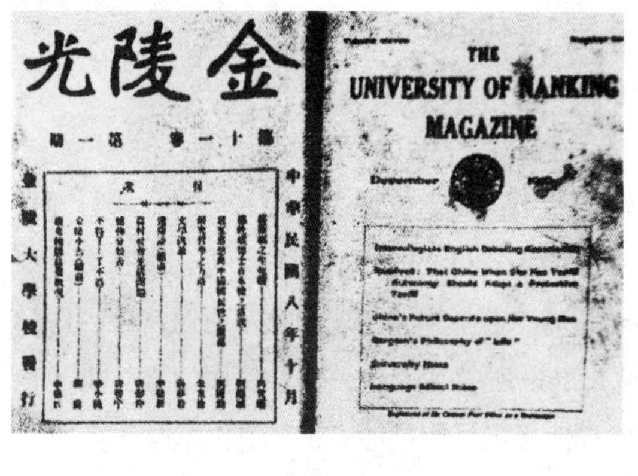

金陵光

第十一卷第一期

金陵大學校發行

中華民國八年十月

THE UNIVERSITY OF NANKING MAGAZINE

December

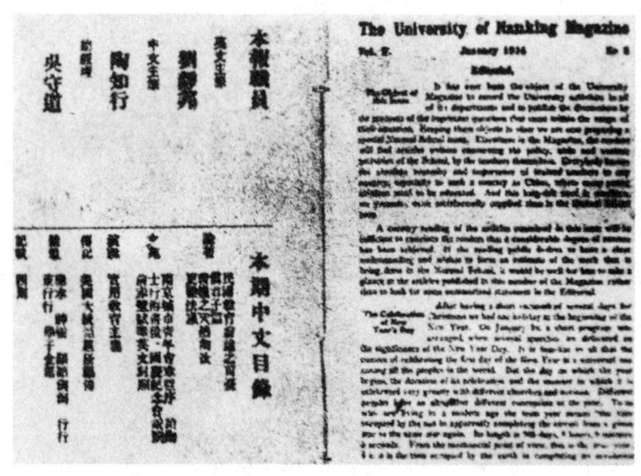

本報職員

陶知行

本期中文目錄

The University of Nanking Magazine

January 1916

Editorial

陶行知在金陵大学上学时主编学报《金陵光》，并在上面发表许多文章，提倡民主、自由、博爱和科学。

对严复介绍的进化论、西方资产阶级民约论和孙中山所宣传的资产阶级民主共和思想，以及明代王阳明的“知行合一”学说，所下苦功更非常人所及。这一番中西文化交融并摄的功夫，使其哲学思想和政治思想迅速迈入新境，极大地改变了他的世界观和人生观。

此时，陶行知通过阅读严复译述的《天演论》，开始接触并信奉达尔文的进化论。他认为，人类社会一切现象，都是“天演”（即进化）的结果。没有“天演”，就没有一切。他在为《金陵光》中文报创刊所写的发刊词《〈金陵光〉出版之宣言》中指出：“《金陵光》随学生天演之进步自然发生。”又在毕业论文《共和精义》里说：“共和者，人文进化必然之产物也。使宇宙万物无进化，则共和可以无现；使进化论放诸邦国社会而不准，则共和犹可以无现，无如进化非人力所能御也。进化非人力所能御，即共和非人力所能避。”小至一种具体的刊物，大至一种影响深广的政治学说和体制，莫一不是人类进化之结果。他还认为，物竞天择是人类社会进化的公理，适者生存，不适者灭亡，“处此物竞之世界，与器间有竞争，与物诱有竞争，即下至饮食起居之细，亦莫不合有竞争之义。于是筹备竞争，宜任劳，实行竞争也，宜百苦。竞争而不能胜，则难生矣！”与此同时，陶行知在对清末民初社会现实冷静观察和思考的基础上，通过对近代中西各种社会政治思想的广采博纳和抉择改铸，初步形成了资产阶级共和主义的政治思想。

在自由平等观上，他把共和主义的根本精神概括为自由、平等、民胞（即博爱）三大信条。依据近代西方学者的某些观点，他对自由、平等、民胞作了新的阐释。在他看来，自由可分为法律之内的和道德之内的两种。它们可视为“负面的自由”与“真自由”。

前者“人民久已不惜蹈汤赴火以争之，其成绩已大有可观。然人民脱离强暴之羁绊，未必即能自由也”。为什么？“盖天下乏至不可超脱者，有自奴焉！故真自由贵自克。天下之至不可侵越者，有他人焉！故真自由贵自制。天下之至不可忽略者，有公福焉！故真自由贵个人鞠躬尽瘁，以谋社会进化。”显而易见，其“真自由”的含义是自克、自制、个人鞠躬尽瘁以谋社会进化。关于平等，他指出：“天之生人，智愚贤不肖不齐，实为无可韪之事实。平等主义亦不截长补短，以强其齐。在政治上、生计上、教育上，立平等之机会，俾各人得以自然发展其能力而为群用。”他所主张的，不是天赋的平等，而是机会的平等。值得注意的是，他把民胞（博爱）视为比自由平等更为重要的东西，只有“民胞主义昌，而后有共同目的、共同责任，共同义务；而后贵贱可除，平等可现；而后苛暴可蠲，自由可出。苛无民胞主义以植共和之基，则希望共和，犹之水中捞月耳！”民胞实为“共和之大本”，这反映出他对民胞的极端重视，并成为他日后提出的“爱满天下”主张的滥觞。

在对个人与社会的看法上，他认为，共和主义“重视个人之价值”、“唤醒个人之责任”、“予个人以平等机会”，人虽贵贱贫富不同，但价值则一，都是“社会邦国之主人翁也”，都“对社会有天职之当尽耳”，“俱予以自由发展智仁勇之机会，俾得各尽其能”。他明确指出，“共和主义，视人民为社会主权。群之良窳，唯民是视。民荀愚劣，社会绝对不能兴盛。社会欲求兴盛，必负改良个人之责”。所以，共和主义“以博爱为社会组织之大本，而以兄弟视其分子”。“个人为社会而生，社会为个人而立，实共和主义之两元也。”表明了他试图以社会为基点，将个人与社会两方面协调起来，不致有所偏废。

在政治观上，他赞同美国总统林肯著名的“二民”原则：“政府者，人民之政府，人民自治以谋人民之福利”，称之为“实共和政治之圭臬焉”，并进一步将其具体化为三点内容：其一，“共和政治图谋国民全体之福利”，给予人民以言论、著述、集会的自由。对于人民的各种建议，“择良而要者施行之”。其二，“共和政治重视共和目的、共同责任”，所以，“共和政治不特有透达既往目的之能力，且有发生将来目的为进步之母”。其三，“共和政治能得最良之领袖”。共和主义承认人民为主权，不是主张无首领，而是主张好首领。“共和首领由民举，必其人能亲民、新民、恤民，然后民乃推戴之。即有大奸巨猾，以媚民手段，占窃神器，然朝违民意，夕可弹劾也”。

在实施共和主义的途径上，他反对“不问国情”，照抄西方模式，主张根据中国的具体国情，确定实施共和主义的途径。他把中国的具体国情归纳为四点：“国民程度不足”，

王守仁，号阳明，中国明朝时期著名的思想家、政治家、军事家。金陵大学时期陶行知尊崇王阳明的"知行合一"学说，将自己的名字"陶文濬"改为"陶知行"，并一直沿用到 1934 年。

出现"伪领袖"，"党祸"丛生，存在"多数之横暴"的可能。有鉴于此，他提出四条实施途径：发展教育，便利交通，依靠人文进化，维持一定秩序。尤其难得的是，他此时已对教育的社会功能有了深刻认识，"人民贫，非教育莫与富之；人民愚，非教育莫与智之；党见，非教育不除；精忠，非教育不出。教育良，则伪领袖不期消而消，真领袖不期出而出。而多数之横暴，亦消于无形。况自由平等，恃民胞而立，恃正名而明。同心同德，必养成于教育；真义微言，必昌大于教育。"因此，"教育实建设共和最要之手续，舍教育则共和之险不可避，共和之国不可建，即建亦必终归于劣败"。可以说，陶行知后来献身于教育事业，就是以此时对教育功能的深刻认识为思想基础的。

哲学上开始信从王阳明"知行合一"理论，是陶行知在金大求学期间思想方面的又一重要收获。

进入金大不久，陶行知在该校 F.G. 亨克（Fredericl Goodrich Henke）教授的悉心指导下，开始研究起明代大哲学家、教育家王阳明的学说。王阳明的学说产生于 16 世纪初叶，作为理学内部与朱熹学说相对立的异军，曾在中国思想文化领域里占据中心位置达百余年时间，并对后世产生了深远影响。王学体系可以用"致良知"三字来概括，主要包括三大理论："心即理"论、"知行合一"论和"万物一体"论。王阳明认为，天理存在于人们的心中，心中的天理就是良知，这种良知乃先天具有的是非之心，恻隐之心。格物就是正心，是一种去恶为善的修心功夫。致知是放心中固有的良知，并把这种良知推及各种事物上，使各种事物各得其理。与这种主观唯心主义的认识方法相适应，王阳明在知行关系上提出了"知行合一"论。他主张知是致心中固有之知，行是行心中固有之知，知与行在心学的基础上合而为一。王阳明指出；"知是行的主意，行是知的功夫，知是行之始，行是知之成。""知行功夫本不可离，只为后世学者分作两截用功，失却知行本体，故有合一并进之说。""知行合一"论的实质在于把知、行结合起来，不离行以求知。王阳明希望通过倡导"知行合一"，注重道德践履，纠正只知不行或只行不知两种知行脱节的弊端，力促人们实现真正的道德完成，以拯救明代中叶日益衰败的封建社会危机。

王阳明的学说，注重知行统一，重视道德践履，颂扬百折不回、进取奋击的坚强意志，强调“心力”，突出自我，具有反教条、反权威的积极意义。它适应了社会转折时期人们高扬主体意识，实现自我解放，蔑视正统权威，砥砺战斗意志，完善个体人格，统一理论实践的需要，往往成为后世人们冲破思想束缚、解放思想、发展个性的有力武器。19 世纪末 20 世纪初，王学受到了新一代思想家们的普遍重视。从康有为、梁启超等改良派到宋教仁、陈天华等革命党人，直至后来的毛泽东、郭沫若等，都极为推崇王学，视之为个人道德修持的工具和改造中国社会的利器。

王阳明的学说，对于金大求学时期的青年陶行知产生了很大的吸引力。陶行知从完善个体人格与寻求救国之道的双重需要出发，认真学习和研究王阳明的学说，并为之倾倒，信仰“知行合一”的理论。为此，1911 年，他将自己的原名文濬，改名为“知行”。1934 年，再改为“行知”，直至 1946 年遽然去世。尽管他 1927 年以后不再赞同王阳明“知先行后”的主张，提出“行是知之始，知是行之成”的理论，但知行问题始终是他关心和努力解决的问题，在他一生的道路与事业中占有极为重要的位置。

金大求学经历对于陶行知的影响，除了体现在其哲学观点和政治思想方面，还体现在其知识结构、价值观念、思维方式、个性心理特征、行为模式和人格风范等方面。凡是与陶行知直接接触过、交谈过或阅读过他的作品的人都会发现他学识渊博，涵养丰厚，具有学贯中西的大家风范。而这，首先是在新式学校开其肇端的。陶行知幼年从父亲以及别的教师那里接受中国式的启蒙教育，饱经中国传统文化的熏染，特别是深受尊奉理学、注重经世的“徽州文化”的影响，因而其知识结构具有中国传统文化的厚实根底。进入崇一学堂之后，他又接受了近代新式教育，学习西方文化科学知识，由四书五经、子曰诗云一变而为声光化电、科学民主。尤其是在金陵大学这所中西文化汇聚一炉的教会大学里，他有意识地改造和重建自己的知识结构，既刻苦钻研生理学、心理学、医学和数学等自然科学，又努力学习文学、哲学、政治学等社会科学，既广泛涉猎近代西方各种哲学、社会政治学说和严复、梁启超、孙中山等先进中国人的论著，又遍览中国古代文化典籍，出入于经史子集之中，尤其是对王学的探讨不遗余力，颇有心得。上下数千年，纵横数万里，这种初始的飞越时间与空间的心灵历程，显示出陶行知一生的知识取向——横向采纳与纵向汲取齐头并进，两不偏废。如果说，崇一阶段，中西文化在他那里还只是一种“无意识的交融”，那么，金大时期，就是一种“有意识的融会”了。

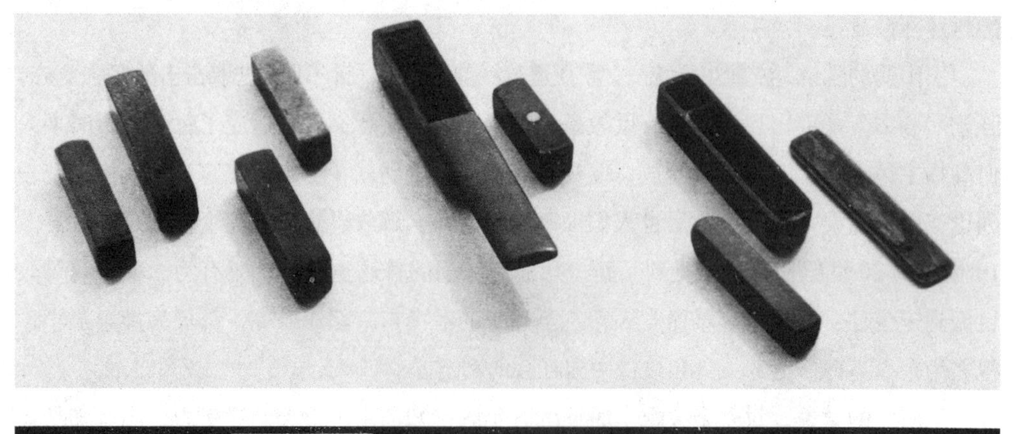

1934 年，陶行知把自己的名字“知行”改为“行知”，图为陶行知用过的图章。

经过这番中西文化“有意识的融会”，陶行知的知识结构呈示出鲜明的开放、综合的宏观走向；尽管中国传统文化已成为这个知识结构的重要构成部分，但由于陶行知已跨入了新的时代，进入了世界文化的大系统，获得了一种现代开放意识，因此它不再局限于过去与传统，而是面向世界和时代展露出开放、综合的知识取向。

正是这一在新式学校初步形成的开放的知识结构，不仅使陶行知后来进一步采撷中外文化的精华更为容易，而且也使他日后在创造性构建其思想学说时全然没有支左右绌、捉襟见肘的感觉。

如果说，知识结构的重建还只是陶行知主体意识结构表层的变化，那么，价值观念和思维方式的更新就属于其深层的变化。随着知识结构的重建而来的西方文化参照体系的形成，广泛的世界性视野的拓展，陶行知的价值观念和思维方式也相应地发生了实质性的蜕变。

在未入新式学校之前，作为徽州乡村的一名接受传统教育的好学少年，陶行知当时的人生理想只能是传统的“修身齐家治国平天下”。是时代和社会改变了他的命运，也是新式教育促成了他的价值观念的转变。他开始由尊崇君王到服膺民主共和，由重群体轻个体到协调两者关系，由伦理道德至上到主张义利统一。他强烈抨击不合理的封建血统论和世袭制，“君主嗣统，只问血胤，鲜问才德”，王权世袭，等级森严，主张一切权力归于人民。他高扬个人的价值、个体的独立人格和个性的解放，并努力协调社会与个人的关系，认为它们“实共和主义之两元也”。他还公开宣布：“奉天命为归宿，而不敢止于独善”，表示传统的“独善其身”、“慎独”的个人修养方式业已过时，处于大变革时代的每个中国人，都有“尽天职之价值”和“担负进化之大任”，仅仅满足于“独善其身”是不行的，还必须“为全群谋福利进化”。当然，我们不能说此时陶行知已与传统的价值观念彻底决裂。思想观念（尤其是价值观念）的转变是一个长期的过程，绝非一朝一夕之事。但无论如何，他此时毕竟开始走出传统价值观念的思想樊篱。

与此同时，他的思维方式也在悄悄地发生着某种变革，开始从中国传统的偏于直觉顿悟和模糊笼统、忽视实际观察和科学实验、轻视分析和逻辑论证的思维方式，转换为注重逻辑理知、观察实验和严密推理的现代思维方式。思维方式的更新往往与自然科学的学习和实践有密切关系。在进入新式学校以前，陶行知没有接触过近代自然科学。就读崇一学堂后，他对数学产生了浓厚的兴趣。在做习题时，同学们一般都是演算老师布置的习题，别人用一种方法来解答、证明一道习题，他却喜欢从不同的角度来证明，用几种方法来解答，然后从中比较，找出最佳方法。求学金陵大学后，他对数学的兴趣更浓，经常帮助同学解决数学难题，深得师生赞誉，大学时代奠定了他坚实的数学根柢，训练了他缜密的逻辑思维能力。这对他一生事业裨益匪浅。在日后的治学、工作中，他每每佐以数学方法，收事半功倍之效。他的论文和演说的成功，也与他具有很强的逻辑思维能力分不开。还值得一提的是，在金大期间，他有一段时间热衷于生理科学的实验，这种亲自从事过科学实验的经历，使他具备了注重观察实验的科学态度和实事求是的思想方法，不仅为他后来接受杜威的实验主义教育学说完成了必要的思想铺垫，而且也导致他后来从事教育救国事业时，始终坚持先试验后推广的原则，反对空谈，强调实干。

这一时期，陶行知的个性心理特征随着其社会生活条件、教育条件的改变以及生活经验的积累，逐渐衍化定型。他开始形成一种宏伟的气魄，胸怀祖国，放眼世界，把中国的前途与世界的未来联系起来考虑。以开放的文化心态对待中西文化，既不妄自尊大，盲目排外，又不妄自菲薄，醉心西化，呈现出明显的外倾开放、豁达包容的心理特征。他的历史使命感和时代紧迫感也得到新的升华。如果说崇一时期还只有一种朦胧的为祖国作贡献的意识，那么在金大这种朦胧意识就升华为一种自觉的理念。他清醒地意识到：“即欲在世界求一生存，犹当夙兴夜寐，不容稍事蹉跎。苟仍委靡不振，习于因循，则

1914年，陶行知以金陵大学全校总分第一的优异成绩毕业，图为毕业时与师友合影。（台阶上后排左三为陶行知）

保守已无余地，大局何堪设想？”为此，他大声疾呼：“由感立志，由志生奋，由奋而捍国，而御侮，戮力同心，使中华放大光明于世界！”为了追求救国真理，完善个体人格，他努力与自己身上的“伪我”作斗争，时时解剖自己，处处克己求真，培养顽强的意志力。他反复告诫自己“欲载岳岳千仞之气概，必先具谡谡松风之德操；欲运落落雪鹤之精神，必先养皑皑冰雪之心志”，并认为能否去伪存真，做一个道德高尚、以民族利益为己任的人，关键“是在及早努力，百折不回，在心中建立真主宰”。应该看到，定型于此时的上述个性心理特征，是陶行知主体意识结构中最富有个性色彩的因素，也是他日后从事救国大业、成为一位杰出的民主战士和伟大的人民教育家的重要主观条件。

伴随着上述主体意识结构诸因素的嬗变，此时陶行知的行为模式也发生了某种转换。

在金大期间，受民主革命风潮的影响，他发起组织各种爱国演说会、展览会、运动会，举办爱国捐，积极参加各种社会活动。特别是当他听到武昌起义的消息后，便按捺不住激动的心情，赶回故乡参加地方开明绅士余德民领导的屯溪阳湖余家庄起义，亲自投身群众反清武装斗争，担任县议会的秘书，直至次年春才返校继续学习。这种积极进取、刚毅勇猛、投身武装斗争的行为模式，已与传统士大夫温和保守、消极退让、明哲保身的行为模式有天壤之别。它意味着在金陵大学求学期间，陶行知从观念意识到行为模式都发生了根本性的转变。

值得注意的是，这一时期，陶行知在各种主客观因素的影响和推动下，为了加强自己的道德修养，完善个体人格，他在借助于王学的同时，又对充满道德说教气息的基督教义产生了极大的兴趣。“入大学后，暇时辄取《新约》展阅之，冀得半言片语以益于身心而涤其伪习”，把基督教义作为道德修养、完善人格的利器。不仅如此，基于救国救民的需要，他还注目于基督教义中朴素的人道主义因素，并于 1913 年成为一个基督教徒。

信仰基督教是陶行知早年在自己人生信仰方面所作出的重要选择。这一选择，深刻地影响到陶行知的人格风范的塑制以及他日后事业的发展。尽管他后来放弃了基督教信仰转而接受更为先进的社会政治学说，但这种影响的痕迹始终或隐或显地体现在他的身上。事实上，他后来所奉行的“爱满天下”的主张及其伟大的牺牲精神，就与基督教的博爱主张和耶稣“舍己为人”的救世精神有着某种思想渊源。

需要说明，陶行知虽然一度皈信基督教义，但他并未成为一个狂热偏执的基督徒。他对基督教有自己的认识，而且从一开始就是按照自己的理解和需要来接受基督教义的，从未盲目信仰过。他对基督教义既有接纳，又有排拒，接纳中有排拒，排拒中有接纳，这种鲜明的主体意识和清醒的理性精神，使得基督教信仰对他的影响积极的方面远远大于消极的方面。陶行知之所以被人民所长久崇敬，原因之一是他具有伟大的人格风范，而这一人格风范的塑制又显然离不开基督教信仰所起的作用。

1914 年 6 月，陶行知以第一名的学习成绩毕业于金陵大学，被黄炎培誉为“秀绝金陵第一声”。因 1911 年金大已在美国纽约州立教育局和纽约大学注册获得认可，故金大的毕业生可同时接受纽约大学的文凭和学位，并能直接赴美深造。由于陶行知一贯品学兼优，素为金大美籍校长包文 (Bowen) 器重，此时，包文更是鼓励和支持他赴美深造。在师友和父母的帮助下，1914 年秋，陶行知终于启程赴美留学。

赴美国伊利诺大学攻读政治学硕士，迈出走向世界的第一步

抵美后，陶行知先入伊利诺大学攻读政治学硕士学位。按照陶行知原来的设想，他是打算直接到哥伦比亚大学师范学院学习教育的。早在金大时期，他就对教育的社会功能有了明确认识，认识到“教育实建设共和最要之手续，舍教育则共和之险不可避，共和国不可建，即建亦必终归于劣败”，萌生了从事教育事业的念头。而当时的哥伦比亚大学师范学院是美国进步主义教育运动的大本营，聚集了一大批以改革传统教育为职志的新教育理论家，如杜威（John Dewey）、克伯屈（William Heard Kilpatrick）、孟禄（Paul Monroe）等人，他们中的某些人（特别是实用主义大师杜威）的教育主张，

DESCRIPTION

Name: Tao Wen Tsung

Age: 21 Height: 5 ft. 5½ in.

Occupation: Student, Urbana, Ill.

Admitted as Section 6 Sh. Student #12773

11-4 S.S. China, September 7th 19

Physical marks and peculiarities: Pit mole right corner of mouth

Issued at the port of San Francisco, Cal.

this 18th day of September 191

Samuel W. Backus

Immigration Official in Charge.

No. 16928 ORIGINAL

THE UNITED STATES OF AMERICA

CERTIFICATE OF IDENTITY

ISSUED IN CONFORMITY WITH A REGULATION OF THE DEPARTMENT OF COMMERCE AND LABOR, ADOPTED MARCH 19, 1909

This is to certify that the person named and described on the reverse side hereof has been regularly admitted to the United States, as of the status indicated, whereof satisfactory proof has been submitted. This certificate is not transferable, and is granted solely for the identification and protection of said Chinese person so long as his status remains unchanged, to insure the attainment of which object an accurate description of said person is written on the reverse side hereof, and his photograph is attached, with his name written partly across and the official seal of the United States Immigration officer signing this certificate impressed partly over said photograph.

1914年9月，陶行知赴美入境身份证明文件，上书“此证签发于美国加利福利亚州旧金山港，1914年9月18日”。

陶行知在美国先后在伊利诺大学和哥伦比亚大学就读。此为在伊利诺大学攻读政治学时的照片。

陶行知与张仲述（张彭春）

民国初年就通过蔡元培等人介绍，为中国教育界所知晓。能进哥大师范学院学习本是陶行知的初衷。但因该校的学费高昂，陶行知的经济条件负担不起，只得进了专为学习政治学专业的外国学生免除学费并提供奖学金的伊利诺大学。

虽然陶行知在伊利诺大学研修政治学专业，但他研习教育的渴望一直没有泯灭。他在着重学习美国的外交、贸易和欧洲的政治等课程时，还专门选修了一门教育行政学。教这门课的是杜威的信徒、哥伦比亚大学哲学博士罗托斯·台尔塔·考夫曼（Lotlls Delt Coffman）教授。考夫曼向陶行知介绍了杜威实用主义教育哲学的基本原理，这对陶行知产生了特别强烈的影响。恰好在1915年夏天，陶行知参加了在威斯康辛州基尼法湖畔召开的基督教青年会夏季会议，他受到了与会者发言的极大鼓舞，正式决定以毕生精力从事教育工作，并计划一旦从伊利诺大学研究生毕业，就转入哥伦比亚大学师范学院深造。基于这种考虑，他在1915年夏学期，便全都选修了四门教育课程（教育评价基础、教育研究法、中学课程和教育心理学讨论）。陶行知在伊利诺大学学习期间的学习课程见下表：

学年	课程名称
1914—1915	
第一学期	政治学和公法讨论
	城市行政学
	国家论
	教育行政学
第二学期	政治学和公法讨论
	欧洲大陆的政治
	美国的外交
	美国对外贸易和殖民地贸易
1915 年夏	单位、尺度和标准（教育评价基础）
	教育研究法
	中学课程
	教育心理学讨论

1915 年秋，陶行知以优异成绩毕业，并获得了伊利诺大学的政治学硕士学位。之后，他便转入梦寐以求的哥伦比亚大学师范学院主攻教育专业。

转赴哥伦比亚大学师范学院攻读教育学博士，开启教育生涯之门

陶行知从伊利诺大学毕业后，正巧取得了义和团赔款的留学生派遣制度“半费生”资格，有了维持继续深造的起码的经费，便于该年 9 月下旬转入哥伦比亚大学师范学院，攻读教育行政学博士课程。

根据校方的安排，斯特雷耶（G.D.strayer）教授担任陶行知的论文指导教师。斯特雷耶教授是美国著名的教育行政学专家、美国教育行政学会会长，学问渊博，但有些学究气。杜威的专长是教育哲学，他虽然不是陶行知的论文指导教师，但陶行知选修了他亲自讲授的《学校与社会》这门课程。相较之下，他在教育哲学思想上对陶行知的影响远大于斯特雷耶。

杜威的教育哲学是实用主义教育哲学。这种教育哲学以其经验论的实用主义哲学观

1915 年秋，陶行知获伊利诺大学政治学硕士学位（后排右二为陶行知）。

为基础，强调变迁、行动和实用，主张“教育即生长”、“教育即生活”、“教育即经验的改造和改组”、“学校即社会”、“以儿童为中心”和“从做中学”，要求教育应当与社会有广泛的联系，要反映社会对教育的要求。教育要密切联系社会生活实际，还主张教育要适应儿童身心发展的特点和规律，要着重培养学生适应生活的能力，要注意培养学生的主动精神和发展学生的个性。尽管这种教育哲学由于杜威本人在政治、哲学等方面的阶级制约性和历史局限性，存在着不少错误的、自相矛盾的东西，但从总体上看，它适应了 19 世纪末 20 世纪初急剧变化的社会现实的需要，对于改革美国当时形式主义占统治地位的旧教育，建立现代民主、科学的新教育，是有积极意义的。

陶行知求学哥伦比亚大学期间，正是杜威实用主义教育理论成熟和影响逐渐达到高峰之时。在此前后，杜威的主要教育论著《我的教育信条》、《学校与社会》、《儿童与课程》、《明日之学校》和《民主主义与教育》等，均已经相继出版。而最集中最系

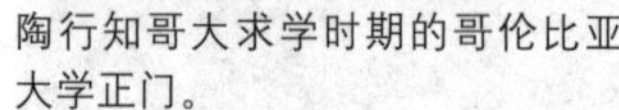
陶行知哥大求学时期的哥伦比亚大学正门。

陶行知哥大读书时的宿舍位于哈特莱大楼 1010 号。图为哈特莱大楼老照片和现在的实景。

统地阐述其教育思想的《民主主义与教育》，正好就发表于陶行知就读该校的 1916 年。杜威对旧教育的抨击和对新教育的设想，他的批判精神、试验精神和创造精神，对于早就不满中国旧教育、亟欲建立一种新教育以维护和发展共和体制的陶行知来说，无疑有极大的吸引力。加之杜威教育学说的理论基础（达尔文的进化论、民主共和的政治主张和注重行动的哲学观）与陶行知在金陵大学时期就已形成的政治思想和哲学观点（达尔文的进化论、林肯的民主共和主张与王阳明"知行合一"的哲学观）在内容与形式上都有相通或相似之处，这些因素都使陶行知一跨入哥伦比亚大学师范学院的大门，就很快沉浸到杜威实用主义教育理论中去了。这一点可以从下面所附陶行知当时在该校学习的课程内容及任课教师的思想倾向看得很清楚：

学年	课程名称	任课教师
1915—1916	学校与社会（伦理学及教育问题）	杜　威
第一学期	教育史	孟　禄
	实习：美国的公共教育行政	斯特雷耶
	教育哲学	克伯屈
	财政学	塞索库曼
	进步社会的发展	斯列丁
第二学期	教育史	孟　禄
	实习：美国的公共教育行政	斯特雷耶
	教育哲学	克伯屈
	财政学	塞索库曼
	教育社会学实习	斯列丁
1916—1917	实习：教育社会学	斯列丁
第一学期	各国学校制度的社会基础	康德尔
第二学期	实习：教育社会学	斯列丁
	各国学校制度的社会基础	康德尔

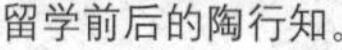

留学前后的陶行知。

杜威，陶行知深受其实用主义教育学说影响。

以上课程有浓厚的杜威实用主义教育理论的色彩。在这些任课教师中，杜威本人自不必说，讲授《教育哲学》的克伯屈教授是杜威的学生和最得力的助手，讲授《教育史》、《教育行政学》、《教育社会学》和《各国学校制度的社会基础》的孟禄教授、斯特雷耶教授、斯列丁教授和康德尔教授等人，都是与杜威私交甚好、思想上不同程度受杜威实用主义教育理论影响的著名教育家。陶行知正是在这样一批实用主义教育理论大师或具有进步主义教育倾向的著名教育家们的直接教诲下，接受了杜威实用主义教育学说。

信奉杜威实用主义教育学说，这对陶行知日后的人生道路与事业产生了深刻影响。20 世纪 20 年代前后，陶行知对传统教育的批判，就是以杜威实用主义教育学说为理论武器的。他的独树一帜的生活教育学说，也与杜威实用主义教育学说有着某种思想上的联系。当然，陶行知对于杜威实用主义教育学说，也如同他早年对待其他西方文化（如达尔文的进化论、林肯的民主共和思想和基督教的宗教学说）一样，都不是盲从盲信，照搬照抄，而是按照自己的理解和需要来接受、来传播，进而根据中国的具体国情，在充分总结自己长期教育实践宝贵经验的基础上，加以扬弃和发展，形成一种与之有本质区别、为中国人民反帝反封建斗争服务的新型教育理论。

需要说明，留美期间，陶行知对于西方文化的接受，并不限于人们常说的杜威实用主义教育学说，也不限于前文所列陶行知在伊大、哥大两校所学的有关课程的内容。事

风景优美的哥伦比亚大学校园，陶行知曾多次与同学胡适、蒋梦麟等人漫步其间。

1915 年秋，陶行知转赴纽约哥伦比亚大学师范学院攻读教育学博士学位。在哥伦比亚大学本部校区侧门高台处与同学孙科（左二，孙中山之子）等合影，背后是隔着曼哈顿上城 125 街的哥伦比亚大学师范学院大楼。

实上，他对现代西方的诸多哲学、社会政治学说，尤其是当时在西方流行的各派教育新思潮，均有广泛的涉猎与钻研。这一点在陶行知回国不久发表的一系列文章中体现得特别明显。1917 年秋，陶行知自美归国后，针对国内教育界因循守旧、不思革新的现状，连续发表《试验主义之教育方法》、《教育研究法》、《智育大纲》、《教学合一》、《试验主义与新教育》等文章，大力介绍和宣传欧美教育新思潮、新学说，提倡以科学的试验方法来改造中国旧教育。在这些文章中，他提到的人物及其学说不下十余种，如培根（Francis Bacon）、笛卡尔（Descartes）等人的哲学观点，詹姆斯（William James）、桑代克（Thorndike）、

哥伦比亚大学校内杰弗森塑像。杰弗森是美国《独立宣言》的起草人之一，陶行知当年曾在此塑像和哥大校园内汉密尔顿塑像旁摄影留念。

陶行知与哥大同学合影。前排右一为陶行知，左二为胡适。

华莱士(P. Wallace)等人的心理学见解，约翰·费斯克(John Fiske)、华莱士(A. Wallace)等人的动物学理论，弗兰西斯·高尔顿（Francis Galton）的遗传学思想，裴斯泰洛齐（Pestalozzi）、福禄培尔（Frobel）、赫尔巴特（Herbart）等人的教育试验，沃特的葛雷学校，等等。杜威及其教育学说，此时只是作为众多人物及其学说之一而被加以介绍。

这些事实表明，陶行知在留美期间接受西方文化时，从来就没有局限于某人某派学说，而是从改造中国社会和文化教育的需要出发，以海纳巨川、吞吐百家的博大胸襟和恢弘气度，博采诸家外来学说之长，融会贯通地形成自己的知识结构和思想体系。

爱情、婚姻与家庭

陶行知的家庭是个大家庭，除他之外，家庭成员先后包括：父亲陶位朝、母亲曹翠仂、姐姐陶宝珠（幼殇）、妹妹陶美珠（又名文渼）、前妻汪纯宜、长子陶宏（乳名桃红）、次子陶晓光（乳名小桃）、三子陶刚（乳名三桃）、四子陶城（乳名蜜桃）、续妻吴树琴。

慈祥仁爱的父母

父亲陶位朝，以字行，名长生，号笑山（筱山），1867年生于安徽歙县，1915年1月病逝于南京。粗通文墨，为人厚道，古文功底较好。后来回乡务农，过起了清贫的生活。由于他经历曲折，生活艰难，因此他将希望寄托到陶行知身上，他对童年时陶行知的学习非常重视，亲自在家教儿子读书识字。陶行知15岁时，他又送其入本县的教会学校崇一学堂，为儿子接受西方教育乃至后来出国留学均奠定了较好的基础。陶位朝望子成龙，将儿子的前途放在第一位。据陶城回忆：

祖父为了大力支持爸爸在美学习，他把吸大烟的恶习都彻底戒掉。对于一个吸鸦片者来说，没有良好的戒烟措施，自己来行戒毒，这是需要多么大的毅力，要忍受多么大的痛苦。但为了儿子能成才，为国效力，他还是作出了多么大的牺牲才把

休宁县万安镇水蓝桥。1908 年，陶行知到杭州求学，其父送别于水蓝桥。

烟瘾坚决戒掉。慈祖父这种伟大的牺牲精神，为爸爸的前途和伟业着想，确实值得缅怀发扬光大。

陶行知捧读家书，思念亲人，思念祖国。

同样，陶行知对父亲也有很深的感情。1908 年春，陶行知由父亲陪着，到万安外祖母家辞行。然后从万安古城岩下的水蓝桥上船，沿着新安江—富春江—钱塘江，到杭州投考。23 年后，他作了一首诗，追忆当年离乡别父、两相依依的情景。诗前有小序："我 17 岁之春，独自一人，乘船赴杭学医，父亲躬自送到水蓝桥下船。回想初别情景，历历如在眼前。今特追摄入诗。送别人竟不及见，思之泪落如雨。"诗云：

古城岩下，
水蓝桥边，
三竿白日，
一个怀了无穷希望的伤心人，
眼里放出悲壮的光芒，
向船尾直射在他儿子的面上，
望到水、山、天合成一张大嘴，
隐隐约约的把个帆影儿都吞没了，
才慢慢的转回家去。
我要问芳草上的露水，
何处能寻得当年的泪珠？

陶行知毕生所保持的那种吃苦耐劳、平实俭朴、敬业奉献的作风，在很大程度上也是受其父亲影响的。

母亲曹翠仂，安徽绩溪人，生于1866年1月20日，因脑溢血病卒于1933年11月26日。她是一位“勤劳、善良、朴实、忠厚、爽朗，富有好学求真精神的劳动妇女”。在陶行知儿时的记忆中，母亲除种田务农、操持家务外，还替人缝补浆洗作佣人。陶母艰苦朴素，治家节俭，家中丈夫、儿子，后来又有孙子的理发，全由她一人包办，数十年如一日。她这种热爱劳动、艰苦朴素的精神，对陶行知一生影响很大。

十一二岁时，陶行知就每天随祖母一起绩麻，跟母亲一起种菜，随父亲一起砍柴、

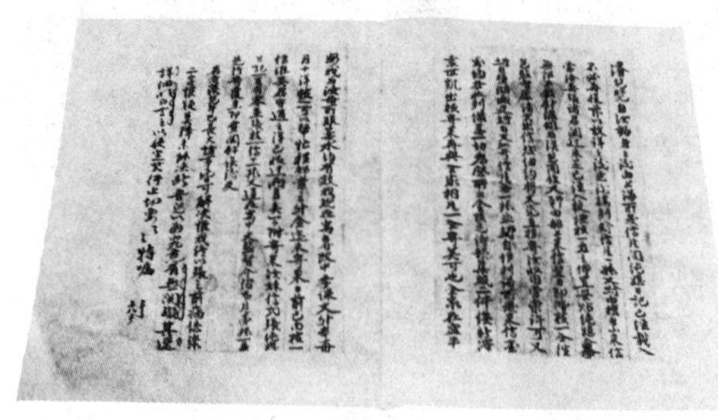

陶行知父亲写给海外儿子的亲笔信。陶行知长期珍藏在身边，信封上写有“宝留父亲遗墨”字样。

陶母用过的剃刀、鞋拔和针线包。

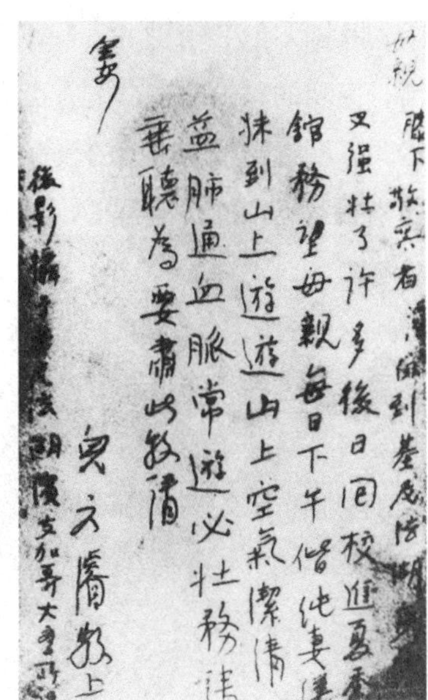

陶行知在芝加哥大学天文台前留影，此照片背面写有陶行知的亲笔家信。

卖柴和卖菜。后来，在他忙于中华教育改进社和晓庄师范创办期间，陶母与陶妹全力支撑着全家的事务，尽量不让陶行知为家事分心，作出了无私奉献。

1927年1月20日（1926年腊月十七日），陶行知在母亲60周岁生日那天，从南京专门给在北京的母亲写了封信《送给国家的寿面》：“儿从母亲寿辰立志，决定要在这一年当中，于中国教育上做一件不可磨灭的事业，为吾母庆祝，并慰父亲在天之灵。儿起初只想创办一个乡村幼稚园，现在越想越多，把中国全国乡村教育运动一齐都要立他一个基础。儿现在全副的心力都用在乡村教育上，要叫祖宗及母亲传给儿的精神，都在这件事上放出

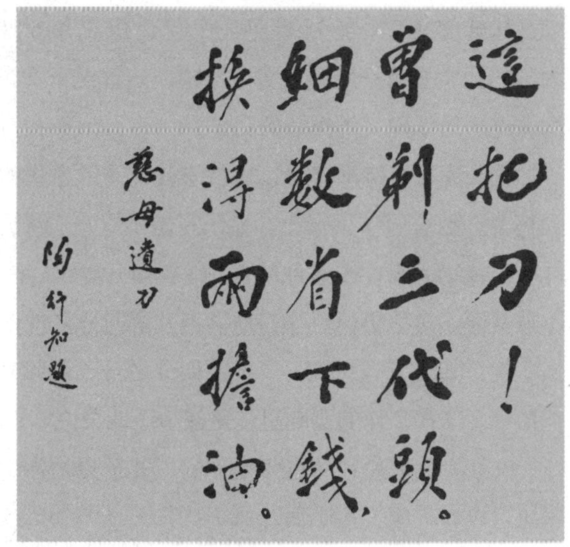

陶行知手书《慈母遗刀》诗。

伟大的光来。儿自立此志以后，一年之中，务求不虚度一日，一日之中，务求不虚度一时：要叫这一年的生活，完全的献给国家，作为我父母送给国家的寿面，使国家与我父母都是一样的长生不老。”陶行知忙于中国的教育事业，连为母亲祝寿的时间都难以抽出，只能通过发奋工作来报答母亲的恩情。正如陶城所说：“可以说没有祖母，就没有我们兄弟四人的一切。”

特别是1930年后，国民党通缉陶行知，陶母带陶妻汪纯宜和四个孙子逃到远离五柳村的山上居住，那段艰苦的日子全靠陶母一人支撑着。陶母在全力照顾全家的同时，还在晚年抓紧时间学习，在孙子们充当小先生教育下，她努力识字。正是在这种家庭教育场景的启发下，陶行知提出了“小先生制”这一伟大的教育理论。因此，在母亲入殓时，陶行知痛哭道：“母亲、文渼妹、纯宜妻，你们实在是三位最伟大的女性，实在是被我拖累垮的啊！”

幼年早夭的姐姐与为哥哥事业而倒下的妹妹

陶行知有一姐一妹：陶宝珠和陶文渼（又名美珠）。

姐姐陶宝珠出生年月没有记载，幼亡。

妹妹陶文渼生于1895年，病逝于1929年6月6日。她与陶行知在崇一学堂和金陵大学的同学张枝一结婚，丈夫早逝，一直无子女，因此，陶行知就将二儿陶晓光和小儿陶城过房给了陶文渼作她的儿子。

文渼为哥哥侍奉老母，主持家政，照顾生病的嫂子。有一次，陶行知得到了一万多元稿费，他拿回家后很小心地锁在柜子里。文渼见家里的钱已经不多了，奇怪陶行知为什么把钱锁起来，便向哥哥要。陶行知问她：“你想要多少呢？”文渼知道哥哥的脾气，不敢多要，考虑再三后小心地说：“留四分之一作家用吧！”

陶行知想了一想说：“你要四分之一，说起来也应该，但我这些钱要去办大事，不能给你。文渼，你的头脑里正是缺少了四分之一，否则你就是我的好妹妹了。”

文渼生气地说：“这家是你的，儿子也是你的，钱又不是给我一个人用。你不给我钱也可以，一家人全喝西北风吧！”

陶行知温和地说：“我要去南京老山脚下办晓庄师范，这钱要作为办学的经费。

我们家虽穷，粗茶淡饭还能维持。中国三亿四千万农民非但没有饭吃，更没有文化。用这些钱去办学校，是为农民烧心香，是尽我们的绵薄之力去帮助他们。家里另外再想办法，你省着点用，算是帮我去办大事吧！”

陶行知的妹妹陶文渼在晓庄热心乡村教育，创设了晓庄农妇工学处。

文渼理解了哥哥的意思，不再生气了。她支持陶行知办平民教育，办晓庄学校，为他的事业耗尽心血，最后心力交瘁，年仅 34 岁就在贫病中去世。

陶行知的大儿子陶宏曾说：

在歌颂我父亲伟大的造就时，在哀悼他那种为大众谋幸福真正是鞠躬尽瘁、死而后已的精神时，千万可别忘了三个无名英雄：第一个就是我的姑母，第二个就是我的祖母，第三个就是我的母亲。在七年内，她们为了父亲的事业而相继牺牲倒下。父亲是为事业拖死的，她们都是为父亲的事业拖死的。她们的精神同样是伟大的，不朽的。

厚道朴实的第一任妻子汪纯宜

陶行知一生经历两次爱情和婚姻，第一次是与汪纯宜的婚姻，汪为其生了四个儿子：长子陶宏（乳名桃红）、次子陶晓光（乳名小桃）、三子陶刚（乳名三桃）、四子陶城（乳名蜜桃）。

1914 年 6 月陶行知从金陵大学毕业后不久，就与其妹妹陶文渼的同学汪纯宜结婚。汪纯宜生于安徽省休宁县，生年不详。3 岁就丧父母，后来遵照长辈的意图按旧式婚姻与陶行知结婚。汪纯宜为人忠厚纯朴，温和慈祥，沉默寡言。陶行知结婚后，便将全家迁至南京。不久，他便踏上了赴美留学的轮船，当他在伊利诺大学攻读政治学硕士学位时，长子桃红（即陶宏）于1915年4月在南京出生，给全家带来许多欢乐。1917年秋，陶行知从美国哥伦比亚大学毕业归国，应南京高师之聘任教育学教员。这时，他才和妻子家人团聚。1918年7月，妻子又生次子小桃（即陶晓光）。1919年11月，三子三桃（即陶刚）也在南京出生。

1923年2月，陶行知担任中华教育改进社主任干事，为了全力以赴做好中华教育改进社的工作，在经南京高师校方同意的情况下，夏季他将全家迁往北京。9月27日，他在杭州开展平民教育不能回家过中秋，专门写信给母亲和妻子汪纯宜。10月8日，他从南京给在北京的陶宏、陶晓光写信说："你两个人很有功劳。我看见你们两个人，哥哥教弟弟读《千字课》，就发现了一个好法子，叫做连环教学法。这个法子是用家里识字的人教不识字的人：人教你，你教他，他又教他。……我在南京试验这个法子很有效验，特为写封信来感谢你两个人。我在南京平安快乐。"

不管走在哪里，陶行知都心系家庭，总要写信给家中的妻儿老小，汇报自己的情况，关心妻子的身体与生活，关注孩子们的学习与成长。10月17日，他又写信给母亲和妻子汪纯宜，一方面，介绍自己在上海、南京、安徽等地开展平民教育的情况，另一方面，劝母亲抽空读《千字课》，多识字。

1924年10月29日，当他收到妻子汪纯宜祝贺他生日的来信后，从南京给远在北京的妻子回信："我实在是不对，连自己最宝贵的生日都忘记了。多谢大家给我做生日，我欢喜得很。可惜这日子我不能在家里和大家一同快乐。"11月4日，他收到妻子让他在天冷时加棉衣的信函后，回信说："这几天天气稍冷，我请陈妈把我的绸夹袍拿去，找了一个裁缝给我翻了一件棉袍，穿在身上非常暖和。陈妈的算计真好，共总只花了一元三角钱，连棉花一起在内，真是便宜得很。我在外面自己能照应自己，请可放心。我饿了就吃，倦了就睡，事做完了就玩玩，很自然，很快乐。"

陶行知与妻汪纯宜（右）、妹陶文渼（左）合影。

1924年12月13日，汪纯宜在北京为其生下了四子陶城，乳名叫蜜桃。12月18日，当陶行知在上海收到在北京的两个儿子陶宏和陶晓光来信后，他在给两个儿子的回信中写道："你们的信收到了，影戏想必好看得很。阿姑的信也收到了。恭喜你们又得了一个小弟弟。你们可以给他一个名字。……请你们代我向老太太、妈妈、阿姑恭喜恭喜。衣服都收到了。"

1923 年，陶行知与长子陶宏及次子陶晓光合影。

1927 年 1 月 31 日，陶行知在春节来临之际，因忙于筹备晓庄师范学校事，不能回家过年，便给妻子写了一封信："年年难过年年过，今年已可安安稳稳过年了，请可放心。……家人的照片，都已收到。见照片如见人，固然不错，但我见了照片，更要念着人了。昨夜回宁，现在积极筹备试验乡村师范。"

陶行知与汪纯宜相处十分和睦。1927 年晓庄女子学校成立后，他反复劝导汪纯宜入学读书。他在 12 月 3 日给汪纯宜的信中写道："纯妻：皮袍已收到，质地甚佳，袍面亦特别可爱，新年穿此，在乡间可以大出风头了。一月一日系晓庄学校落成纪念日，将有大热闹。深望您及全家均在此同乐。幼稚园已开学，收了徒弟三人，跟着幼稚园教师学做先生，此法非常有效。时局稍静，您是可以享优先权来此学习的。"

1928 年，为了支持陶行知在晓庄开展乡村教育运动，汪纯宜带着婆婆、小姑还有四个儿子，从北京搬到了晓庄农村。1930 年国民党当局要查封晓庄学校，陶行知匆忙出逃，这使本来就因误食安眠药而精神错乱的汪纯宜又一次遭到了沉痛打击，于是她产生了自杀的念头，一天投入夫子庙的一条臭水河欲自尽，幸好遇一义士救起。

1933 年 11 月，陶行知母亲的病故，使得陶家更是雪上加霜。陶妻的病进一步加重，陶行知让其二子晓光带其母亲与四弟，住进了设在观音寺内的儿童科学通讯学校。后因陶行知投身于国难教育运动，无暇顾及，他便让陶晓光将汪纯宜送进了天主教办的上海普慈疗养院，该院对精神病患者根本没有采取相应的治疗措施，结果汪纯宜于 1936 年 4 月 23 日病逝。

聪明可爱且同为“战友”的四个儿子

长子陶宏，1915年生于南京，1975年因心肌梗塞而病逝于北京。

长子陶宏与陶行知的关系，既是父子关系，又是朋友与同事关系。陶宏参加了陶行知在国内的大部分教育活动，并且对陶行知教育理论与实践有直接的帮助与影响。比如：1923年陶行知在平民教育运动中所推广的“连环教学法”，就是从陶宏教弟弟陶晓光识字中受到的启发，这一史实可以从陶行知于当年10月8日给儿子的信中得以证实：“桃红、小桃：你两个人很有功劳。我看见你们两个人，哥哥教弟弟读《千字课》，就发现了一个好法子，叫做连环教学法。这个法子是用家里识字的人教不识字的人：我教你，你教他，他又教他。一家当中，先生教师母，师母教小姐，小姐教老妈子，每人花不了多少功夫就可以使全家读书明理了。”

陶行知非常喜欢陶宏，他经常与儿子通信。1925年陶行知收到陶宏和陶晓光的来信后，于1月18日回信说：“你们两个真正好，你们写给我的信都收到了。多谢得很，因为南京打仗，信在南京搁下了，到前天才收到。……孟禄夫人前天从美国到上海，送了两盒玩的东西给你们。大盒是送桃红的，小盒是送小桃的。大盒难玩些。小桃大些的时候，大桃可以借给他玩玩。你们每人都要写一封信谢谢孟禄夫人，收到了就写，要写你们心里的话。写好了寄来，我给你们翻成英语，一齐寄到斐利滨去给她。”1月30日，他又给陶宏、陶晓光写了题为《三花脸的白话诗》的信：“你说你公道，他说他公道。公道不公道，自有天知道。”

他一直注重教育自己的几个儿子。1927年春，他在忙于筹建晓庄学校的时候，也不忘给家人写信教育儿子。2月11日，他在信中写道：“桃红、小桃在家，自己的事要自己干。衣服要学洗，破了要学缝。烧菜弄饭都要学，还要扫地抹桌。有益的事都要做。”3月17日，他给陶宏和陶晓光两人写信：“我很希望你和小桃多学做事。我的主张是：有书读的要做事，有事做的要读书。……我要你们做有知识、有实力、有责任心的国民，不要你们做书呆子。”

1927年3月，陶行知创办了晓庄师范学校，他长年累月在外奔波，很少有时间能回家与全家老小团聚，但这丝毫不影响他对孩子们的感情。他利用一切机会表达父爱，家人寄来照片，他总是爱不释手，抽空就看；儿子寄来自作的贺卡，尽管上面又涂又画，但他认为这是最好的礼物；每到一地开展教育活动，他都要写信给家人报平安，汇报近况，陶行知写给长子陶宏的书信。

陶行知写给长子陶宏和次子晓光的书信。

这既是对家人的最好慰藉，也是表达思家之情的重要方式。

1928年陶宏随全家迁来南京，他入晓庄学校学习，并发挥创造力，制定了“十九年度计划”。30年代初，陶宏协助父亲开展“科学下嫁”运动，还参与编写《儿童科学丛书》和《儿童天文学活页指导》丛书。1939年，陶行知在重庆兴办育才学校，陶宏也来到重庆，在中国科学社生物研究所工作，参与筹建育才学校自然组，并负责自制实验仪器。陶行知于1942年在给二儿子陶晓光的信中写道：“现在的自然组全靠陶宏一个人力量维持，假使他走，对学校对小孩子都是一大损失。”后来，陶宏被聘到到四川大学理学院任教后，还经常写信指导育才学校的孩子。在育才学校最困难的时候，他亲自为育才学校募捐到18000元寄给了陶行知，帮助育才学校渡过了难关。陶行知去世后，他调到了北京大学理学院化学系任教，后在中国科学院感光化学研究所工作，成为中国感光化学学科的奠基人与开创者。

次子陶晓光，生于1918年7月5日，1993年7月6日在北京病逝。

1923年陶晓光在家中教奶奶学习《平民千字课》，成为陶行知后来所倡导的“小先生制”的雏形，“成为中国第一个小先生”。据陶晓光回忆说：

当时我祖母已57岁，她受父亲的影响，发了一个宏愿，要读完4本平民千字课。那时我才6岁，刚读完第1册，父亲就让我当“小先生”，教祖母读书。我和祖母一面玩一面读。读到16天时，父亲依据十六课以前的生字写了一封信，从张家口寄给祖母，她居然能一字不差地读了出来。我这个“小先生”的实验给了父亲很深的印象和启发，1934年他正式提出推广“小先生制”。不久，就在全国23个省市取得了显著的成效。

20世纪30年代初，陶晓光协助父亲开展“科学下嫁”运动，他与表叔曹子云一同自行组装了手提式直流无线电收音机数十台，还带着发电机与放映机到农村为农民放电影。他第一次在上海利用无线电台对民众进行科学普及教育。抗战期间，他先后参加桂林的生活教育社，担任了育才学校驻印度的代表，负责为育才学校募集资金，还在加尔各答为育才学校绘画组举办了绘画木刻展览会，以此来募集办学经费，为陶行知解了燃眉之急。他还为育才学校音乐组购置了一批音乐器材。陶行知去世后，陶晓光辞去中国航空公司无线电工程师的工作，又回到育才学校，将父亲的未尽事业接着完成。20世纪80年代以来，他任中国人民解放军师级干部、无线电专家。

1925年，陶行知与次子小桃（陶晓光）和四子蜜桃（陶城）合影。

三子陶刚，1919年11月22日出生，1983年病逝于上海。

陶刚从小先天不足，身体瘦小而虚弱，先后跟随陶行知在晓庄学校、山海工学团学习。抗战爆发后，先后在徽州日报当报童，后来甘愿务农种田，先后在桂林临桂教养院农场、重庆育才学校农场工作。陶行知去世后他一直在

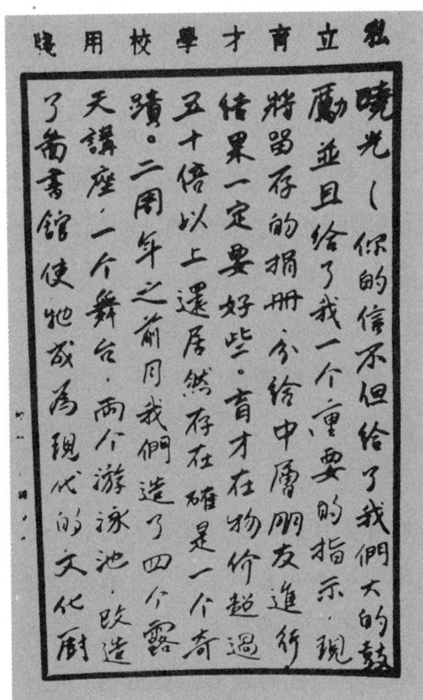

私立育才學校用箋

曉光：你的信不但給了我們大的鼓
勵並且給了我一個重要的指示。現
將留存的捐冊分給中層朋友進行，
結果一定要好些。育才在物價超過
五十倍以上還居然存在確是一個奇
蹟。二周年之前同我們造了四個露
天講座，一個舞台，兩個游泳池，改造
了圖書館使牠成為現代的文化廚

陶行知写给次子晓光的书信。

曉光：接到你二月廿一日的信，我很
高興。你的人生觀太悲觀，應當
改正過來。世界上一切困難都要
用冷靜的計畫去克服。憂愁傷
心是双倍的犧牲，于事並無補。
你們不是孤零零的孩子。在你們
的周圍有着幾百幾千無數的
孩子，都是你們的朋友，你們的
同伴，你們的服務的對象。從

陶行知写给次子晓光的书信。

上海育才学校和行知中学工作。

四子陶城，1924 年 12 月 13 日生于北京，2011 年 2 月 28 日病逝于哈尔滨。

抗战期间，陶城在上海积极宣传抗日，与其他青年创办了《抗日每日战报》，在上海街头向市民报道中国部队的战况，还参加了上海童子军。1938 年随父亲到桂林，参加储材学校少年抗日宣传队，张贴抗日宣传画、教孩子们画宣传画、讲抗日故事、教唱抗日歌曲。抗战胜利后，他先后在重庆九龙坡交通大学及上海交通大学学习。解放后，为哈尔滨工业大学力学教授。

对于儿子们的成长，陶行知一直十分重视，但由于忙于人民教育事业而无暇分身亲自指导，主要是言传身教。他对儿子们的要求非常严格，有时甚至到了有点不近人情。他的二儿子陶晓光，由于小时随父亲四处奔走，没有正规学历。1940 年夏，经朋友介绍，陶晓光到成都一家无线电修造厂工作。进厂后，厂方负责人要看陶晓光的学历资格，陶晓光拿不出。出于无奈，为争取时间，便没与父亲商量，直接写信给育才学校副校长，请对方速寄一张晓庄学校的毕业证书来应急。证明很快就寄来了，但没等陶晓光交给厂里，不知怎地这件事被陶行知知道了，马上急电陶晓光，电函中严厉阻止晓光用此证明，并要他立即将证明寄回。接着又发来了一封快信，信上说："我们必须坚持'宁为真白丁，不做假秀才'之主张……万一工作、学校被取消，你还是回重庆来……总之'追求真理做真人'，不可有丝毫的妥协。你若记住这七个字，终生受用无穷。望你必须努力朝这方面修养，方是真学问。"信中还附来一张如实反映陶晓光学历资格的证明函。"追求真理做真人"这七个字，体现了陶行知一生求真的精神，也成了陶晓光人生的座右铭。

对于陶行知的家庭生活和他的人生态度，他的学生戴伯韬根据自己的亲身见闻，做了如下生动感人的描绘：

> 陶行知终日为人民大众事业忙碌地奔波着，他对于自己的妻子儿女和对待一般同志没有什么差别。他也不常在家里，大家都觉得他对子女太不关心了。我很少看到过这样为人民而忘我的人，他这种伟大的精神，深深地感动了人。提起他的家庭是很凄凉的，他妹妹文渼先生逝世后，所有家务和四个小孩的教养，全由他六七十岁的老母亲负担。老太太勤俭持家，烧饭扫地，全自己动手，家里一直不用老妈子。后来，移住上海，年老多病，才雇了一位娘姨帮忙。他母亲早几天还在我们家里玩，劝我们节省些过日子，青年人苦些不要紧，但不久就突然患脑溢血，送医院不治而死。他亲视老太太溘然长逝，便对大儿陶宏说，我们睡吧，祖母身体不好，想不到他会活这样长。说罢，他就呼呼大睡，而陶宏则无论如何睡不着。可见陶氏理智很强，很洒脱得开。陶氏一贫如洗，靠了一些朋友的帮助，才把母亲安葬到南京晓庄去。
>
> 他的妻子则患不治之症多年，在他出国不久，也去世了。他的家早已离散，大儿得朋友帮助去中国科学社学习，三儿跟亲戚去南京，二儿和他最喜欢的四儿蜜桃，则留在上海和我们住在一起。陶氏不溺爱他的子女，也不像庸俗的父母把子女当私有品过分照顾他们。但他对母亲的爱和对子女的感情和关心他们的教育，则并不弱于人。因为穷，不能送子女一个个进资产阶级的大中学校，他从小就帮助儿女发展他们的爱好，等到高中程度他就送他们进专门机关跟教授学者做学徒，如此，几个儿子都有了专门的造就。
>
> 他平时，不喝酒，不吸烟，无任何嗜好，他喜欢吃点糖果、花生米之类，大概因为忙碌，没有时间吃饭的缘故吧，他拿出一把来和你一边吃，一边谈笑着。如果

有什么好电影、好话剧，他就招呼你一起去看。他到处都有亲密的青年朋友，他似乎唯一的爱好就是青年和群众。他常说，人要不落伍，不老气横秋，就要和青年在一起。

任何受苦受难的青年人，只要找到他，他总是热心地伸出双手来援助。他设法找人送钱或送书给在狱中受难的青年。当他十分窘困的时候，如果袋中有一毛钱他也会给你。

这个倔强的斗士，受国民党反动派政治和经济上双层压迫，但他从不消沉。他那幽默和潇洒的作风，常使人感到可亲又可爱。

有一次，他光脚到国泰大戏院去看戏，那所剧场比较阔气，观客差不多都是些中上层社会的中外人士，司阍看他身穿旧学生装，光着脚，不准他进去，怪他没有穿袜子。他一声不响的候在那里。一忽儿，有个摩登女郎，光腿露臂而来。他看她进去了，连忙对司阍说，她不也光脚么，你为什么许她进去不许我进去？司阍人理屈，很客气的请他进去了。

他在上海这一段生活，仍和在乡下一样艰苦朴素。平时靠卖字、卖稿、卖讲所得维持学校和家庭生活。出国前，他通知二儿晓光到他的住处去取回他的东西。拿回一只网篮，两只破箱，打开一看，除几件破衬衫外，尽是些书信、书籍、杂志和一堆破袜子而已。

与“忘年交”第二任妻子吴树琴的浪漫爱情

陶行知的第二次婚姻是与吴树琴的婚姻。

陶行知与吴树琴相识是从 1935 年 7 月 23 日开始的。吴树琴是安徽休宁县人，小陶行知 24 岁，可谓“忘年交”。她家距陶行知老家仅有百余里。她原是安徽省隆阜第四女子中学学生，1935 年 7 月为了反对父母包办婚姻与另一女生离家出走，经姚文采的介绍与陶行知相识，陶行知将她们介绍到上海中法大学药学专修科学习，从此他们开始书信往来。

经过一段时间的交往，吴树琴对陶行知产生了爱情。第二年春，回到老家的吴树琴开始给陶行知写信表达自己对他的好感。从 20 世纪 30 年代初起，陶行知的家庭出现了

陶行知与妻吴树琴 1939 年摄于重庆。

很大变故，母亲去世，妻子汪纯宜又住在精神病院治疗。可以说，很长一段时间，他得不到家庭的温暖。当陶行知收到吴树琴表达爱意的书信，说自己在梦里常常看到陶行知，他非常激动与欣慰，犹如久旱逢甘霖，便接纳了这个女子的爱。他在 1936 年 3 月 15 日给吴树琴的信中讲道：

在最近的一封信里，你说到梦里常常看见我，我是多么高兴啊！你写这封信，谅想是用尽气力，拼命的要把心中话写出来，我佩服你的勇敢。老实告诉你，我做了你的梦里人，那是比做南面王还荣幸。我愿意永远在你的梦里安慰你。你不知道吧？我也时常在梦中看见你。不过我是没有你勇敢，从来没有给你说过。现在可以给你知道，你是我梦里最欢迎的人了。……你几个月才给我一封信，叫我想念来信如同三天没有吃奶的小孩。……亲爱的冰小姐！我得到了你的一封信，好像是得到了一种神秘的力量，又好像千军万马来到我的面前，听我的指挥。我的精神顿加十倍，能做十倍的事并且做得十倍的好。

陶行知在与吴树琴的通信中，称吴树琴为“冰小姐”、“冰冰”、“冰妹”等，自称“水”。

親愛的夫人！
今早接來信及譯稿兩篇時，立刻為你改了一篇，就來警報，不能繼續幹。第二篇明天寄來，你放心吧！我一接到稿子便立刻為你改，這也于我有益，養成迅速的習慣。端午能否來，明天再說。

陶行知给妻子吴树琴的信件手稿（四）。

通过这种称呼，可以看出陶行知对这种迟到的爱情，开始还是心存顾虑的，因为这毕竟是第二次爱情，而且在吴树琴表达爱意时，陶行知的前妻尚在医院治疗之中，因而他与吴树琴的爱情并不像年轻人那样表现得热烈，体现出一种理性的爱。从中也可看出，陶行知与吴树琴的爱情是和谐的，因为冰的融化便是水，水的凝结就是冰。此外，也反映出在这场爱情中陶行知后来是主动的了，陶行知给妻子吴树琴的信件手稿（一）。

陶行知给妻子吴树琴的信件手稿（二）。

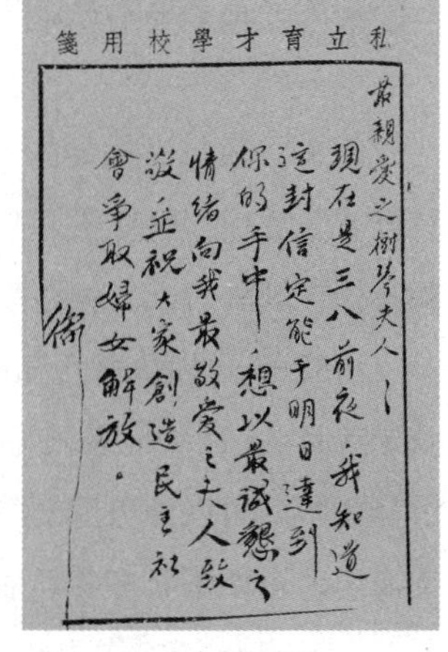

私立育才學校用箋

吾親愛之樹琴夫人：

現在是三八前夜，我知道這封信定能于明日達到你的手中。想以最誠懇之情緒向我最敬愛之夫人致敬，並祝大家創造民主社會爭取婦女解放。

衛

陶行知给妻子吴树琴的信件手稿（三）。

他想通过水来融化冰，从而使爱情升华。

在 1936 年 7 月至 1938 年 8 月两年多在欧美进行国民外交期间，陶行知始终保持与吴树琴的通信往来，每到一处都要给吴树琴写信并寄一些风景照片。1937 年 6 月 15 日，他在给吴树琴的信《人生遇逆境的秘诀》中写道：

> 人生遇逆境只有一个秘诀：把忧愁忘掉。吃饭、睡觉、工作、游玩、忘掉，包括奋斗，你若记得这五点，你可以活到一百岁。因此，你得把气忘掉，把闷忘掉，把敌人忘掉，把爱人忘掉，把自己忘掉。什么都可以忘掉，只是不可以把写信忘掉。现在把通信处寄给你。……短短信，常常寄，好吗？

陶行知在异国他乡只能通过书信来与吴树琴交流感情，他将读吴树琴的来信作为他工作之余的唯一精神享受，他盼望吴树琴的来信几乎到了望眼欲穿的地步。他在 1937 年 4 月 29 日给吴树琴的信中表达了这种心情：

> 你三月十三的信，我是在两星期前收到的。这封信来后，好像是很久很久没有接到你的信了。但是仔细象［想］了一下，应该是再过两个星期才能接到你的信。何以呢？你大概是每月平均给我一封信。照我现在的心理看来，这好比是每天吃一

餐饭，是觉得不能满足。

后来，他与吴树琴的通信频率明显加快，有时一月写两三封信。从 1937 年 6 月 12 日到 8 月 22 日共 72 天，陶行知就给吴树琴写了 7 封信，平均每十天写一封，说明尽管陶行知在国外，二人相距数万里之遥，但大海都难以隔开他们炽热的爱恋之情。

1938 年 8 月底，陶行知圆满完成了对 26 个国家的出访。回到香港。他在准备回国之前，就于 5 月 23 日从华盛顿写信约吴树琴 8 月底来香港。7 月 16 日，他又在巴黎写信，告诉吴树琴“可以坐大船三等舱，一直到香港。八月底以前到。不要坐小船，行走慢而会害海病。东西不必多带。衣服和药书应当带，余寄存在人家”。还为她找好了到香港的联系人，可以说，安排周到，关怀备至，同时也反映出他欲见吴树琴的迫切心情。8 月 5 日，他到新加坡后又写信劝吴树琴“作一次最大的努力来看我。倘若这次不能相见，以后是很困难了”。顺便寄去他为纪念他们二人相识三周年所作的诗：

巴黎无雨也留客，独有今宵不可留。抬头仿佛江湾月，屈指惊人已三秋。
横贯欧陆我去也，一任铁塔与云浮。只是数月无音问，重逢何日令人忧。

陶行知（左四）和妻子吴树琴与亲友在重庆北碚温泉留影。

大概是出于年轻女子的羞涩的缘故吧，吴树琴一直没答应去香港，因此陶行知回到香港后，未能见到自己的恋人，心静十分难过。他在 9 月 7 日给吴树琴的信中写道：读了近日的来信，“简直是把我从喜马拉雅山推到玛利亚那的海底去了。晚上睡不着，一半是因为热，一半是念你。通盘算起来，觉得你还是待我好的地方多，待我不好的地方少。但是问你生日，是始终不告诉我，照相也不给我一张，这次又不来，实在是令人难过。可你一定有你的困难，我是要原谅你。我很希望你能安排一下，和我在一个地方做事，可以朝夕相见，那我就很感激你了”。之后，9月13日吴树琴告诉了她的生日。这使陶行知深受鼓舞。陶行知看信后心情一下好转，9月22日马上回信说：“你的九月十三夜的信是给了我一个安慰。”之后的两个月中，陶行知又连续写了几封信催吴树琴来香港，还说“倘若你一定不能到香港来看我，那只好我来上海看你”。

在陶行知的反复邀请下，吴树琴终于在1939年1月9日写信给陶行知，同意与她一位取道香港去福州的同学一同去香港。陶行知兴奋至极，他在1月12日的回信中写道：

> 今天接读一月九日来信，知道你将和琴姊来港，这是新年中最好的福音。……我是数着钟点等待你的来临啊。亲爱的冰妹啊！你要知道，叫我多等一天，便是叫我身上减少一磅肉。我有的是肉，减少一二十磅也不要紧，所可虑的，是我精神上有些受不住。你若了解这一点，我相信你会插着翅膀立刻飞到我这里来。现在一切都照着你们21日来港计划准备。我亲自要去接你们。快乐的日子快到了吧！

1939年1月21日，吴树琴来到香港与渴望已久的陶行知相见，犹如牛郎织女相会。吴树琴的到来给陶行知吃了一颗定心丸。从此，陶行知更加专心于自己的工作。同时，他也下决心再不让吴树琴离开他，于是不久就以女婿的名义给吴树琴的母亲写了一封信，委婉地告诉丈母娘他想让吴树琴留在自己身边。之后，陶行知就将这位准夫人带到了重庆，开始筹建育才学校。9月陶行知正式向吴树琴提出结婚。其间她家人不断来信反对。经过吴树琴的努力劝说，家人终于在12月10日来信同意他们结合。于是他们二人于1939年12月底，在重庆古圣寺举行了结婚典礼。陶行知在高兴之余，赋诗一首《结婚歌》：

陶行知用过的毡帽和公文包。

天也欢喜，地也欢喜，人也欢喜，欢喜你遇到了我，我遇到了你，当时是你心里有了一个我，我心里有了一个你，从今后是朝朝暮暮在一起，地久天长同心比翼，相敬相爱相扶持。

育才学校音乐组的学生还给这首诗谱了曲，绘画组学生绘制了各种吉祥的图案贴在新房门上，育才学校师生及附近的农民参加了婚礼。结婚后，吴树琴便投身到帮助陶行知兴办教育的活动中来。她利用自己学医的专业优势，与中国科学社合作，在民间秘方的基础上，研制出治疗疟疾的药丸，经万人试用，效果很好。后来，她又到北温泉新药厂工作。他们夫妻每两周相聚一次，在这种离多聚少的日子里，陶行知通过写信与吴树琴交流感情，表达思念之情。二人相敬如宾，恩爱有至。1942 年 11 月，陶行知生日来临之前，吴树琴来信作了安排，陶行知在回信中讲："多谢你为我的生日这样关心，那是我母亲去世后，就没有受过这样的恩宠了。"

1944 年陶行知在生日前后，曾对吴树琴许下了愿：等抗战胜利后，他要带妻子"携手同游全世界名山大川，同访……手创世界和平的人们、思想家、发明家、诗人、美术家，尤其是各国的大众"。1946 年 7 月 25 日陶行知溘然长逝，吴树琴悲痛欲绝。

陶行知的第一次婚姻是理智、冷静与生活型的，可以说是亲情多于爱情；而第二次婚姻是炽热、浪漫与爱情型的，陶行知从这次婚姻中真正得到了爱情，也有裨其事业的发展。

广泛的社会交往与人事资源

江浙教育前辈蔡元培、黄炎培与张謇

倘若将对陶行知的成长和教育思想的形成产生过影响的近代江浙教育家汇总起来称之为江浙教育前辈群体的话，那么，这个群体成员主要有：张謇（江苏南通人，1853—1926）、蔡元培（浙江绍兴人，1868—1940）、袁希涛（江苏宝山人，1866—1930）、黄炎培（江苏川沙人，1878—1965）、郭秉文（江苏江浦人，1880—1969）等。这些教育家前辈之所以对陶行知产生重要影响，一方面是由于他在出国前在江浙接受了数年的教育，对江浙教育界名人心存仰慕之心，另一方面由于其主要在江浙地区接受教育，因而他深受江浙教育家前辈群体的熏陶与影响。江浙教育前辈中对陶行知影响最大的是蔡元培、黄炎培、张謇、郭秉文四位，因郭秉文是双重身份，他既是江浙教育前辈群体成员，又是哥伦比亚大学师友群体的成员，本书将其放在下一部分论述。现就其他三位教育家与陶行知交往及其影响作些简略介绍。

蔡元培与陶行知

蔡元培与陶行知是中国近现代教育史上两位最著名的教育家，一位是立足于正规学校教育来实现中国教育现代化的教育大师，一位是着眼于大众教育普及、推动中国教育公平的教育巨匠。两人均是彪炳千秋、举世闻名的教育家，他们的共同之处在于将毕生

蔡元培像。

的精力投入到振兴中华民族教育大业上来。蔡元培比陶行知年长23岁，当陶行知就读金陵大学时，蔡元培已经成为闻名遐迩的教育家。在陶行知心目中，蔡元培是中国教育改革的成功典范，尤其是改革北大的成功经验成为他在南京高师进行教育改革和管理晓庄师范学校的示范与样板。就蔡元培对陶行知的影响而言，一方面，这位出生江浙的大教育家，着实在青年陶行知的内心中是一个崇拜与效仿的楷模；另一方面，蔡元培对陶行知有过不少帮助，他们二人交往甚多。

当陶行知于1917年回国担任南京高师教务主任时，蔡元培任北京大学校长并取得了一系列的改革成就，陶行知借鉴蔡元培的一些改革经验，如学生自治、男女同校等，打破了以往传统的高校管理模式，使南高师成为继北大之后中国现代第二所运用新教育理念办学的公办高等院校。

1921年，蔡元培与陶行知等人共同发起成立了人称“教改司令部”的中华教育改进社，陶行知起草了《中华教育改进社简章》，并任主任干事。蔡元培与陶行知为了开展中华教育改进社的工作，不仅一直保持着密切的联系，而且相互支持，1922年7月中华教育改进社第一届年会在山东济南召开，大会选举蔡元培为董事长，当陶行知与王伯秋共同提出《创办青岛大学案》时，蔡元培很感兴趣，让陶行知在会上解释提案理由，陶行知指出：“山东为我国文化发源之地，在学术上占重要之位置。自‘山东问题’发生，青岛尤为全球视线所集。……为发展我国固有文化计，为沟通东西文化计，尤不能不设立永久高等学术机关，以谋改进，而扬国光。”这样，在蔡元培的支持下，该提案得以通过。大会期间，蔡元培与陶行知还一起提出《国立大学与省立大学分别设立案》，成为指导当时中国高校设置的指导性文件。

1927年，蔡元培任国民政府大学院院长，当陶行知申请创立晓庄师范学校时，蔡元培给予大力支持，并亲自担任晓庄师范学校董事长。陶行知效仿蔡元培办北大时所提出的“兼容并包，思想自由”的办学理念，在晓庄师范学校提出“自由园地”。他对晓庄师生讲：“蔡元培办北大是‘兼容并包’，晓庄学校则是‘自由园地’。”他学习蔡元培的管理经验，不管是什么党派，也不管是哪里的人，只要有专业特长，热爱乡村教育事业，晓庄学校都来者不拒。1927 年 10 月 2 日，作为晓庄师范学校董事长的蔡元培与陈鹤琴、张宗麟等人一同来晓庄学校参观，陶行知组织师生召开欢迎会，蔡元培在会上作了热情洋溢的讲话。他风趣幽默地说：

> 我这个董事长是空的，并不懂（董）事。首先，你们重视的教学做合一我就没有做到。不过，我听了介绍以后，极相信教学做合一是至理，也是合乎规律的。比如小猫要学捕鼠，大猫一定要做好捕鼠的样子给小猫看。老燕要教雏燕飞，雏燕要一面看，一面要模仿着飞，才能学会。在这种很小的事情上，也可以看出教学做是应当合一的。诸位到此，都抱有研究乡村教育的大志，我是非常赞成的。我虽然不能和诸位在一起共同生活，但我在旁边，当极力帮助诸位成功，祝诸位努力。我向你们学习，我这个董事长才能懂（董）事，否则，总有一天要被你们开除。

蔡元培参观晓庄师范学校后，对学校给予了很高评价。正当蔡元培兴致高、情绪好时，陶行知特请他用毛笔书写《我们的信条》中关于乡村师范教育的 18 条，蔡元培欣然提笔用楷书题写了共计 260 余字的教育信条 18 条，陶行知将其装裱后挂在晓庄师范学校的犁宫墙壁上。蔡元培来晓庄师范参观并题写教育信条，一方面体现出他对陶行知兴办乡村师范教育的理论与实践的认可与信任，另一方面也反映出他们二人交情之深、关系之密。

1928 年 4 月，晓庄师范学校为纪念成立一周年召开联村运动会，蔡元培又与吴稚晖、杨杏佛等人一起来参会，使晓庄师范师生与农民很受鼓舞。其间，蔡元培曾两次拨款给晓庄师范，为陶行知办学解了燃眉之急。因此，陶行知于 1929 年在晓庄师范致谢赞助人会上讲道：“拨给公债实现本校乡村计划，为本校今后开一新纪元的，是中华民国大学院蔡孑民院长。”

20 世纪 30 年代，面对国民党的白色恐怖政策，蔡元培与陶行知、李公朴、陈望道等一百多人，于 1933 年 3 月 14 日在上海举行纪念马克思逝世 50 周年大会，蔡元培发表了演讲，表达了对马克思的敬意，严厉抨击了国民党政权的文化专制主义。

黄炎培与陶行知

黄炎培是江浙教育家群体中的重要一员，毕生致力于发展职业教育，成为中国近现代教育史上最重要的职业教育理论家与活动家。他比陶行知年长13岁，当陶行知还在当学生时，他已是江苏省教育司司长。1914年6月，陶行知以优异的成绩完成了在金陵大学的学业，在校方为陶行知等毕业生举行的毕业典礼仪式上，黄炎培以江苏省教育会副会长的名义应邀出席。由于陶行知学习成绩突出，以全校总评第一的好成绩引起了黄炎培的关注，他亲自为陶行知颁发了毕业证书。他十分赏识陶行知的学识与智慧。从此，他们二人相识，并成为终身相互关照与支持的忘年之交。

1915年黄炎培赴美国考察职业教育，他到哥伦比亚大学师范学院找到了陶行知，在陶行知等人的帮助与介绍下他结识了著名教育家杜威，并考察了美国一些地方的职业教育。可以说，黄炎培在美国期间，陶行知给予了全力帮助，使得他在美国考察顺利。当时，正值陶行知撰写博士学位论文《中国教育哲学与新教育》遇到资料缺乏之际，由于他所写的论文是中国教育哲学，需要在中国查阅大量的资料，而他身处遥远的美国，无法回国找资料，正好这时黄炎培结束了对美国的考察准备回国，于是陶行知就顺便委托黄炎培回国后为其搜集资料。这进一步密切了二人的关系。回国后，黄炎培四处为陶行知查找论文资料。1916年12月5日，他在给陶行知寄资料时顺便写信提到："国内青年，学成无用，中学毕业生就业者仅十之一，此为国内最急要之问题。解决方法，一在提倡职业教育；一在使普通教育方法之教材和训练方针，皆能切合于实用。"

陶行知得到黄炎培的赐教，将倡导普通教育与职业教育要切合于实用，作为解决中国国内教育脱离实际、所学非所用问题的重要途径，从此培养起对职业教育的兴趣。1917年5月6日，中华职业教育社在上海创立，黄炎培任办事部主任，大力倡导发展职业教育。同年，回国在南京高师任教的陶行知便加入了中华职业教育社。黄炎培创办了《教育与职业》杂志，陶行知被聘为评论员和特邀撰稿人。陶行知非常支持黄炎培关于职业教育的主张，于1918年11月在中华职业教育社社刊《教育与职业》第1卷第3期上发表了《生利主义之职业教育》一文，他在该文中首次提出"生活教育"，并将生活教育与职业教育结合起来，强调"职业教育既以养成生利人物为其主要之目的，则其直接教授职业之师资，自必以能生利之人为限"，应当培养"生利主义之职业学生"。他从职业教育的师资、设备、课程、学生等方面作了专门论述，通过加强生利主义的职业教育，来达到"国无游民，民无废才，群需所济，个性所舒"的目的。可以看出，当时不仅陶行知与黄炎培相互帮助，私交甚密，而且二人的教育观点一致，相互支持，朝着振兴中华民族教育的共同目标而努力。

陶行知与黄炎培等人同游南京明孝陵，照片上有黄炎培的亲笔题词。

两人除了共同探讨职业教育问题外，还共同致力于平民教育运动。1923 年 5 月，陶行知、黄炎培、朱其慧等人发起成立了中华平民教育促进总会。他们分头行动，共同推动中国的平民教育进程。陶行知通过编写《平民千字课》、创办平民读书处、开办平民教育学校等方式，来开拓平民教育的新局面；而黄炎培也曾规划在山西试办乡村职业教育，以促进地方平民教育的发展。

在抗战时期，为了促进中国的民主建设，团结一致，共同抗日，1940 年 12 月，各民主党派的领导人黄炎培（中华职业教育社）、梁漱溟（乡村建设派）、张君劢（国社党）、左舜生（青年党）等在重庆集会，决定将原来的统一建国同志会改组成为中国民主政团同盟。1941 年 3 月 19 日，中国民主政团同盟在重庆召开大会，会议通过了《中国民主政团同盟政纲》，推选黄炎培为中央常务委员会主席。同年 10 月，中国民主政团同盟向中外正式宣告成立。1942 年，以陶行知等为领袖的救国联合会加入，中国民主政团同盟遂成为集合“三党三派”的民主党派，后更名为“中国民主同盟”。1945 年 9

月 1 日，民盟成立重庆市支部，陶行知被推选为支部委员兼宣传部长。1945 年 10 月 1—12 日，中国民主同盟在重庆召开临时全国代表大会。会议产生了第一届中央委员会，增选陶行知等 33 人为中央委员，选出由陶行知等 18 人组成的中央常委会，还决定推举陶行知为民盟中央民主教育委员会主任，负责发展民主教育事业。

1946 年 7 月 25 日陶行知突然病逝，黄炎培闻此噩耗，极为悲痛，当即作诗一首《哭陶行知先生》："秀绝金陵第一声，行知当日号知行。杜威北美开新旅，刘廖南高并盛名。合一晓庄'教学做'，成群淞沪'小先生'。不堪闻李成仁后，天夺良师万泪迸。"称赞他学业和事业出类拔萃，为民主前赴后继，不畏牺牲，深得民众敬仰。黄还与沈钧儒等人组织上海各界人士为陶行知召开追悼大会，并与沈钧儒、马叙伦、茅盾、陈鹤琴等人陪祭。12 月 4 日，黄炎培又与沈钧儒、翦伯赞等人护送灵柩到晓庄公葬。

张謇与陶行知

张謇是中国近现代著名的实业家和教育家，他重视师范，关注普教，有教育救国的思想，陶行知的教育理念受其良多启示；他躬身实践、勤俭建校、贴近民众的办学经验，深深打动了陶行知的内心，成为激励其潜心办学的动力与楷模。因此，陶行知在 1946 年 6 月 14 日，与将要回到解放区的柳湜告别时，首先谈到对其影响颇深的张謇。他说："我告诉你，到农村去的方法我是学的谁的。你说的到农村去有三关，我都经验过。其中第二关，就是和农民生活习惯打成一片，我是学的张謇的。……他对我的生活，影响不浅。我搞生活教育，他就是我第一个先生。"第一次公开讲出对他创立生活教育理论与兴办晓庄师范的实践影响最大的教育家是张謇，这也是他多年来内心的秘密，他讲出这一秘密后一个多月就离开了人世，可见，张謇对其影响之深，在其心目中分量之重。

张謇是近现代教育史上倡导实业救国的实业家，又是热心兴学的教育家。他是江苏南通人，是近现代江浙教育家群体中出道最早的社会名流。他一生涉猎实业、政治、教育等诸多领域。既是发展实业、兴办教育的实干家，又是参与各种社会交际的活动家。他饱受旧式教育，中状元，任翰林，但不满清政府腐朽统治，放弃仕途，从事实业，开办教育，成为中国近现代开明绅士与社会名流。他的"父实业、母教育"的主张和实践具有深刻的历史意义，他一生创办了 20 多个企业、370 多所学校，为我国近代民族工业的兴起，为教育事业的发展作出了宝贵贡献。他倡导"教育与实业迭相为用"，他在发展实业的同时，在家乡南通开办各类学校。1902 年，创办了我国第一所民办师范学校——

通州师范学校，1905 年，创建了我国第一座民办博物苑，1907 年创办了农业学校和女子师范学校，1909 年倡建通海五属公立中学，1912 年创办了医学专门学校和纺织专门学校。后来，农、医、纺三所学校合并成为南通学院。后来又兴办了各种中、初级职业学校，短期讲习班和特殊教育事业，如商业学校、银行专修科、测绘专修科、工商补习学校、镀镍传习所、蚕桑讲习所、女工传习所、伶工学社、盲哑学校等，使南通形成了一个以近代农工商科学技术为中心，包括初等、中等、高等教育在内的学校教育和社会教育体系。

张謇，清末状元。近代著名实业家、政治家、教育家。

曾得陶行知关爱的翦伯赞。

张謇对陶行知的影响主要表现在：第一，名扬四海、享誉学界的张謇在青少年时期陶行知的心目中留下了深刻印象。张謇于 1905 年出任江苏学务总会会长，大力发展江苏的新式教育，使江苏的新式教育走在全国的前列。由于他的办学成绩突出，经常见诸报端，影响日益扩大，于 1911 年应邀出任中央教育会会长。1912 年国民政府成立，任实业总长。当时正在江苏南京金陵大学读书的陶行知，身在江苏，耳闻目睹张謇的办学事迹，不由得对张謇产生了仰慕之心，这为日后从事教育工作，并以张謇为榜样创办学校、发展教育奠定了基础。第二，张謇关注普及教育、重视师范教育，对陶行知产生了一定影响。张謇认为，要想振兴国家，就必须将实业与教育并重。而发展教育的重点在于普及教育。要实现普及教育的目标，就必须兴办学校，而“立学校须从小学始，尤须先从师范始”。在他看来，小学是教育之基，而师范是小学之母。因此，要普及教育，就要先发展师范教育。基于这样的认识，他于 1902 年就在家乡南通创办了中国近代第一所师范学校，成为中国近现代师范教育之父。之后，又创办了一系列的师范学校和传习所。后来，陶行知也提出类似的师范教育思想，强调师范教育乃“国家托命”之所在，“师范教育可以兴邦，也可以促国之亡”，全面论述了师范教育的任务和作用，提出“教育界要什么人才就该培养什么人才”，强调师范生要热爱师范教育、懂得教育规律、具有丰富的专业知识以及

办学思想深受陶行知影响的梁漱溟。梁漱溟，著名的思想家、哲学家、教育家、社会活动家、爱国民主人士，著名学者、国学大师，主要研究人生问题和社会问题，现代新儒家的早期代表人物之一，有"中国最后一位儒家"之称。梁漱溟曾发起过乡村建设运动。著有《乡村建设理论》、《人心与人生》等。

为人师表的高尚品德。值得注意的是，陶行知还是我国乡村师范的最早提倡者和创建者。他曾明确主张以乡村师范作为改造乡村生活的中心，以乡村教师作为乡村生活的灵魂，以乡村自治作为改造乡村的组织保证。第三，张謇开办南通师范学校的经验和做法，成为陶行知创办晓庄师范学校的直接参照。陶行知与张謇的直接交往是在20世纪20年代他在东南大学任教期间，1921年3月，教育部拟批准东南大学董事会成立，张謇就是十大校董之一。张謇经常到东南大学议事，陶行知作为本校教授也应邀出席，因此他们之间有过直接的交往。特别是他对张謇创办南通师范学校的经验一直心存敬仰。正是在东南大学教育系工作之时，受张謇的影响他便产生了想办一所乡村师范学校的想法。从选择校址、聘请教师、办学思路等方面，陶行知都竭力学习张謇。晓庄师范学校与南通师范学校都是乡村师范学校，既然是建立在乡村、为乡村培养师资的师范，就应当学会与农民打交道。因此，当陶行知在开办晓庄师范之前向张謇请教时，张謇便告诉他首先要学会与农民打成一片。正如陶行知所讲述的那样：

> 和农民生活习惯打成一片，我是学的张謇的。他曾告诉我，要替农民做事，第一就得和农民打成一片，不然，农民就怕你，什么真心话也不同你说。他建设南通的初期，自己就常在农民家中来来去去，吃农民一样的东西，说一样的话。农民并不怕他，他也的确懂得农民的生活不少。

陶行知正是受了张謇的教诲，才领悟到了在乡村办学的真谛。于是他按照张謇办南通师范的做法深入农民之中，亲自参加建校劳动，与学生、农民同吃同住，甚至与农民的耕牛睡在一起。同时，他也要求晓庄师范的师生都应学着与农民相处。在他的影响与带动下，晓庄的学生都养成了良好的习惯。正如梁漱溟参观晓庄后所说：

> 开办时，无屋可住，在山下立起三五个帐幕，几个人对着帐幕升起旗子来，就举行开学的典礼。后来人渐多，才分投到附近农家去住，现在因为校舍不够，还有住在农家的。他的用意在使学生能和农人一般吃苦，并且深知农民的问题，所以他们的生活都很平民化，穿短衣服，光着脚，如同农夫一般的。……农民也和他们很亲密。

梁漱溟高度评价这种办学理念培养出的人才一定有能力、有合作精神。陶行知的生活教育理论，也正是在张謇的启发和自己的办学实践中逐步形成与完善的。

哥伦比亚大学的老师斯特雷耶、杜威、孟禄、克伯屈与桑代克

哥伦比亚大学是世界一流的著名高等学府，该校师范学院是20世纪上半叶全世界的教育研究中心，这里名师荟萃，群星璀璨，人才济济。陶行知在该校攻读博士学位的两年时间里，结识了不少世界著名的学术大师，亲自聆听了他们富有个人创见的学术讲授，正是他们的理论点拨与思想启迪为陶行知创造新的教育理论奠定了坚实基础；同时，他在该校也结识了一批中国留学生，这些人归国后成为中国现代著名教育家，有不少人与陶行知长期并肩作战，共同推动中国文化教育事业的发展。这个哥伦比亚大学师友群体，对陶行知的一生产生了很大影响。

在哥伦比亚大学教学楼走廊里陈放着的杜威塑像。

哥伦比亚大学师范学院成立于1888年，原系工业教育协会设立的一所师资培训学校，1898年并入哥伦比亚大学。该院是研究性学院，主要以培养研究生为主。该校师资力量雄厚，聚集了一批世界一流的名师，如美国进步教育运动的先驱杜威（John Dewey）、著名教育史学家孟禄（Paul

在美留学期间，陶行知（左一）与同学的合影。

在美留学期间，陶行知（前排中间）与同学的合影。

Monroe）、设计教学法的发明者克伯屈（Willian Kilpatrick）、教育行政管理专家斯特雷耶（G.D.Strayer）、教育社会学家斯列丁（D.Snedden）、教育心理学的奠基人桑代克（Edward Lee Thorndike）以及比较教育家麦克默里（Charles Mecmarry）和康德尔等。这些教育家大都倡导进步主义教育，该校被誉为进步主义教育的摇篮。1915 年 9 月至 1917 年 7 月，陶行知在美国哥伦比亚大学师范学院攻读博士学位。他在哥伦比亚大学两年里先后修了杜威主讲的《学校与社会》、孟禄主讲的《教育史》、克伯屈主讲的《教育哲学》、斯特雷耶讲授的《美国的公共教育行政》、斯列丁讲授的《教育社会学实习》和《进步社会的发展》、康德尔（I.L.Kandel）主讲的《各国学校制度的社会基础》等课程。陶行知就读哥伦比亚大学期间，这些老师为陶行知系统讲授了教育专业课程，给予陶行知以睿智的点拨和方法的启迪，为其日后畅游教育学科的知识海洋做好了充分的准备。

斯特雷耶与陶行知

指导陶行知博士学位论文《中国教育哲学与新教育》的导师是知名教育行政学家、美国教育行政学会会长斯特雷耶教授。

陶行知的专业研究方向是教育行政学，他正是在斯特雷耶教授的指导下“研究美国公共教育行政问题，并要把普及国民教育的思想应用到中国教育的发展中”。1916年2月16日他为了申请利文斯顿奖学金，在给罗素的信中写道：

陶行知与哥大导师斯特雷耶合影。

> 在此谨向您及利文斯顿捐助人保证，在斯特雷耶教授及其他系科教职员的教导下，再经两年的学习，我将回国与其他教育工作者一起，为我国人民建立一个有效的公共教育体制，以追随美国人的脚步，建设一个真正的民主政体，以达到正义与自由的理想境界。

从中可以看出，在陶行知博士教育阶段，斯特雷耶教授对他的影响比较大，因为斯特雷耶教授是他所修教育行政专业的直接导师，而且为他开设了两个学期的专业课——美国公共教育管理，还亲自指导了他的学位论文，为他研究教育行政管理奠定了坚实的基础。

杜威与陶行知

对陶行知思想影响最大的是杜威博士。

由于杜威是世界知名的教育大师，陶行知在就读伊利诺大学市政专业期间就对杜威有所了解。从该校毕业后，陶行知之所以选择到哥伦比亚大学师范学院深造，在很大程度上是冲着杜威而来的。首先，杜威倡导的教育即生活、学校即社会、做中学、以儿童为中心等实用主义教育思想，对陶行知的影响很大，可以说杜威的教育观是诱发陶行知生活教育理论的源头。其次，杜威积极投身教育民主管理实践对陶行知在南京高师的改革产生了较大影响。譬如，1915年杜威与朋友积极创立了美国大学教授联合会，1916年又成立纽约教师联合会。在杜威的影响下，陶行知后来回国后，积极投身于中国各种教育社团组织的实践活动之中。再次，杜威的实用主义哲学思想对陶行知的影响亦很大。杜威倡导的经验自然主义、实验科学方法论、多元的历史观等给陶行知留下了深刻印象。

正因为陶行知与杜威在哥伦比亚大学建立了亲密的师生情谊，因此，1919年，当他与胡适等人得知杜威到日本讲学后，便特邀杜威来华讲学。在陶行知等人的精心安排下，

1919 年 5 月，杜威应邀来华讲学时由史量才、陶行知等陪同参观上海申报馆时的合影。

杜威在华停留了两年多，先后走遍大江南北，大力宣扬他的实用主义教育学说，使他的思想与学说在中国产生了巨大影响。而且在讲学的大部分时间，陶行知都在场亲自当翻译或做点评，在杜威心目中最好的学生就是胡适和陶行知。

孟禄与陶行知

对陶行知日常学习和生活帮助最多的是曾任世界教育联合会会长的孟禄教授。

1915—1917 年间，孟禄担任师范学院教育部部长。由于他是陶行知就读哥大期间具体教学与行政事务的管理者，再加上他还亲自为陶行知讲授过两个学期的教育史专业课，因而，陶行知与孟禄平时接触比较多，孟禄对陶行知的帮助也比较大。正如日本学者阿部洋所说："在师范学院学习期间，使陶行知得到公私两个方面最好照顾的是孟禄教授。"

孟禄曾于 1913 年访问过中国，对中国教育表现出极大的关心，在促进中美文化教育交流方面起到了桥梁作用。他热心于对中国留学生的指导，再加上陶行知为人正直、品学兼优，深深地打动了孟禄。他不仅给陶行知等留学生传授教育史专业知识，而且还给予陶行知生活方面的关怀。1915 年陶行知的父亲去世，其长子陶宏出生。当时，正在美求学的陶行知，除须自费完成学业外，还要承担国内家中生活所必需的开支，"经济

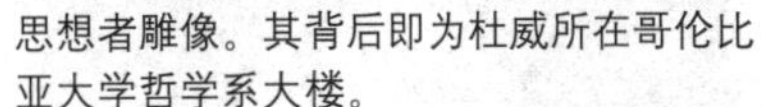

思想者雕像。其背后即为杜威所在哥伦比亚大学哲学系大楼。

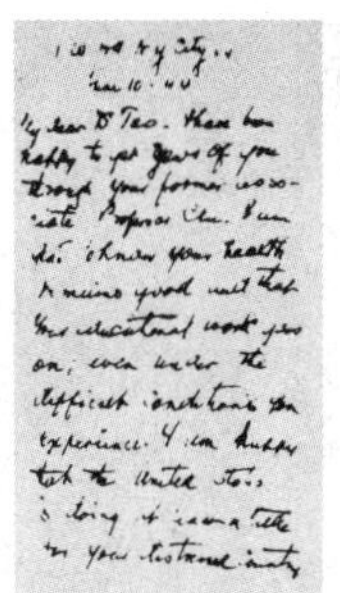

[illegible] N. Y. City
[illegible] 10. '4[illegible]
My dear Dr Tao. I have been happy to get news of you through your former associate Professor Chen. I am glad to know your health remains good and that your educational work goes on, even under the difficult conditions you experience. I am happy that the United States is doing [illegible] in your [illegible]

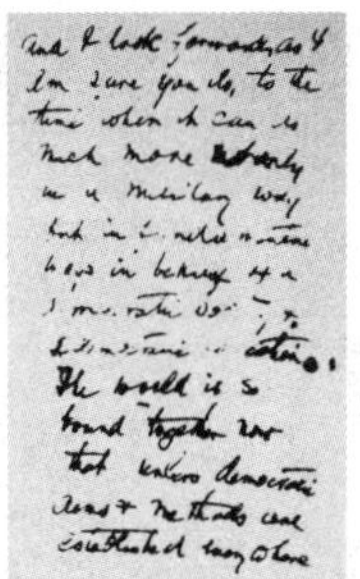

and I look forward, as I am sure you do, to the time when it can do much more [illegible] in a military way [illegible] The world is so bound together now that unless democratic ideas & methods are established [illegible]

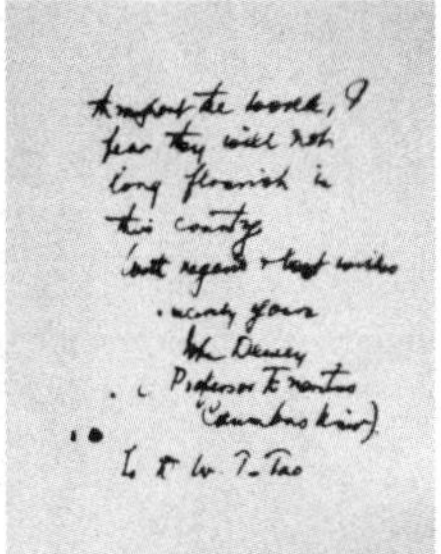

throughout the world, I fear they will not long flourish in this country.
With regards & best wishes
Sincerely yours
John Dewey
Professor Emeritus
(Columbia Univ.)
To Dr W. T. Tao

杜威给陶行知的信。

状况窘迫至极”。尽管按照国内有关留学规定，在进入哥伦比亚大学师范学院不久，他获得了部分“庚款奖学金”，但是，因纽约的生活费用昂贵，这笔钱真是微不足道。他已到了“囊中所有远不足以应付深造”，而自己又如此渴望能够继续完成学业。正当陶行知因生活困难入不敷出时，1916 年初他向孟禄教授求助，孟禄及时给予关心与帮助，亲自出面帮助陶行知申请美国利文斯顿奖学金。在孟禄的指导下，他给担任师院院长的罗素写了申请信。由于有孟禄教授的相助，因而陶行知很顺利地拿到了利文斯顿奖学金，为其顺利完成学业提供了经济方面的保障。

1917 年 6 月，陶行知致力于毕业论文写作的过程中遇到了资料不足的困难，由于他撰写的论文题目是《中国教育哲学与新教育》，必须回国查阅中国教育的第一手资料方可完成。在这种情况下，孟禄再次出面帮助陶行知，他为陶行知想了一个两全其美的办法，即推荐其完成博士候选人资格考试，这样可赢得更多的时间来完成论文。1917 年 7 月 26 日，孟禄给当时的博士学位评议委员会主席、政治哲学专业科学部部长伍德布瑞奇博士（Frederick J. E. Woodbridge）写了一推荐信：

> 我建议为陶文濬先生安排考试日期，这是一种特殊情况。陶先生已满足在籍期间的事项，论文题目也得到认可，现在正致力于论文的完成。但是，这篇论文只有当他回国后，进行有关资料的收集和选择方能完成。然而，他觉得他不可能从中国再回来了。他今后要从事与政府有关的教育事业。因此，我建议特别委员会马上举行考试，论文一经完成，即可委托特别委员会评审。建议考试日期最好定为 8 月 2 日。

1921 年，孟禄来华考察，陶行知陪同并任翻译。

孟禄建议伍德布瑞奇博士为陶行知单独举行博士候选人资格考试，然后可以特批他回国边工作边写论文，等论文完成寄回美国就可授予博士学位。由此可以看出，孟禄与陶行知在哥伦比亚大学的交往是不寻常的，他们之间建立了深厚的师生友情。

陶行知回国后一直希望邀请孟禄来华指导教育改革。1921 年夏他与范源濂、蔡元培、张伯苓等人商议邀请孟禄来华讲学，同年 9 月 5 日孟禄应邀到达上海，陶行知与黄炎培、郭秉文前去码头迎接。之后，他与哥大同学王文培、凌冰等先后陪同孟禄到南京、苏州、香港、广州、福州、杭州、北京、天津、保定、石家庄、太原、开封、奉天、济南、曲阜等 9 省 18 市进行教育调查和学术讲演。1922 年 1 月 7 日，孟禄离沪回国时，陶行知与黄炎培、郭秉文等到上海码头送别，并将孟禄在华的教育调查与交流记录编成《孟禄的中国教育讨论》一书，赠送给孟禄博士。陶行知对此次活动的评价是：“此次博士（孟禄）来华，以科学的目光调查教育，以谋教育之改进，实为我国教育开一新纪元。”

克伯屈与陶行知

教学上对陶行知影响最大的是克伯屈博士。

克伯屈是杜威的得意门生，是设计教学法的发明者，也是哥伦比亚大学师范学院最受学生欢迎的教授之一，人称“百万教授”。他为陶行知等学生讲授了两个学期的《教育哲学》课，克伯屈采用的是设计教学法，正如陈鹤琴回忆的那样：“这种教法是兴奋剂，个个学生都愿意绞脑回肠去研究问题，检讨问题，辩论问题。在他的教室里，二三百个学生没有一个会打盹，没有一个会偷看小说，没有一个不竖起耳朵，提起精神去参加辩论贡献意见呢！”他那“独出心裁而能刺激思想的方法”，颇具吸引力，经常出现数百名学生竞相选修他的课程，他讲课时常常是座无虚席，听过他讲课的同学都评价很高。

陶行知对克伯屈的设计教学法也十分敬佩，他在回国进行教育实践的过程中，有不少教学方法是从克伯屈的教学法中受到启示，可以找到克伯屈教学法的影子。陶行知在哥伦比亚大学与克伯屈结下了浓厚的师生情谊，因此，克伯屈于 1929 年 10 月中旬访华期间，专程到陶行知创办的晓庄学校参观，当他看到晓庄学校“依照实际生活的方法来实现生活的教育”，对之予以高度评价：

> 这学校是我这几年天天所想到而急要看的一个学校，今天到这里，是非常快乐的事情！……我现在无论到什么地方，都要宣传在中国的晓庄有一个试验学校，把这里的理想和设施，宣传出去，使全世界的人知道！

克伯屈还认为晓庄学校“理论相当完美，付诸实践也很不错”。可以看出，陶行知与克伯屈交往密切，友谊深厚，双方互有佳评。

1946 年 7 月，陶行知病逝后，克伯屈积极筹划在美国召开陶行知纪念会，开会的目的，一方面，欲使更多的美国人知道陶行知；另一方面，想号召国际社会为陶行知所创办的学校捐款，以便保证其继续发展下去。还成立了筹备委员会，杜威担任主席，克伯屈、罗格和推士三人担任副主席，共同商讨于 10 月 10 日召开纪念陶行知及捐款集会。

桑代克与陶行知

教育心理学家桑代克尽管没有为陶行知授过课，但陶行知对桑代克一直心怀仰慕之情，从他回国后不久所撰写的文章中多次提到桑代克（Thorndike）即可看出他对这位大师的敬意。1918年，陶行知在《试验主义之教育方法》一文中，所列举的世界著名教育家时，提到“忒耳诺泰刻［桑代克］(Thorndike) 之集成教育心理也，亦以试验”。将其列入世界实验主义教育家的行列，为教育科学化作出了突出贡献。同年10月，他又《在南京高师教育研究会上的演讲》中提到：“桑代克 (Thorndike) 欲求父母于子女才能之关系，则以孪生弟兄五十姓而试之，以算数、文法之课窥其尽同，则孪生者之巧拙常等，可以知遗传之故矣。”可见，桑代克也是对陶行知影响较大的哥伦比亚大学教师群体中的重要一员。

哥伦比亚大学的同学郭秉文、胡适与陈鹤琴

哥伦比亚大学师范学院是世界上研究教育的最高学府，因名师众多，学科齐全，资料丰富，氛围良好，而吸引了无数世界各地学子来此深造。从1909年庚款留学以来，中国赴美留学的人数逐年递增，最多时一年就达300多人。据陈鹤琴讲，从1912年到1949年，从哥伦比亚大学毕业归国的中国留学生就达上万人。

陶行知自从伊利诺大学政治学专业毕业，1915年秋季转入哥伦比亚大学师范学院改学教育专业，到1917年6月毕业，在这两年时间内，他结识了一大批中国同学，这些同学后来分布于中国社会各界，成为他一生中重要的校友群体。

哥伦比亚大学校友群体成员，主要包括：早于他毕业且第一个获哥伦比亚大学师范学院哲学博士学位的同专业师兄郭秉文（1880—1969），从康奈尔大学转入哥伦比亚大学哲学系的同龄同乡好友胡适（1891—1962），与他同年同船出国、先入霍普金斯大学后入哥伦比亚大学师范学院攻读硕士学位的陈鹤琴（1892—1982），1917年在哥伦比亚大学师范学院获教育学博士学位的蒋梦麟（1886—1964），与陶行知同年赴美先入威斯康辛大学后在哥伦比亚大学师范学院攻读教育学博士学位、回国后又在南京高师成为同事的郑晓沧（1892—1979），从加利福尼亚大学毕业迟他一年转入哥大主修政治与经济专业的同龄同学孙科（1891—1973），先后在哥伦比亚大学师范学院教育行政专业获学士、硕

哥大智慧女神雕像。陶行知在哥大求学时常常在此旁边学习讨论，吸取智慧。

陶行知在哥大读书时与同学的合影

士、博士学位的李建勋（1884—1976），晚于他入哥伦比亚大学先后获硕士、博士学位的朱君毅（1892—1963），晚他一年入哥伦比亚大学师范学院教育专业并获硕士学位的汪懋祖（1881—1949），1917年入哥伦比亚大学师范学院学习并获硕士学位的张士一（1886—1969），与陶行知同期留学哥伦比亚大学师范学院并获教育学博士学位的凌冰（1894—1993），留学哥伦比亚大学师范学院并获教育心理学博士学位的庄泽宣（1895—1976），与他同期留学哥伦比亚大学师范学院并先后获教育学硕士、博士学位的张彭春（1892—1957）、获哥伦比亚大学师范学院教育学博士学位的刘廷芳（1891—1947），1920年获哥伦比亚大学教育心理学硕士学位的张耀翔（1893—1964），1917年赴哥伦比亚大学师范学院进修与考察的张伯苓（1876—1951），1913—1914年在哥伦比亚大学师范学院考察的俞子夷（1885—1970），先后在哥伦比亚大学师范学院攻读硕士、博士学位的廖世承（1892—1979），1918年在哥伦比亚大学师范学院攻读教育哲学的邓萃英（1886—1972），哥伦比亚大学师范学院教育学博士毕业的傅葆琛（1893—1984），1918年赴哥伦比亚大学师范学院专攻教育学的张默君（1882—1965）等。

郭秉文与陶行知：校友同门上司

郭秉文比陶行知年长11岁，1908年就赴美国留学，1911年在乌斯特大学获理学学士学位，同年入哥伦比亚大学师范学院主修教育学。就在陶行知赴美国的当年，郭秉文已获哥大哲学博士学位（教育学），成为中国近现代第一位哲学博士学位获得者。留学期间任中国留美学生联合会会长，并兼任会刊主编。1915年应南京高等师范学校校长江谦的邀请，回国担任该校教务长。

1917年9月，陶行知从美国归来，郭秉文邀请他来南京高师担任教育学专任教员兼教务助理。1918年3月，江谦因病离职疗养，省公署任命郭秉文为代理校长。5月，南高师成立教育专修科，郭秉文聘陶行知为主任教员，并兼代理教务主任，陶行知先后主讲过教育学、教育哲学、教育行政、教育统计、师范学校与小学组织及行政、中等教育、学务表册、比较教育等课程。

1919年9月，郭秉文被正式任命为校长，陶行知被聘为教务长。陶行知上任后，积极配合郭秉文进行教育教学改革，先后实行学生自治、男女同校、改教授法为教学法等。特别是在开女禁问题上，陶行知与郭秉文携手并肩、共同努力，终于在南京公立高校中率先实行男女同校。1920年4月7日，南京高师决定自1920年暑期正式招收女生。考虑到这一举措可能遇到的阻力，为造声势，郭秉文与蔡元培、蒋梦麟和胡适等人商定，南北一致行动，共同开放“女禁”。实行男女同校的消息传出，朝野哗然，流言四起，就连思想比较开明的张謇和南高老校长江谦也明确表示反对。针对这一情况，郭秉文和陶行知多方解释，做通了南京高师教师的工作，招收女生的入学考试终于如期进行。高等教育中“女禁”的打破，推进了教育的民主化，揭开了中国高等教育史上新的一页。

陶行知与郭秉文密切配合，共同成为邀请杜威来华访问的发起人。1919年2月，陶行知得知杜威在日本讲学的消息后，便马上去找准备到美国考察的南京高师校长郭秉文，他们商定由郭秉文去美国途经日本时，面见杜威并当面邀请他来华讲学。当陶行知与胡

陶行知当年曾流连忘返的哥伦比亚大学图书馆。

哥伦比亚大学师院教师讲台，陶行知曾在此汲取知识营养。

适联系时，胡适已发出了邀请函，于是陶行知和郭秉文决定南北联合搞好杜威来华讲学接待一事。3月份郭秉文赴日本面见杜威，并亲自邀请他来华讲学，杜威欣然答应。他在给胡适的回信中提到：

> 郭秉文博士同陶履恭教授前日来看我，他们问我能否在中国住一年，做演讲的事。这个意思很动听，只要两边大学的方面商量妥帖了，我也愿意做。我觉得几个月的旅行实在看不出什么道理。要是能加上一年功夫，也许我能有点观察了。

不久，陶行知也接到了郭秉文从日本寄来的信，信中讲到他已面见杜威，并亲自发出邀请，杜威很高兴地答应来中国讲学，不仅同意按照沿上海、南京、长江流域到北京等地的线路，而且还主动提出要在中国一直活动到1920年底。郭秉文还答应到哥伦比亚大学后与校方请示杜威来华长时间讲学事宜。同时，郭秉文因出国，因此，他将接待杜威来华之事委托于陶行知，经与胡适、蒋梦麟等人协商，最后由南京高师的陶行知、北京大学胡适和江苏教育会蒋梦麟三人分别代表三个单位，组成接待组。蔡元培专门致函哥伦比亚大学校长巴特勒敦请杜威来华讲学，哥大同意蔡元培的请求。于是，杜威从1919年4月30日抵达上海，到1921年7月11日离华返美，在中国讲学时间长达两年两月零12天。此次活动可以说是陶行知与郭秉文及其他哥伦比亚大学校友通力合作的结果。

1921年夏，陶行知又与郭秉文等人商讨接待孟禄来华考察，议定以实际教育调查社的名义邀请孟禄来华考察4个月。9月5日，孟禄到达上海码头，陶行知、郭秉文和黄炎培前去迎接，次日与孟禄座谈教育问题。他们二人陪同孟禄先后在上海、南京、苏州、香港、广州、福州、杭州、北京、天津、太原、东北等地进行讲学、考察与访问。1922年1月7日，孟禄离沪回国时，郭秉文与陶行知等人又去码头送行。1921年9月，教育部批准郭秉文为东南大学校长，陶行知任教育科主任。南京高等师范学校之各本科仍由南京高等师范学校继续办理。南京高师自1921年起不再招生，俟其学生全部毕业后即并入东南大学。

1921年，陶行知担任《新教育》的编辑、主编。当时《新教育》杂志的编委会成员大都是哥伦比亚大学毕业的教育界名流，陶行知与郭秉文、蒋梦麟、张伯苓、胡适、汪懋祖、郑晓沧、刘廷芳、凌冰、张士一、张耀翔、吴卓生、王文培、李建勋等哥大校友共同组成编辑队伍。1923年，陶行知为了全身心投入中华教育改进社的工作当中，特向郭秉文提出辞去东南大学教育系主任之职，郭秉文从爱惜人才的角度出发一再挽留，陶行知先后打了四五次报告才获准。从 1917 年陶行知到南京高师工作，与郭秉文开始合作，到 1923 年离开南京到北京，在这六年当中他们精诚合作，配合默契，结下了深厚的情谊。

胡适与陶行知：同籍同龄同学

在哥伦比亚大学师范学院校友群体中，早年与陶行知交往最密的要数胡适。

陶行知与胡适，两人都是安徽人，陶行知是歙县人，胡适是绩溪人，两县均隶属徽州，两人的家乡相距不过几十里路；两人又是同龄，均出生于 1891 年下半年，陶行知生于同年 10 月 18 日，而胡适生于 12 月 17 日，仅相差两个月；两人都是先接受中国传统文化的熏陶，之后又到美国留学接受西方文化的洗礼。

陶行知与胡适的关系，可以分阶段来看，1927 年以前二人交往正常，同大于异：

第一，同学哥大，友情深长。胡适于 1906 年入中国公学学习，1910 年 7 月考取公派赴美留学生，9 月入康奈尔大学学农学，因对农学不感兴趣，故于 1912 年春转入文学院，1914 年 6 月毕业获学士学位，之后入该校研究生院。由于他对康奈尔大学哲学系占主导地位的新唯心主义的反感以及对杜威实用主义的信服，遂于 1915 年 9 月转入哥伦比亚

陶行知与哥大中国同学合影。

当年陶行知经常走过的哥伦比亚大学师范学院走廊。

哥伦比亚大学师范学院研讨室。当年陶行知常在这里与老师和同学们探讨各种问题。

大学哲学系师从杜威攻读哲学博士学位。而陶行知也是1915年9月从伊利诺大学转入哥伦比亚大学师范学院改学教育行政学，二人同时进入哥伦比亚大学，成为既在哥大哲学系又在哥大师范学院任教的杜威的学生，又是老乡、同龄人，所以一见如故，很快便成为最要好的朋友。再加上，他们二人均对杜威怀有崇拜之心，胡适有幸成为杜威的得意门生，陶行知尽管不是杜威直接指导毕业论文的学生，但也听过不少杜威的课或讲座。

他们二人可以说是一师二徒，同门学友。他们经常一同去找杜威，1916年6月16日他们一同去请教杜威时，陶行知还为胡适和杜威拍照合影留念，当天胡适在日记中写道："此影为陶文濬所摄"，杜威乃"今日美洲第一哲学家"，"胡陶（注：陶行知）二君及余皆受学焉"。在同年7月5日的《胡适留学日记》中收有陶行知与张彭春（张伯苓之弟）的合影，他还在日记中评价道：陶行知与张彭春"皆为今日留学界不可多得之人才"。从中可以看出，胡适在哥伦比亚大学期间与陶行知的交往甚密。回国以后，他们的关系起初也很好。

第二，南北呼应，配合默契。1919年5月至1921年7月，他们二人同时陪同杜威在中国各地讲学，并轮流当翻译，他们还利用《晨报》将北京的七大演讲中的前五次汇集成《杜威五大演讲》出版，还通过上海泰东图书公司出版《杜威三大演讲》，表现出同为实用主义思想信奉者的合作态度，配合默契，关系良好。

1919年9月25日胡适撰文《大学开女禁的问题》，倡导开启女禁，建议北京大学

陶行知当年接受教育的地方——哥伦比亚大学师范学院教室。

哥伦比亚大学师范学院图书馆一角，陶行知最喜欢去的地方之一。

招收女生。在胡适的呼吁下，北京大学于1920年2月开始招收女生，实行男女同校。同年12月7日，陶行知在南京高师校务会议上提出《规定女子旁听办法案》，1920年4月，他再次提出招收女生案。在陶行知努力下，南京高师于当年秋季开始招收女子旁听生和正式生，实行男女同校。这样，南京高师与北大成为中国公立大学中最早实行男女同校的高校（此前不久教会大学和私立大学中广州岭南大学和上海大同学院已经招收了女生），为女子与男子接受同等教育开通了绿色通道。可以说，实行男女同校是陶行知与胡适等人通力合作的结果。

第三，倡导西学，融会中西。陶行知和胡适的经历都可以说是中国近现代文化演变的一个时代缩影，他们二人既受到传统文化的熏陶和习染，从内心深处对中国传统文化心存依恋之情；又受过西方现代文化的导引和洗礼，从理智角度主张抛开传统、倡导向西方学习。他们两人均采取汇合中西、调和新旧的文化观，一方面，作为中国人有点“恨铁不成钢”的心态，在比较中西文化教育的基础上，在国人面前对中国传统文化开展体无完肤的批判；另一方面，作为饱受西方文化教育的留学人员，亲身感受到西方科学文化的先进，但在洋人面前又因强烈民族自尊心的驱动而褒扬民族传统文化的可贵之处。总体来讲，二人倾向于向西方学习。

胡适起初极力主张中西文化的调和与融通，将“现代西方文化的精华与中国文化的精华联结起来”。在对待外来文化的态度上，他也反对不分青红皂白地将西方文化全盘搬来中国，他说：“不顾实际问题而囫囵吞枣地把整个有偏见的外国主义搬来中国，实在是一种智慧上的懒惰。”在对待传统文化的问题上，他一方面为引进西方文化扫清障

哥伦比亚大学师范学院教室。陶行知曾在这里聆听杜威、孟禄、克伯屈等名师的讲授。

哥大师范学院图书馆，陶行知曾在此如饥似渴地徜徉于知识的海洋之中。

碍而大力批判传统文化的弊端与不足，另一方面又倡导保留传统文化的精华部分，亲自带头进行整理国故。

陶行知也倡导中西融通，新旧并重，既要学习与借鉴西方进步的思想文化，又要继承中国文化的优良传统。也就是说，要向西方学习先进的文化，但不能“为了学习新的，就抛弃一切旧的”，主张承袭传统文化中有价值的东西，反对一味仿古、“以古进今”的文化观。他说：“有的人见古人怎样解决，我们也怎样解决，这种解决是不对的，是没进步的。因为古时现象不是与今日现象一样。所以用以古进今的办法往往是错的。”他认为对“本国以前的经验，如有适用的，就保持他，如不适用的，就除掉他，去与取，只问适不适，不问新和旧”。传承与汲取已有文化中合理部分，判断的标准是否适用，采用的态度应当是客观的，“以科学方法，揭国粹之真相”。因此，陶行知对胡适进行的整理国故予以认可，他说：“整理国故如同清理银行账目一样，是有他的位置。”说明他们二人在对待西方文化的态度上亦有相似之处。

第四，交往频繁，相互支持。20 世纪 20 年代初，胡适提出“好政府主义”，内涵包括：一是“好政府是一种有政府主义，是反无政府主义的”。二是“好政府主义的基本观念是一种政治的工具主义”，即将政府看做一种人造的工具，旨在实现政治是社会用来谋最大多数的最大福利工具的目的，提出改革中国政治的最低限度就是建立一个“好政府”。当时陶行知非常赞同胡适的这一政治主张，并加入到宣传“好政府主义”的行列。胡适在 1922 年 5 月 11 日的日记中写道：他“打电话与守常（李大钊）商议，定明日在蔡先生家会议，邀请几个好人加入。知行（陶行知）首先赞成，并担保王伯秋（王庞惠）亦

陶行知赴美途中与同学合影。前排左一为陶行知，后排右一为陈鹤琴。

可加入”。并且在第二天的聚会讨论中，陶行知表示赞成胡适的政治主张，“他们都赞成了，都列名做提议人”。这个由当时的知识精英组成的政治改良团体，正式提出了带有自由主义色彩的改良主张。尽管陶行知没有参加后来组成的“好政府”内阁，但是从陶行知支持这种主张和活动，足以说明在 1927 年以前陶行知的政治文化观与胡适的分歧并不大，他们两人的观点有不少是相同的，他也赞同并支持胡适的一些政治观和文化观。这里暂且不去评价胡适关于“好政府主义”的主张是否合理和价值如何，笔者仅就这件事来证明陶行知曾支持过胡适的政治文化观。

陶行知与胡适，两位同为徽州人，又一同师从于杜威，有亲密的乡谊和友谊。但是两人后来所走的道路却是大不相同的。这是因为两人在如何对待人民、对待专制政权、对待帝国主义这些根本问题上产生了分歧，从而使之最终分道扬镳。这里有两个小故事大致可以管窥两人在对待人民和帝国主义等问题上思想感情和政治态度的迥异：

胡适在五四运动时代提倡白话文，有白话诗《尝试集》，对推广白话文写作有很大的贡献。抗日前正当文化界倡导大众文化运动的时候，胡适乘飞机到两广去，空中写了一首诗，自以为是从此摸到了新诗的门径，大意是说：“古人千修百炼，才能成仙升天，看我不修不炼，也能凌云无碍……”陶氏看了，颇不以为然，立刻和了一首，大意是：“天上一日戏，地下千万滴。百姓流汗难，老爷游戏易。自己不劳动，还要吹牛皮。”

与此同时，陶行知还在《胡适捉鬼》一文中对胡适的政治见解提出批评。他写道：“胡适整理国故，最有见地。他所著的《中国哲学史大纲》虽然只成三分之一，已是不朽之杰作，但他所撰时论，多不中肯要。去年他在《新月》发表一文《我们的出路》，里面陈说中国五个鬼，即贫穷、疾病、愚昧、贪污、内乱，而对于帝国主义之侵略，却武断的将它一笔勾销。梁漱溟曾写了一封长信驳他。东京的几位朋友对于他这种见解也深致不满。我个人则以未除了外国帝国主义之外，国内还有一个大妖精被适之忽略了。这个大妖精便是多福多寿多男子的多生主义。因为多生所以田不够种，工不够做，饭不够吃。因为多生所以穷所以有病不能医，有子女不能教。因为大家多生，所以穷亲戚多，穷朋友多，累的意志薄弱的人不得不贪。因为多生而求生不得，所以为盗，为匪，称兵构乱。贫穷，愚昧、疾病，贪污，内乱，当然是要打倒的，但是国内老不铲除多生之迷信，国外老不推翻帝国主义，则这五个小鬼必定是跟着我们寸步不离。其实，帝国主义之总司令也是多生主义。因为多生所以要殖民地，要原料，要市场。世界之最大之乱源便是多生主义。这个妖怪不除，世界哪能太平，中国哪会有出路。下面是我送适之的一首诗：‘明于考古，昧于知今，捉着五个小鬼，放走了一个大妖精。’”尽管陶行知此处对帝国主义根源的认识也谈不上深刻，但他对胡适放走了帝国主义这个大妖精的批评却是一针见血的。他没有因胡适是他的老乡和同学，就不批评。私交是私交，政见是政见。这就是陶行知的为人。

陈鹤琴与陶行知：同伴同学同事

陶行知与陈鹤琴是终生好友，他们二人几乎是同龄人，陈鹤琴比陶行知小一岁；他们有着相似的求学经历，在出国之前都在国内的教会大学读书，陶行知就读于南京金陵大学，陈鹤琴就读于上海圣约翰大学；他们都于 1914 年 8 月同乘“中国号”邮船从上海启程到美国留学，只是陶行知入伊利诺大学学政治，陈鹤琴入霍普金斯大学学文学；他们先后隔一年都进入哥伦比亚大学师范学院学习教育专业，共同聆听了杜威、孟禄、克伯屈等教授的教诲；两人归国后，均在南京高等师范学校和东南大学教育系任教授。

五四运动前后，陶行知任南京高师教务主任、教授时，陈鹤琴任教育系教授，主讲教育学、心理学、儿童心理学。他们二人经常在一起相互切磋，共同商讨振兴祖国教育事业的大计。二人经常在《新教育》上发表教育主张，倡导教育改革，主张教育实验，共同推动新教育运动的发展。20 世纪 20 年代初，为了推广白话文，陶行知与陈鹤琴邀

1919 年，南京高等师范学校教育科师生送别外籍教师合影，二排右四为陶行知。

请北京大学的胡适来南京高师讲白话文。之后，为了推动平民教育运动，提倡白话语体文，陈鹤琴花了三年时间编写了《语体文应用字汇》，一方面促进了语体文的推广，另一方面为陶行知和朱经农编写平民教育教材奠定了良好基础。陶行知和朱经农正是在陈鹤琴《字汇》的基础上，选择了一千多个字，编成了《平民千字课》，成为当时推动平民教育运动开展的基本教材，从而在全国掀起了平民教育运动高潮。

作为同学同事，陶行知与陈鹤琴二人总是相互支持，相互帮助。陈鹤琴在开展幼儿教育理论研究与实践活动中，陶行知给予了有力的援助。1925 年陈鹤琴完成《家庭教育》一书，交由商务印书馆出版前，请陶行知为该书写了序言，认为是“近今中国出版教育专著中最有价值之著作”，“愿与天下父母共读之”。1926 年陶行知以中华教育改进社的名义先后两次致函江苏省省长陈陶遗，建议在南京燕子矶创立试验乡村幼稚园，争取得到了省政府的支持，1927 年 11 月 11 日中国第一个乡村幼稚园在南京郊外燕子矶宣告成立，陈鹤琴与张宗麟为负责人。为了推动中国幼儿教育事业的发展，陈鹤琴于 1927 年发起成立中国幼稚教育研究会，陶行知积极支持，成为发起者之一，每月召开例会，重点研究中国幼儿教育问题及对策。

同时，在陶行知创办晓庄师范学校过程中，陈鹤琴也给予了全力关注与大力支持。晓庄学校成立前，贴出的招生广告内容，陈鹤琴于20年后还记得一清二楚，他回忆说："陶先生的试验乡村师范学校招生广告中，末了有这样一行'学费免，膳宿杂费详见简章。小名士，书呆子，文凭迷，最好不要来！'" 1927年3月15日，举行开学典礼时，陈鹤琴专程从南京赶来祝贺，他看到陶行知在十分简陋的条件下办学，陶行知的艰苦办学精神感动得他几乎落泪。1946年陈鹤琴在悼念陶行知的文章中写道：

> 我还记得，晓庄开学的那一刻情形，几百个学生，几千个乡下男女老百姓在一个空旷的黄泥地上进行开学典礼，陶先生指着蔚蓝的青天作为学校的天花板，踏着黄金色的泥土作为学校的地板，向着同学老百姓报告筹备经过、办学宗旨、教学方式、将来计划，我听了几乎被感动得流下泪来。陶先生艰苦卓绝的精神，创造力的伟大，思想的前进，确是空前未有的。

正是陶行知的这种不畏艰辛的创业精神，时刻激励着陈鹤琴积极献身中国的幼儿教育事业，成为中国现代著名的学前教育家。

二人始终保持着密切交往，1940年陈鹤琴为了逃避汉奸的暗杀，来到重庆，到育才学校找到陶行知，二人相见分外亲切，促膝谈心，怀旧话新。在陶行知的陪同下，陈鹤琴参观了育才学校的校园、设施、教学与管理。他又一次被陶行知在艰苦环境下振兴民族教育的精神所打动。不久，他便在江西创立省立实验幼稚师范学校，像陶行知那样亲自参加建校劳动，并且边劳动边唱着陶行知创作的《锄头舞歌》，激励师生。1946年5月，陶行知领导的生活教育社成立上海分社，他推选陈鹤琴为理事长，办起了生活教育社社员进修班。7月25日，陶行知因患脑溢血而逝世，当天下午当陈鹤琴从《联合晚报》上看到陶去世的噩耗时，放声大哭。在陈鹤琴和史良的努力下，在上海幼师召开追悼活动筹备会议，陈鹤琴与上海幼师师生做了大量的准备工作。10月27日，有七千人参加的陶行知追悼大会召开，陈鹤琴担任大会执行主席并致悼词。12月4日，陈又与沈钧儒、翦伯赞等人护送灵柩到晓庄。在公葬时，陈鹤琴含泪宣读祭文。他说："行知先生的死，不仅全国教育工作者在哭，全国人民在哭，就是全世界的人民，也都为这巨星的殒落而挥泪！"为了将陶行知创办的育才学校办下去，陈鹤琴还出任育才学校顾问委员会主席，努力完成"陶行知先生未竟的事业"。

共产党人弟子李鹏、张劲夫、刘季平、董纯才、戴伯韬、方明与张健

陶行知的共产党人学生群体是在不同时期的办学实践中逐步形成的，主要包括：他任教东南大学时的学生张宗麟、王越、金海观等；晓庄师范时的学生张劲夫、刘季平、董纯才、方与严、戴伯韬、操震球、程今吾、王洞若、孙铭勋、汪达之、马侣贤、徐明清、石俊、叶刚、谢凤韶、高缨等；工学团时的学生张健、方明、杨应彬、许翰如等；育才学校时的学生李鹏、张昌、胡晓风、田大畏、李治元、陈尧楷、徐永培、徐相应等；社会大学时的学生陈作仪、韦德富、任士学、汪文风等。

李鹏与陶行知

国务院原总理、全国人大常委会原委员长李鹏，曾为育才学校自然组学生。他于1939—1941 年初在育才学校读书， 是自然组的学员。他在育才学校学习期间，受到陶行知的亲自教诲，陶行知的吃苦耐劳、勤俭节约的生活习惯，爱生如子、诲人不倦的师长风范给他留下了深刻印象，李鹏在 1946 年 8 月撰文纪念陶行知时讲道：“忆及先生生平为人民服务的事迹，特别是在一九三九年的育才学校，我亲受先生教诲，他那艰苦朴实的作风，对待青年慈祥的爱抚，使我难以忘却。”他还回忆了在育才读书期间学校的教学、管理情况，“校中学生的管理是发扬自治作风，实行民主集中制，提倡互助友好精神。”他对陶行知的生活教育理念记忆犹新，特别是对陶行知创作的歌曲《人生两个宝》记得很熟：“人生两个宝，双手与大脑。用脑不用手，快要被打倒。用手不用脑，饭也吃不饱。手脑都会用，才算是开天辟地的大好佬。”直到他离开育才数年后，还对育才学校的生活记得非常清楚。他记得在 1940 年国民党加紧破坏育才学校，迫使一些名师离开学校；陶行知让他们育才学生自力更生，“种地生产，

1940 年，邓颖超与在陶行知创办的育才学校读书的李鹏在红岩村合影。

解决学校困难”。李鹏在育才学校读书时，陶行知对他的影响是很大的。所以，当 1946 年 7 月陶行知逝世后，李鹏深表悲痛，“我看到先生逝世的消息，心中很难过。……我们誓继承先生未竟的遗志，为中国的独立和平民主的事业而奋斗。”

在改革开放新时期，李鹏先后担任了国家教委主任、国务院副总理、国务院总理和全国人大常委会委员长，一直积极支持陶行知教育思想的学习、研究、宣传、运用和推广，以推动中国教育改革与发展。

张劲夫与陶行知

曾为国务委员兼国家经委主任、中共中央顾问委员会常委的张劲夫（1914—2015），安徽肥东人，由于家庭贫困，无法在私立国文补习学校读书，于是在邓西亭老师的推荐下，他于 1930 年 5 月入陶行知创办的南京晓庄学校，可没多久，国民党就查封晓庄学校，张劲夫与大部分学生一样被驱逐出学校，入太平门蚕桑试验场去半工半读学习蚕桑。30 年代初，他写信给在上海的陶行知，表示自己想去上海工学团的愿望。经陶行知同意，于 1932 年冬去了工学团工作，后来参与编辑《生活教育》杂志，“九一八”事变后积极参加抗日救亡宣传活动，1935 年以后他担任工学团团长。因他在晓庄学校时就开始与地下党员接触，深受共产党员的影响，遂于 1933 年向党组织递交了入党申请书，1935 年 12 月正式加入中国共产党。

1936 年陶行知发起成立国难教育社，让他担任总干事，此时他也是上海国难教育社中共总党团委员、中共战地服务团特别支部委员。1937 年“八一三”事件后，他带领山海工学团部分师生及农友组成上海战地服务团，并亲任团长。10 月领导上海战地服务团在卢汉的云南部队开展抗日救国宣传教育工作。上海沦陷后率战地服务团转入市郊打游击，不久调到中共江苏省委军委机关工作。

新中国成立后，历任中共浙江省委常务委员兼浙江省人民政府财政经济委员会主任，华东军政委员会财政经济委员会副主任，国务院地方工业部副部长，中国科学院副院长，国家科学技术委员会副主任等职。1975 年后，历任国务院财政部部长，中共安徽省委第一书记、安徽省省长，并兼任安徽省军区第一政治委员。1982 年起担任中华人民共和国国务院国务委员兼国家经济委员会主任，是中共第八届候补中央委员、第十一、十二届中央委员，第三、四届全国政协常务委员，在中共十三大上被选为中央顾问委员会常务委员。他是中国陶行知研究会的名誉会长，始终关心和支持新时期陶行知教育思想的研究与实践。

刘季平与陶行知

先后任国家教育部常务副部长、代部长、文化部顾问的刘季平（1908—1987），原名刘焕宗，江苏如东人。1927 年 2 月，在江苏如皋师范学校加入中国共产党，因领导学生闹学潮而被校方开除。1928 年春，他慕名来到南京晓庄师范学校求学，陶行知的踏实俭朴、关心民众、无私奉献精神与共产党人的全心全意为人民服务宗旨有很多地方是相似的，因此，共产党人在此广泛开展活动，1928 年底刘季平被党组织任命为晓庄师范第一任党支部书记，同时，又被学校选为保卫本校与附近乡村免受土匪侵扰的晓庄联村自卫团的副团长。1929 年，陶行知推荐他到北平慈幼院任研究部主任，他按照陶行知的办学理念，提倡学生自己管理自己，对儿童实行六大解放，遭到传统势力的压制与排斥。

1930 年，他回到晓庄师范学校，被中共党组织任命为中共南京市委宣传部部长。当年 4 月，刘季平与继任党支部书记石俊为声援南京下关英商和记洋行蛋厂工人罢工，组织了上万学生、市民参加示威游行，蒋介石以此为借口派兵查封晓庄学校。因国民党当局追捕，脱险后去金陵大学，参与发动红 5 月全市斗争遭逮捕。在苏州狱中参加狱中斗争，被转入镇江侦缉队关押。1931 年初，与同狱难友挫断脚镣越狱。1932 年回上海后，在中共的左翼文化总同盟的领导下筹建“上海教育者联盟”，出版《教育新闻》。6 月，再次被捕。他设法托人带信告知陶行知：当天下午两点钟法庭就要开庭审理，只有律师出庭辩护才有可能摆脱绝境，而雇律师要交付 500 元大洋。陶行知在开庭前 4 小时得知消息后，便马上停止了正在举行的自然学园的会议，四处筹集资金，终于在开庭前将大洋交到了律师手上。正是在陶行知和律师的帮助下，刘季平仅被判了 5 年。

1933 年，因在狱中发动犯人反对狱方残酷迫害，被押送山东烟台监狱。在狱中攻读《资本论》、《中共六大文献》等，并撰写文章，设法送至上海陶行知手里，陶行知将其发表于《生活教育》杂志。1937 年 8 月，获释回沪，参加国难教育社的活动，同时与戴伯韬等共同编辑《抗战教育》。之后，到桂林参加生活教育社，并担任常务理事编辑《生活教育通讯》。1941 年至苏中根据地任行署文教处长兼管行政学院、二专署专员等职。以陶行知的生活教育理论为指导，积极开展教育实践活动。新中国成立后，历任上海市人民政府秘书长、副市长、市委常委、山东省委书记处书记、安徽省委书记处书记、教育部常务副部长、代部长、文化部顾问等职。1984 年 10 月，任中国陶行知研究会首届会长，是陶行知教育思想研究与实践的积极支持者和推动者。

董纯才与陶行知

教育部原党组书记、常务副部长董纯才（1905—1990），是陶行知创办南京晓庄师范学校时的学生，20 世纪 30 年代他又追随陶行知参加“科学下嫁”运动。

1927 年春，董纯才的父亲失业，家境困难，经济拮据，正当他徘徊在上学与失学的十字路口时，3 月陶行知在南京晓庄办乡村试验师范学校，董纯才读了陶行知起草的晓庄师范学校的招生材料后，便当机立断赶赴晓庄。1928 年 2 月，他正式入学，成为晓庄师范学校的第三批学生。入学后给他的第一印象是：

崭新的环境，崭新的生活。在洁白的雪下，晓庄师范安静而别致，全部房屋都是茅草屋顶，土红色干打擂的墙，大玻璃窗。屋前是宽敞的走廊，全是民族风格的建筑。这都是陶行知先生带领学生们自己动手建造的。

董纯才本来就是抱着改造乡村、教育救国的理想来晓庄求学的，再加上陶行知这种朴实的工作作风和整洁的校容校貌给他留下了深刻印象，他马上就喜欢上了这所与众不同的学校。

董纯才在来晓庄前就曾先后就读于南方大学、国民大学、光华大学，因此他成为晓庄学校学生生源中少有的三名大学生之一。入学的当天晚上，他亲眼目睹了陶行知甘于吃苦的精神，让学生们睡在床上，自己却睡在铺有稻草的地铺上，这让董纯才深受感动。在学校的日常教学和管理中，没有系统的课堂教学，教务、会计、庶务、扫地、放哨等均由师生自己来干，陶行知也亲自参加各项劳动。陶行知的模范行动，深深打动了董纯才的心。在他的心田里，播下了勤劳朴实、热情为民的种子。

陶行知让董纯才筹备生物研究室，在董纯才与秉志老师的辛勤努力下，他们建起了由两间陈列室组成的生物研究室，他们和其他学生一道东奔西走、北上南下，几乎将长江中下游以及沿海的一些地方的标本，都采集齐全了。他们还在晓庄饲养了蛇、兔等动物，正是在晓庄的生物实验，为他在 30 年代撰写大量科普读物奠定了良好基础。

1930 年晓庄学校被查封后，董纯才与生物组的同学带着显微镜等实验仪器，回到了武汉。1931 年春，陶行知从日本流亡回国隐居上海后，便写信给董纯才，约他到上海参加“科学下嫁”运动。董纯才马上便来到上海，加盟陶行知创办的“自然学园”。他参加编写了《儿童科学丛书》中的 23 册，近 3 万字。之后，他又编写了一系列科普读物：《游泳的动物》、《爬行的动物》、《攀缘的动物》、《行走的动物》、《动物大观》等。还翻译了苏联的科普作品，如《人和山》、《不夜天》、《几点钟》等 20 多万字的东西。

1937年，抗战全面爆发后，陶行知发起了国难教育运动，董纯才为了寻求抗日救国的新曙光，于10月奔赴革命圣地延安，从此走上了革命的道路。

《战时教育》封面。

戴伯韬与陶行知

曾任教育部党组成员、人民教育出版社总编辑、中央教育科学研究所所长的戴伯韬（1907—1981），是陶行知晓庄师范学校的学生，追随陶行知从事教育救国、科学救国事业前后20多年。

戴伯韬是陶行知创办的晓庄师范学校学生中仅有的三名大学生之一，他在入晓庄师范以前，曾就读于江苏省立商业专科学校。他不喜欢从事商业工作，1926年当他从《乡教丛讯》上得知陶行知在南京创办晓庄师范学校后，便决定报名。自从他见了闻名中外的教育家陶行知，并受到了陶行知的鼓励后，就决定离开商业专科学校，到南京晓庄师范学校去。1927年3月他参加了由陶行知亲任主考官的别开生面的入学考试。陶行知先是让报名的学生各自选一个题目进行演讲，之后就是让他们穿着草鞋去开垦荒地。经过一番艰苦劳动后，戴伯韬等人获得入学资格，成为晓庄师范学校的第一批学生。在校期间，当北伐军进入南京后，陶行知让戴伯韬等人组成了救护队，迎接国民革命军。之后，他与其他同学在乡村发动和组织农民协会，开展打击封建土豪劣绅的斗争。第二年秋，他从晓庄学校毕业，开始了乡村教育实践活动。1930年国民党查封晓庄学校时，戴伯韬与同学们一道开展护校运动。晓庄学校解散后，他被迫流浪于上海、浙江等地。

1931年，陶行知从日本归国后，开展"科学下嫁"运动，特邀戴伯韬来上海，创办自然学园，对儿童进行普及科学教育；他还协助陶行知创办了儿童科学通讯学校，编写了《儿童科学丛书》，还与董纯才一起编写小学自然科学课本，后来又编写农民科普读物。1934年陶行知创办《生活教育》，指派戴伯韬负责编辑工作。其间他在该刊上发表了60多篇儿童科普作品。1936年，陶行知在上海成立国难教育社，让戴伯韬担任理事。抗战爆发后，陶行知又创刊《战时教育》，让戴伯韬担任编辑。1937年9月，戴伯韬和刘季平等同学从上海转到武汉，10月《战时教育》正式出版，受到了武汉教育界的欢迎与好评。由于他表现出色，当年年底正式加入了中国共产党。

1938年9月，戴伯韬按照党组织的安排，从武汉来到重庆，他又将《战时教育》编辑部带到了重庆。1939年5月，他和王洞若、陆维特等协助陶行知筹备育才学校，7月育才学校正式开学，他被陶行知任命为副校长，但由于国民党的反对未能到任。后来他奔赴苏北解放区开展革命教育工作。

戴伯韬既是陶行知在教育理论上的学生，又是陶行知事业上的得力助手，同时对陶行知的政治思想日趋进步也有积极影响。

方明与陶行知

曾任中国教育工会主席、党组书记、中国陶行知研究会会长的方明（1917—2008），是陶行知创办的山海工学团学员，陶行知生活教育理论的信奉者、宣传者和实践推动者。

1934年夏，他从《申报》上看到刊载的陶行知创立的中国普及教育助成会的招聘工读生广告后，便辞去苏州钱庄的工作，只身一人来到上海，成为中国普及教育助成会的一名工读生。陶行知让方明等10名工读生在工学团充当小先生到农村进行普及教育，陶行知经常带给方明一些《生活教育》等进步刊物。当陶行知发现街头卖报的报童不识字时，就专门指派方明去教那些不识字的报童，于是方明和另一位小先生将报童组织起来成立了“卖报儿童工学团”。方明每天在街头教这些穷孩子识字，使用的课本是陶行知编写的《平民千字课》。当时《良友》画报还专门刊载了一幅照片：在街头的一个墙角，二十几个孩子围坐在方明的周围，大的十几岁，小的似乎只有六七岁。方明蹲在地上，正在给工学团的孩子们放留声机。照片下面的说明写着“教育专家陶行知创办的流浪儿童工学团，这位进步的知识分子正实施国难教育工作”。1936年1月，陶行知在上海创立国难教育社，方明参加了该组织，并将流浪街头的儿童招集到借来的一间房子里，进行识字教育和国难教育。1937年抗战爆发后，他加入了中国共产党。后来一直从事教育工会工作。

1985年中国陶行知研究会成立后，他先后任秘书长、副会长、会长，为宣传和实践陶行知的生活教育理论竭尽了全力。他还关心教师权益，倡设教师节，提出制定《教师法》，得到了教育界广大教师的好评。

张健与陶行知

张健是张劲夫的弟弟，原山海工学团小先生、中共地下党员，新中国成立后曾任教

中国第一代小先生。左二为陶行知的学生张健。

育部党组成员、中央教科所所长。他曾在《党在白区教育的一个据点》一文中写道："由于中国革命形势的发展和陶行知先生本人的思想进步，山海工学团已经成为上海地下党领导的一个新民主主义教育的据点。许多革命的学者、知识分子到过山海工学团讲学。"上海地下党领导的两个进步组织，"左翼教育工作者联盟"（简称"教联"）和"中国青年反帝大同盟"（简称"中青"）就设在山海工学团内。"教联"的主要成员有徐明清、王洞若、张敬仁、张劲夫、王东放等人。"中青"的主要成员有毛远耀、林一心、宋任远、钟民、方明、张健、戴季康等人。这些人大都是中共地下党员，也是山海工学团的主要"工师"。1935 年后，山海工学团还正式成立了地下党团组织。第一任党团书记是王东放，组织委员林一心，宣传委员张健。晨更工学团的陈企霞、袁超俊、柴川若、王东放、赵璋 5 人，因从事地下革命活动而遭国民党逮捕，晨更工学团也因此被封闭。陶行知对山海工学团的革命活动尽力予以保护，国民党政权曾几次派人对山海工学团搜捕，都被陶行知顶了回去。

这个共产党学生群体，对陶行知一生的思想转变在一定程度上产生了重要影响，同时陶行知爱国奉献、心系民众、踏实敬业、吃苦耐劳的优秀品质给他的学生们也留下了深刻印象，时刻激励与鞭策着这个群体的每一位成员，将人民的利益视为最崇高的利益，将民族解放大业作为毕生的追求。他们之中的大部分人终身奋斗在文化教育战线，这是与陶行知的直接教育、熏陶与影响分不开的。

大刀阔斧、勇往直前的教育改革

主持南京高师、东南大学教育科，提倡高等教育革新

1917 年 9 月，刚从哥伦比亚大学师范学院毕业的陶行知，在南京高等师范学校校长郭秉文的邀请下，任该校教育学教员兼教务助理，先后讲授《教育学》、《教育行政学》、《教育统计》等课程。1918 年 5 月学校成立教育专修科，学校提升他为主任教员兼代理教务主任。1919 年 10 月，教务主任郭秉文被提拔为校长，陶行知便出任教务主任。他上任以后，大刀阔斧地进行了一系列教学与管理改革。

第一，改教授法为教学法。他针对以往中国学校教育的某些弊端，如“先生只管教，学生只管受教，好像是学的事体，都被教的事体打消掉了”，而且先生都“以被称教授为荣，他的方法叫做教授法，他好像是拿知识来赈济人的”。陶行知认为，教师的责任不光在教书，而是在教学，应当将重点放在教学生学，“教的法子必须根据于学的法子”，“先生不但要拿他教的法子和学生学的法子联络，并须和他自己的学问联络起来”。当时南京高师一些思想比较保守的教师反对陶行知的这一改革，尽管一时未能通过，但后来在其他学校接受陶行知的这一改革主张后，南京高师也推行了这一制度。

第二，学生管理中实行学生自治制度。陶行知为了培养学生的自我管理意识和自治能力，他极力倡导学生成立各种社团组织，通过开展活动来进行自治管理。最初他与其他学校的领导共同发起成立了南京学术讲演会，以活跃学术研究气氛。之后，在他的支

1921 年夏，南京高等师范学校并入东南大学。

在东南大学任教时期的陶行知。

持和鼓励下南京高师学生成立了不少研究团体，他还担任“工读协助研究委员会”、“改良考试委员会”等学生社团主任和“学生自治委员会”、“暑假学校委员会”、“女生研究委员会”委员等职。通过这些社团活动，来培养学生的自治能力和管理能力，从而增强学生在社会上的适应能力与交际能力。为了让人们更多地了解他的学生自治主张，他还特意撰文《学生自治问题之研究》，于 1919 年 10 月发表于《新教育》上。他介绍了学生自治的内涵、学生自治的需要、学生自治的好处、学生自治的范围、学生自治与学校的关系等相关内容，成为指导当时南高师乃至全国高校学生自治的指导性文章。

第三，力倡实行男女同校。1919 年 12 月 7 日，陶行知就向校务会议提交了《规定女子旁听办法案》，“本校各科功课，有宜于女子旁听者，可否通融办理，容其旁听，遂其向学之志愿”，“本校各班有余额时，除本校职教员、学生、毕业生旁听外，得酌收女子旁听生”，“女子旁听生必具中等学校毕业之程度”。北京大学于 1920 年 2 月，由代理教务长胡适提议开始招收了 2 名女生，开创了中国公立高校男女同校的先河。不久，陶行知于 1920 年 4 月校务会议上明确提出当年秋季开始招收女生。南高师接受了陶行知的建议，于当年秋季开始招收女子旁听生和正式生，实行男女同校。这样，南高师与北大成为中国公立学校最早实行男女同校的高校，为女子与男子接受同等教育开通了绿色通道。

第四，运用科学手段进行教务管理。1919 年 10 月，陶行知担任教务主任后，在编制课程表时发现以往的方法较为陈旧，不够科学。教师、课程和教室、实验室不能协调运用，常常出现教室和实验室不能充分利用，教师与学生又因没上课场所而怨声载道的情况。针对这种情况，陶行知将统计学原理运用到了教务管理工作中，首先他将全校所有课程、班级、教师、学生、教室、实验室均开列出来，然后通过统计学理论去编排所有课程表，结果大大提高了实验室和教室的利用率，一改过去教师、教室和课程不统筹、不协调的局面，从而提高了全校的教学质量和管理水平。

如果说，20 世纪 20 年代北京大学与南京高师是中国高等教育改革的两面旗帜，南北呼应，带动全国，那么，南京高师的成功改革是与陶行知的努力分不开的。譬如“教学法”的提出、男女同校的实施、学生自治的倡导等，均成为中国现代高等教育改革的冲锋号角。

主持中华教育改进社，推动全国教育改革

中华教育改进社成立于 1921 年 12 月 23 日，是由实际教育调查社、新教育共进社、新教育编辑社三个团体合并组建而成的。在该社成立之前，陶行知就起草简章，并直接负责筹备事宜。之所以要成立中华教育改进社，主要是为了打破“门户之见、派别之分”，达到“牺牲己见，力谋合作”的目的。中华教育改进社董事会由蔡元培、熊希龄、张伯苓、汪兆铭、黄炎培、郭秉文、李建勋、袁希涛、范源濂 9 人组成。1922 年 2 月，在上海召开董事会，范源濂被推为董事长，陶行知担任主任干事。主任干事的主要职责为：拟定活动计划、进行预算决算、任免职员雇员、执行董事会决议以及其他事务。入社社员分两类，一是集体社员，由各级各类学校及教育学术团体、教育行政机关参加；一类是个人社员，为个人研究学术或办理教育有成绩者。社内设有学术部、事务部和专门委员会。其中学术部，又下设调查、研究、编译、推广四科；事务部，下设会计、文牍、庶务三科；还设有 32 个专门委员会，如教育行政、高等、中等、初等、幼稚、义务、乡村、师范、职业、理化、数学、生物、国语、英语、历史、地理、美育、音乐、心理测验、教育测验等委员会。

中华教育改进社的总部设在北京，起初陶行知一边处理社内事务，一边兼东南大学

中华教育改进社第一次董事会议，陶行知（右一）任主任干事。

（南京高师已并入东南大学）教育系主任和教授之职，基本上将大部分精力放在了中华教育改进社，每月奔波于北京与南京之间一次，他感到力不从心，二职难以兼顾，因此，经他多次申请并最终得到校方同意，于 1923 年 7 月辞去东南大学教育系主任之职，但仍兼该校教育系教授。此后，他便迁到北京，全身心负责中华教育改进社事务。

中华教育改进社以调查教育实况、研究教育学术、力谋教育改进为宗旨。陶行知任主任干事期间，着重做了以下四方面的工作：第一， 广泛开展教育调查。从 1922 年到 1925 年，陶行知主持开展了一系列的教育调查，如全国教育统计调查，对北京、南京、无锡、济南等地的教育调查，对小学教育的专题调查研究，对中国图书馆的调查等，并编出了《中国之教育统计》，为中国现代教育决策

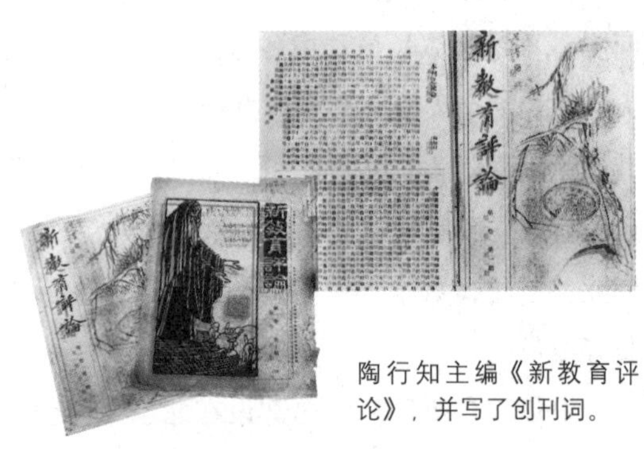

陶行知主编《新教育评论》，并写了创刊词。

提供了重要的依据，也为后来研究中国现代教育提供了第一手资料。第二，深入开展教育研究。陶行知聘请一批中外教育家开展对中国教育现状的研究，并要求各个专业学术委员会开展相应学科的研究。对学制问题、教育经费问题、师范教育、普及教育、女子教育、平民教育、乡村教育、科学教育等一系列问题进行研究，极大地丰富了中国的教育理论。第三，编译教育书刊。陶行知主持《新教育》、《新教育评论》杂志，并聘请40多名中外专家担任编辑，还与其他机构合办了《中等教育季刊》、《初等教育季刊》等，发表了大量教育研究方面的文章。同时，他主持下的中华教育改进社，还编辑出版了《平民丛书》、《中华教育改进社丛书》等。第四，从事教育推广工作。改进社大力开展平民教育、乡村教育、科学教育、女子教育和职业教育等推广工作，促进了中国教育的发展。陶行知是上述四项活动的总设计师和总协调者。

在陶行知的亲自主持下，中华教育改进社每年举办一次年会。1922年7月3—8日在济南召开第一次年会，出席人数为366人，共收到提案119件，“我们可以说这些议决案，是现代中国教育界思潮信仰的缩影”，主要议案有推广女子教育案、推行平民教育案、创办青岛大学案等。1923年8月20—25日，在北京召开第二次年会，出席人数为570人，收到提案120件，会议重要议题有：修订社章和年会规程，参加世界教育会议，推进义务教育与科学教育等，陶行知还在会上作了“平民教育”的讲演。1924年7月3—9日，在南京召开第三次年会，出席人数为600人，收到提案127件，会议重要议题有：

中华教育改进社第一届董事部常委合影。右三为陶行知，左三为蔡元培。

图为穿上平民服装的陶行知与姚文采（右）合影。

收回教育权，促进蒙古教育，推进平民教育等，陶行知还在会上举办了全国教育展览会。1925 年 8 月 17—25 日，在太原召开第四次年会，出席人数为 700 人，收到提案 78 件，会议重要议题有：建议将教育写入宪法，抵抗日英文化教育侵略，组织国家教育政策委员会等，陶行知还在会上作了“中国教育政策之商榷”的讲演。

中华教育改进社的活动对中国现代教育的发展具有重要作用，当时就有人称赞中华教育改进社“对于中国教育之改进，功绩甚大”。而中华教育改进社的出色成就是与陶行知的直接努力分不开的。就教育调查而言，每次均是在陶行知的精心设计与周密安排之下开展的，而且他还亲自参加调查，在收到数据之后他都要作认真分析，从而得出对中国各类教育的分析结论。杨贤江曾评价说：“这种调查是教育用科学研究的初步，最足以供给实际教育的参考，可以认为是我国教育实际改进的先声。”就召开年会而言，每次召开年会之前，选择会址、决定会期、编制预算、征集议案、办理食宿、编辑会讯、安排程序、接待宾客、接洽游览、分组讨论等，这一系列的具体事宜均离不开陶行知的奔波与努力。可以说中华教育改进社的活动走向与工作重心，均是由陶行知来规定与把握的。

组织中华平民教育促进总会，推行平民教育运动

五四新文化运动以来，平民教育运动日益被提上中国教育的议事日程，陆续有教育家呼吁开展平民教育运动。1919 年邓中夏在北京大学发起平民运动讲演团，1920 年毛泽东在湖南组织平民夜校。杜威来华讲学之后，陶行知在南京高师创办平民识字班、平民夜校。1922 年 7 月在济南召开的中华教育改进会第一次年会上，平民教育作为一个重要议案被列入会议讨论议题。之后，平民教育问题一直成为萦绕在陶行知脑际的一个重要问题。在对平民教育进行广泛调查的基础上，他努力寻求解决中国平民教育的出路。经过认真思考，他认为，必须成立一个全国性的平民教育领导机构，才有利于在全国范围内有组织有计划地推行平民教育。于是，1923 年 5 月，陶行知经与熊希龄夫人朱其慧、黄炎培、朱经农、胡适、袁希涛等人协商，共同发起成立中华平民教育促进会筹备会，作为中华教育改进社的下设分会，朱其慧任筹备主任，陶行知任筹备干事，具体负责北京和南京的筹备事宜。筹备会推举陶行知和朱经农共同编辑平民教育读本。6 月 20 日，

南京平民教育动员大会盛况。

南京平民教育促进会成立，发表宣言，筹集资金，创办平民学校，还议定筹备中华平民教育促进总会。之后，陶行知在南京创办了3所平民教育试验学校，在北京创办了4所试验学校。

1923年8月22—25日，中华教育改进社在北京清华学校召开第二次年会，陶行知在会上作了题为《平民教育》的演讲，号召动员全社会力量来全力实施平民教育。在陶行知的组织、宣传和发动下，借助中华教育改进社的力量，于会后的第二天，即26日下午举行中华平民教育促进总会成立大会，600多名代表分别代表19个省区参加了会议。大会讨论了组织大纲，选出了董事会，各省区出2名董事。接着，又选出执行董事9人，最后推选朱其慧为董事长，陶行知为董事会执行书记兼安徽省董事。平教会附设在改进社之下，为改进社事业的一部分。会议决定由陶行知、晏阳初、姚金绅三人共同草拟《中华平民教育促进总会简章》。陶行知一向对平民教育非常重视，他在为中华平民教育促进总会制定的规划中，提出了三条建议：一是聘请专家，对平民教育各种问题进行分工研究；二是开展平民教育的各种试验，包括开办各类平民学校，培养骨干分赴各省区；三是本会与各地各界通力合作，大力开展平民教育运动。同时他还为平教会规定了五项基本的活动内容：第一，开展研究。即进行平民学校组织、教学、训育、管理等方面的研究，教材教具研究，乡村平民教育研究，少数民族教育研究，华侨平民教育研究等。第二，进行试验。在各省区开展平民教育试验，先从北京、南京、广州等地试办。第三，编辑出版。编写平民教育课本、习字贴、教师指南、平民应用字典等，主办平民周报、平民教育画报，出版平民丛书。第四，推行平民教育运动。放映平民教育活动电影，发行平民教育招生传单，开办平民图书馆，开展讲演会等各种宣传形式。第五，筹集资金。

平教总会成立后，为了扩大宣传力度，陶行知等人起草的《中华平民教育促进会宣言》于 1923 年 9 月在《新教育》上发表，强调指出："中国人有百分之八十不识字，即三万万二千万人。这些不识字的人里面，至少有一万万是十二至二十五岁的青少年。为使这一万万人在极短的时间里，受一点相当的教育……希望他们在百忙中每天能抽一点钟工夫来受四个月的平民教育。"开展平民教育最为关键的问题是编写平民教材。为此，他身体力行，率先承担起了编写平民教育课本的重任。他与朱经农共同研究平民教育课本的编写，他定下编写的宗旨是"培养人生与共和国民必不可少之精神态度；训练处理家常信札、账目和别的应用文件能力；培养继续读书看报领受优良教育之态度和基本能力"。经过认真研究，他与朱经农在参考陈鹤琴所编《字汇》的基础上，编成了《平民千字课》四册，课本通俗易懂，图文并茂，融思想性、知识性与教育性于一体，是当时开展平民教育运动的最佳教材。经过一段时间的试教后，于 1923 年 11 月，由上海商务印书馆正式出版，初版很快销售一空，月余后再版 30 万部。陶行知将所得的稿费全部用于平民教育事业。到 1924 年年底，能读懂《平民千字课》的平民已有 50 多万人，这极大地推动了全国平民教育运动的开展。同时，陶行知从 1923 年秋至 1924 年春，他东奔西走，风尘仆仆，足迹踏遍大半个中国，先后到南京、安庆、南昌、武汉、襄樊、沙市、宜昌、芜湖、北京、张家口、内蒙古、开封、上海等地，进行讲演，宣传平民教育，并倡导各地兴办平民读书处。正是在他的辛勤奔波和努力下，全国各地开展了形式多样的平民教育运动，为广大民众文化素质的提高起到了积极的促进作用。

在陶行知的积极倡导和推动下，全国平民教育运动开展得轰轰烈烈。陶行知在北京开办了 100 多个平民读书处，并在自家门口挂了一块"笑山平民读书处"的牌子（"笑山"是陶父之号）。这个读书处，三人教，三人学。桃红教会了小桃，小桃又教祖母。他还将次子小桃教母亲读千字课的情景拍成照片，题为"陶母读书图"，发表出来，以资宣传、促进平教运动。后来，他还特别为此作一配图诗《慈母读书图》：

吾母五十七，发奋读书籍；
十年到如今，工学无虚日。
小桃方六岁，略识的和之；
不曾进师范，已会为人师。
祖母做学生，孙儿做先生；
天翻地覆了，不复辨师生。
上课十六天，儿子来一信；
老人看得懂，欢乐宁有尽。

陶母读书图和陶行知为这张照片所题的诗。

发起乡村教育同志会，推行乡村教育运动

陶行知在开展平民教育的过程中，深感乡村平民不仅是缺乏文化知识，而且还缺乏谋生知识，因此，要解决乡村平民的问题必须进行乡村改造运动。这样，乡村教育就被提到了议事日程。他将乡村教育列为1925年8月在太原召开的中华教育改进社第四次年会的主题之一。陶行知在报告中强调中华教育改进社今后的工作重点是："一为科学教育；二为乡村教育。"在他心目中乡村教育早该被作为中国教育的首要任务，早在20世纪20年代初他就曾讲过："乡村教育不发达，可说已达极点。我国人民，乡村占百分之八十五，城市占百分之十五。就是有六千万人居城，二万万四千万人居乡。然而乡村的学校只有百分之十。"他对这种不均衡深为感慨，为此提出"到乡村去"的口号。

从1926年开始，陶行知就积极筹划建立乡村试验学校，于当年年初在改进社内成立了乡村教育研究部，专门聘请赵叔愚等人为专职研究人员，研究乡村教育的发展之路，以便促进乡村教育的发展。1926年11月21日，他又在上海召开了乡村教师研究会第一次会议，在会上作了《我们的信条》演讲，倡议："我们从事乡村教育的同志，要把他们整个的心献给我们三万万四千万的农民。我们向着农民'烧心香'，我们心里要充满那农民的甘苦。" 12月3日，他在《新教育评论》上发表了《中华教育改进社改造全国乡村教育宣言书》，指出："乡村教育的政策是要乡村学校做改造乡村生活的中心，乡村教师做改造乡村生活的灵魂。"凸现了乡村教育的重要地位，同时还提出了乡村师范学校的办学宗旨为“造就有农夫身手、科学头脑、改造社会精神的教师”。这样的教师，才能胜任乡村教育的重任。乡村教育的目标是“为我们三万万四千万农民服务。我们已经下了决心，要筹募一百万元基金，征集一百万位同志，提倡一百万所学校，改造一百万个乡村”。这些均为成立乡村教育同志会奠定了良好的基础。

1926 年 12 月 25 日，乡村教育研究会第二次会议在南京召开，陶行知邀请了乡村学校的教师代表参加了会议，会议的中心议题就是发起并成立“乡村教育同志会”，陶行知在会上宣读了由他和赵叔愚共同起草的《中华教育改进社乡村教育同志会简章》，经过与会代表的讨论后通过了这一简章。《简章》明确提出“以群策群力、共谋中国乡村教育之改造为宗旨”；会员资格为“实际在乡村学校服务者，学术实力足以研究或提倡乡村教育者，初中以上各级学校末二年学生预备毕业后从事乡村教育者”；会议正式确定以陶行知撰写的《我们的信条》为会员的行动纲领和指南；会员分三类：第一类会员的职责是依据《我们的信条》“进行本职本校本村之改造”，第二类会员的职责是切实研究乡村教育，第三类会员的职责是当好会刊编辑。

会议决定创办《乡教丛讯》，作为乡村教育同志会的会刊，以扩大乡村教育的影响。乡村教育同志会设委员长 1 人，文牍 1 人，会计 1 人，庶务 1 人，编辑 4 人，设执行委员 9 人，承担会务的处理工作。执行委员从会员中选举产生，任期为 3 年。每年改选 3 人，连选的连任。执行委员会每月举行一次，遇到重要问题临时开会讨论。执行委员的职责是：“联合全国同志，力谋乡村教育之改造；编辑《乡教丛讯》，以沟通各地乡村教育同志之声气；调制全会同志一览以资本会存查；答复会员质疑问难”等。每位会员每年应交纳会费大洋 4 角，《乡教丛讯》每期将邮寄给每位会员一份。

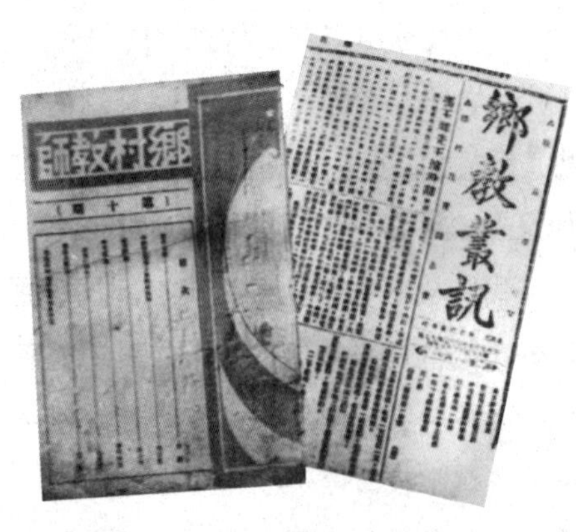

《乡教丛讯》和《乡村教师》

1927 年 1 月 1 日，陶行知主编的乡村教育同志会刊《乡教丛讯》正式创刊，该刊为半月刊，第一年出 24 期，每月 1 日和 16 日出刊。仅半年时间，乡村教育同志会会员就发展到上千人。该刊上发表了一系列指导乡村教育的文章，如《中华教育改进社辅导乡村小学办法》、《中华教育改进社拟订全国乡村学校大比赛办法》、《中华教育改进社特约乡村学校办法》、《中华教育改进社试验乡村师范学校组织大纲》等。

吉祥庵中心小学师生合影。

陶行知发起成立的乡村教育同志会以及创办的《乡教丛讯》，为后来创办晓庄乡村师范学校做好了组织、思想和舆论准备，可以说，它拉开了陶行知发动和领导的中国乡村教育的序幕。

陶行知提倡乡村教育，也鼓励支持自己的学生去乡村办教育。这里还有一个“见得与见不得的故事”，彰显了陶行知新时代的爱情婚姻观和对国民党当局的藐视。在晓庄学校，陶行知主张男女同学结了婚之后，能去乡下办夫妻学校，可以照顾到中国一半不识字的妇女，他写了一首《村魂歌》道：

男学生，
女学生，
结了婚，
做先生。
哪儿做先生？
东村或西村。
东村魂，
西村魂，
一对夫妻，
一个魂。

学校里的男女学生，正处青春期，免不了发生自由恋爱。每当月上柳梢或晨光微动中，常见爱侣情话。这在当时许多乡下人是看不惯的，有人反映给陶，他召集男女学生讲了半天，说明“自由恋爱”是对的，但不能妨碍自己的学习和全校的工作，尤其要注意乡下是个封建环境。

有人问陶行知恋爱的标准如何，他说志同道合，互相爱悦。有人提出德行是唯一的标准。他反问道：好，现在有一个老太婆，品德高超，你爱她么？我看你还是会选择年轻貌美的女郎。说完，哈哈笑个不止。

不知道什么时候晓庄的恋爱故事传到国民党政权的大官耳朵里。有一天，部长责问陶行知道：听说你的学校里，男女关系有些浪漫，我看到男学生和女学生合骑一匹驴儿，这倒有碍校誉。

陶行知一本正经答道："对，两人合骑一匹驴的确与校誉有碍。但他们骑在驴子背上，上见得天，下见得地，中间还可以见到人。比那些大人先生坐在汽车里，偷偷摸摸，上见不得天，下见不得地，中间见不得人，不是好多了么？"

创办中国普及教育助成会，发动普及教育运动

中国普及教育助成会，成立于 1933 年 9 月 18 日。陶行知创立这个群众团体的目的是为了达到在中国普及教育的目的，以"工以养生，学以明生，团以保生"为宗旨，力求将工学团的经验推广到全国各地。会址设在上海威海卫路的"中社"，并拟定普及教育助成会简章及普及教育研究院组织大纲，提出"在采取最经济、最迅速、最能持久、最能令人进步之方法，力谋普及大众与儿童向上生活所需要之教育，以助成中华民国与大同世界之创造"。普及教育助成会的会务主要有调查生活教育需要、拟制教育方案、补助中心试验、编辑新创材料、培养专门人才、辅导普及工作，共 6 项。会员分三种：一是永久会员。凡提倡普及生活教育，一次交纳 1000 元会费以上者均可以成为永久会员；二是提倡会员。赞成助成会宗旨，热心普及生活教育，并年交纳会费 100 元以上者，均可以入会。三是工作会员。凡赞成助成会宗旨，实际参加普及生活教育实践，并年缴纳会费 1 元以上者，可以入会。

中国普及教育助成会还成立了董事会，由执行董事、省区董事、当然董事三类组成。董事会的职责包括制定会议章程、任免干事长、核定计划、预算决算、职员任免、筹集经费、吸纳会员等。董事任期为 3 年，设有董事长、书记、司库。助成会的具体事务由干事长负责，为了工作便利还设立五个部：总务部、调查部、试验部、辅导部、编辑部。普及助成会每年召开一次会员大会，每月召开一次董事会。经费来源主要有会费、纪念金、特别捐、补助费、投资利息等多种形式。

中国普及教育助成会成立后，便开展各种普及教育活动。于 1934 年开始招聘十余

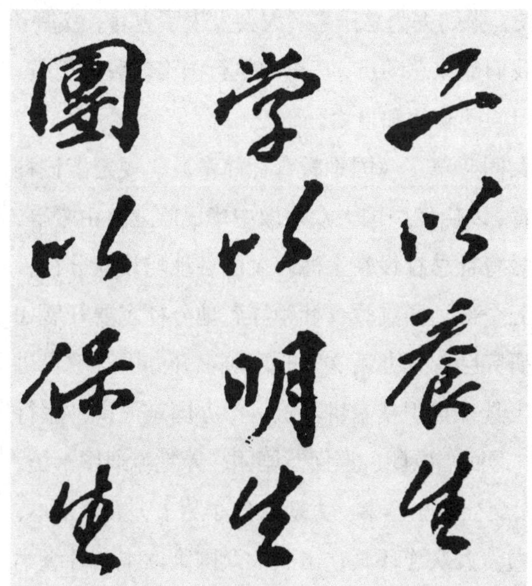

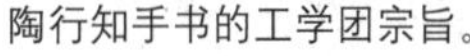
陶行知手书的工学团宗旨。

（民主教育副刊）

普及教育

中華民國三十五年二月出版 第三期

社會大學開學

七字經

1946年1月初，陶行知创办社会大学。《普及教育》刊登了《社会大学开学》一文。

名工读生，充当小先生，并在上海江湾、沪西、浦东、杨树浦等地设立工人夜校、识字班，还以普及教育助成会的名义成立了余日章小学、余日章第二小学，还成立了报童工学团、流浪儿童工学团等。普及教育助成会还制作普及教育车，并在各地推广，收到了良好效果。

中国普及教育助成会，为陶行知后来实施工学团运动提供了组织保障和思想保障，它起到了有效的宣传、发动和推广作用。

成立国难教育社和生活教育社，开展战时教育运动

“九一八”事变后，日本帝国主义加紧对华侵略，中华民族处于危难之际，“一二·九”运动掀起了全国的抗日救国热潮，为了配合抗日宣传，陶行知发起成立了国难教育社，他和张劲夫、王洞若起草了《发起组织国难教育社缘起》，1936年2月23日国难教育社正式在上海成立，在成立大会上有社会各界人士参加，不仅有教师、学生、工人、农民、店员、商人，还有科学家、艺术家、律师、记者、宗教界人士、出版界人士、文艺界人

士等，会上陶行知被选为国难教育社理事长，张劲夫为总干事，大会发表了宣言，疾呼："警钟响了，危机迫在眼前了！从今日起，我们应该总动员，奋勇地执行国难教育的工作，坚决地担负起国难教育的工作，争取中华民族的解放和自由。"

陶行知与王洞若、张劲夫、丁华等人共同起草了《国难教育社简章》，规定了该社的宗旨是："谋推进大众文化，实施国难教育，以启发中国大众争取中华民族之自由平等，保卫中华民国领土与主权之完整。"国难教育社总社设在上海，全国各地均设立分社，总社下设总务、组织、指导、编辑、宣传五个部。国难教育社领导各地分社主要开展如下工作："开办大众学校、读书会、时事研究会；开办新文字补习班；开办国难教育讲习班；举办军事、防毒救护、运动用交通工具等常识技术讲习班；举办国难演讲、旅行演讲；组织巡回电影放映团、巡回演讲团、巡回唱歌团、巡回戏剧团、弄堂流通图书馆、马路流通图书馆、乡村流通图书馆；出版大众社会小丛书、大众自然小丛书、大众剧本、大众诗歌、大众小说、大众唱本、大众说书、大众连环画；出版大众国难读本、各级学校国难补充教材；调查各地国难教育之设施及敌人文化侵略之实况；指导分社及社员团；

上海各界救国会成立后，派出赴京请愿团，强烈要求当局"停止内战，一致抗日"。

陶行知的学生汪达之在新安小学。

1937年，生活教育社负责人王洞若、吴新稼（均为中共党员）在上海难民收容所组织成立了“孩子剧团”，在苏北、河南等地宣传抗日。陶行知与孩子剧团见面时鼓励他们勇敢地为抗日救国而斗争。图为孩子剧团成立时合影。

介绍前进书报。”

此后，陶行知就投身到了国难教育、战时教育运动之中，将他的生活教育运动推向了一个新的阶段。七七事变后，日本帝国主义加紧侵略，许多城市相继沦陷，在这国难当头的危机时刻，陶行知为了进一步推进国难教育、战时教育和全面教育，于1938年12月15日在广西桂林召集两千多群众集会，正式成立了生活教育社，陶行知亲自主持成立大会，并发表讲话，他在会上号召生活教育社的同志承担四种任务：一是力求自己长进，把自己的团体变成抗战建国的真工力量；二是影响整个教育界共同进步；三是普及抗战建国的生活教育运动；四是普及反侵略的生活教育运动。他号召大家：“凡是有群众的地方，都是进行教育的地方。”白崇禧、郭沫若、邱昌渭等人出席了成立大会，并在会上讲话。大会选举陶行知为生活教育社理事长，理事会由陶行知、李任仁、邵力子、黄炎培、汪达之、刘季平、戴伯韬、吴新稼、沈钧儒、雷宾南、杨东莼、田汉、王洞若、尚仲衣、周月宾、陆璀、张劲夫、方与严、林砺儒、徐特立、俞庆棠、孙铭勋等组成，生活教育社的成员中有不少是中共地下工作者。理事会每三个月举行一次，理事会下设总务、组织、编辑、服务、调查设计等五个部和一个专门委员会，分别由刘季平、戴伯韬、王洞若、杨寅初、杨东莼担任各部的常务干事。监事会负责考核理事会、常务干事会的工作，检查社员言论与不端正行动和审查本社经济出纳事项等。不久，戴伯韬负责的四川分社、潘一尘负责的浙江分社、张劲夫发起的安徽分社、张宗麟发起的上海分社、吴涵真负责的香港分社、徐谷苏负责的西北分社、曾木已负责的鄂西分社、楼南高负责的山西分社、戴自俺负责的贵州分社、刘琼负责的福州分社、台和中负责的甘肃分社等相继成立，正式社员达2400多人。生活教育社成为拥有广泛群众基础的教育团体。

生活教育社是一个民间教育团体，“是教育界的大家庭。它是教育思想者的团体，又是教育运动者的团体，又是教育工作者的团体，又是培养教师的团体，又是一般人学习生活和知能的团体，又是一个共同生活体。”生活教育社成立后，开展的主要活动有：编辑《战时教育》和《生活教育通讯》、进行桂林岩洞教育、成立儿童工学团、开展成人教育和儿童教育、创办特殊教育机构等。其中一项重要活动就是推行岩洞教育。因为桂林有上百个岩溶洞，当地民众将之作为天然的防空洞，陶行知就利用这些岩洞来进行教学。他动员了上万名知识分子来当教师，规定一个岩洞为一所学校，推行普及教育。还通过实行“小先生制”来进行战时教育，并以在桂林的新安旅行团和孩子剧团为依托，组织两个团的孩子为伤员和难民服务。

1939年春，生活教育社相继邀请了徐特立作了中国农民运动和解放区教育工作问题、范长江作了国内外形势报告，叶剑英作了“积小胜为大胜”的演讲，受到了听众的热烈欢迎。同年4月，创办了《工作与学习》杂志，由刘季平任主编。6月，生活教育社报刊《西南儿童》正式创刊，由陆静山任主编。该刊是针对中国儿童而创办的，办刊的宗旨为：全中国的小朋友团结起来，互相通讯、互相学习、互相帮助。打倒日本鬼子，创造新中国；打倒法西斯，创造新世界。刊物设有国内新闻、战时常识、儿童创作、儿童通讯、儿童

周恩来、田汉等与孩子剧团合影。

邓颖超和新安旅行团团员亲切交谈。

1936 年 5 月底，全国各界救国联合会在上海成立，陶行知被选为执行委员和常务委员。图为救国会举行的群众大会。

言论、儿童歌曲、国画故事、儿童文学等栏目。1943 年 8 月 25 日，被国民党查封。同时，生活教育社还在桂林七星岩设立岩洞教育民众书报阅览处，为广大民众提供阅读服务。还先后举办过“中国儿童运动问题”座谈会、时事讨论会、“战时教育之总检讨”、“宪政运动与国民教育”问题研讨会等活动。陶行知领导的生活教育社，以生活教育理论做指导，大力倡导实行岩洞教育和小先生制，实实在在地推动了战时教育和全面教育的发展。正如当时《解放日报》社论所评价的那样：“生活教育社所提倡的生活教育与小先生制，是实际的，同时又是革命的。因为它是实际的、与生活打成一片的。”延安新教育学会也高度评价陶行知创办的生活教育社及其生活教育理论：“这不仅是对摧毁中国传统教育起了很大的革命作用，同时也是为中国新教育树立了一块基石。”

1939 年 4 月 15 日，生活教育社重庆办事处成立，陶行知制定了活动计划：成立晓庄研究所，研究难民教育、华侨教育、伤兵教育等实际问题，筹备成立育才学校，成立重庆夏令共学会等。到 1940 年 3 月 15 日，生活教育社召开 13 周年纪念会，陶行知发表了《生活教育运动十三周年纪念告同志书》，总结了 1938 年至 1940 年初生活教育社所开展的主要工作，包括成立晓庄研究所、创办育才学校、新安旅行团的伤兵难民教育、

1945 年 10 月，中国民主同盟举行第一次全国代表大会。三排右四为陶行知；二排右三为史良，右五为鲜特生，右六为张澜，右七为沈钧儒；前排右六为李公朴。

各省的战时教育情况等。1940 年 6 月，生活教育社社员魏东明和戴伯韬成立了生活教育社延安分社，在边区政府的领导下，开展了一系列生活教育运动。

主持民盟中央教育委员会，推动民主教育运动

民盟是中国民主同盟的简称，其前身是中国民主政团同盟，于 1941 年 3 月 19 日在重庆秘密成立，是由黄炎培、梁漱溟、章伯钧、左舜生、张君劢等人发起成立的。“皖南事变”后，国共合作遭到破坏，抗日民族统一战线面临危机。一些主张民主抗日的人士，迫切希望两党能够联合起来，团结抗日，争取最后的胜利，以实现中华民族的解放。在这种背景下，以“统一建国同志会”为基础，联合中华职业教育社、乡村建设协会、中国青年党、国家社会党、中华民族解放行动委员会的成员及其他人士，成立了中国民主政团同盟，公推黄炎培为中央委员会主席。1941 年 10 月 10 日，在香港的民盟机关报《光明报》发表《中国民主政团同盟成立宣言》和《中国民主政团同盟对时局主张纲领》。

1942年，沈钧儒、陶行知等为领袖的救国联合会加入，中国民主政团同盟遂成为集合“三党三派”的民主党派。中国民主政团同盟最初的政治主张是“贯彻抗日主张，实践民主精神，加强国内团结”。1944年9月19日，中国民主政团同盟在重庆召开全国代表会议，将名称改为“中国民主同盟”。10月发表《对抗战最后阶段的政治主张》，响应中国共产党提出的建立民主联合政府的号召。1945年9月1日，民盟在重庆设支部，陶行知被推选为支部委员兼宣传部长。

1945年10月1—12日，中国民主同盟在重庆召开临时全国代表大会（即第一次全国代表大会），大会通过《政治报告》、《临时全国代表大会宣言》、《中国民主同盟纲领》、《中国民主同盟组织规程》。会议产生了第一届中央委员会，增选陶行知等33人为中央委员，还选出由陶行知等18人组成的中央常委会，还决定推举陶行知为民盟中央民主教育委员会主任，负责发展民主教育事业。

陶行知担任民盟民主教育委员会主任之后，根据形势的需要，于1945年11月1日将《战时教育》更名为《民主教育》。他在创刊号上发表《民主教育》一文，对“民主教育”作了含义上的界定：“民主教育是教人做主人，做自己的主人，做国家的主人，做世界的主人。……民主教育是民有、民治、民享之教育。说得通俗些：民主教育是人民的教育，人民办的教育，为人民的幸福而办的教育。”民主教育的核心是围绕人民的利益，为人民办教育，教人民争取民主权利，实施民主的教育理念。陶行知还阐释了“民主教育”的具体内涵：教育为公，以达到天下为公；教人民肃清法西斯细菌，以实现真正的民主；启发觉悟性，教人民自觉进行自觉的学习；培养创造力，以实现创造的民主和民主的创造；各尽所能，各学所需要，各教所知，使大家各得其所；在民主的生活中学习民主，在争取民主的生活中学习争取民主；尽量采用简笔汉字拉丁字母，双管齐下，以减少识字困难；充分利用无线电及其他近现代交通工具，以缩短距离，使边远地方之人民小孩，可以加速的享受教育；民主教育应该是整个生活的教育，应该要工以养生，学以明生，团以保生；承认中国是从农业文明开始渡到工业文明，经济是极端贫穷。他后来又撰文《民主教育之普及》，强调：“民主教育一方面是教人争取民主，

陶行知发表《实施民主教育提纲》。陶行知认为民主教育应该是全民教育、终身教育、开放式教育，使社会成为一所大学校。

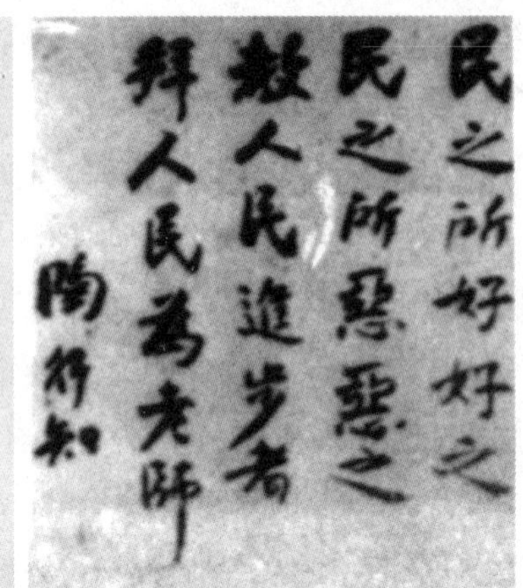

陶行知主编《民主教育》。

一方面是教人发展民主。……民主教育的任务是配合整个国家之创造计划，教人依着民主的原则，发挥各人及集体的创造力，以为全民造幸福。”

为了进一步落实民主教育理念，深入开展民主教育实践活动，陶行知与李公朴于 1946 年 1 月 15 日创办社会大学，目的是实现民主教育。陶行知担任校长，他在《社会大学运动》中讲道：社会大学之道“在明民德，在亲民，在止于人民之幸福”。也就是说，社会大学之道，要明白人民的大德，要亲近老百姓，要为人民幸福。社会大学分为夜大学、函授大学、新闻大学、旅行大学、广播大学等五部分，全校分经济、文学、新闻、教育、民间艺术五系。办学宗旨是“为人民服务”，学校管理采用民主自治的制度，每四个月为一个学期，每天四节课，每年三个学期，两年零八个月即可毕业。社会大学是由民主人士创办的学校，是追求民主的大学，是实行民主管理的大学，是教育人民的大学。社会大学，是陶行知实施民主教育的重要实践活动。

艰难曲折、耗尽心血的办学实践

创办晓庄师范，“远东教育革命的策源地”诞生

晓庄师范的创办缘起与经过

近代以来，虽经戊戌变法、辛亥革命和“五四”新文化运动的激荡，中国传统教育开始向现代教育过渡，但因积弊已久，教育与生活、社会与学校相脱节的现象仍很严重。为了改变这种状况，1926年，陶行知乘中国教育改进社下设乡村教育研究部之机，聘请东南大学乡村教育教授赵叔愚、金陵大学农业教授兼农场主任邵仲香为研究员，共同调查沪宁路沿线乡村学校现状，筹办试验乡村师范，图谋乡村教育的改进。

陶行知认为，师范教育是“改造社会环境的一个重要方法”，并坚定地表示：“我从前曾经为师范教育努力，现在正在为师范教育努力，以后仍继续为师范教育努力。”下决心“要筹募一百万元基金，征集一百万位同志，提倡一百万所学校，改造一百万个乡村”。根据这一思想，陶行知于1926年12月撰写了《试验乡村师范学校答客问》一文，强调试验乡村师范学校的实验性质，指出晓庄的实验“就是用科学的方法去开新的生路”。

1927年3月5日，陶行知用筹集的开办费1万元，常年经费1.2万元，设备费5000元，购买南京神策门外小庄（后由陶行知改名晓庄）田园200亩、荒山10里作为校址和农场。特约燕子矶小学、尧化门小学为第一、第二中心小学，并聘定吕镜楼、杨效春、邵仲春、朱葆初等为指导员（即教员）。

1927 年 3 月 15 日，晓庄师范正式成立。图为学校全景。

同时，陶行知分别在《新教育评论》、《乡教丛讯》等刊物上，刊登了《中华教育改进社设立试验乡村师范学校招生广告》、《告来本院应试的同志》。培养目标十分明确，即农夫的身手、科学的头脑和改造社会的精神三项。考试科目完全不同于传统的学校，分列科：（1）农务或土木操作一日；（2）智能测验；（3）常识测验；（4）作汉文一篇；（5）3 分钟演说。考试科目根据培养目标的需要而设立。

招生广告见报后，引起了教育界，特别是青年学生的浓厚兴趣。他们纷纷来函，索要报名简章，询问报考具体事宜。1927 年 3 月 11 日，试验乡村师范学校招生考试第一天上午，共有 13 名青年准时参加入学考试。考试当天，正是北伐军与盘踞在南京的直系军阀孙传芳部褚玉战斗方烈之时。当时，南京大小学校均因战事激烈而纷纷停课。试验乡村师范学校偏偏选择此时招生开学，而且声言风雨无阻，不受战事影响。大家都担心无人会冒生命危险前来应试，结果却出人意外，竟有 13 人来报考，令陶行知喜出望外。

陶行知亲自设计的晓庄师范校旗。100 个星代表征集 100 万位同志，倡办 100 万所学校，改造 100 万个乡村。

3 月 15 日，试验乡村师范学校（简

晓庄师范大礼堂——犁宫。

称晓庄师范）在南京郊外的小庄正式开学。

晓庄师范的办学宗旨与培养目标

晓庄师范的实验是按照陶行知关于生活教育的设想来开展的。其办学宗旨为：“根据中心学校办法，招收中等以上各级学校末年级生加以特殊训练，俾能实施乡村教育并改造乡村生活。”遵循这一指导思想，师生们选择了荒山野岭作为建校的校址。开始只有两间茅草盖的房屋，草泥抹的墙壁。人家自已动手开辟校园，种粮种菜，绿化环境，注意根据中国当时农民生活状况进行实验。

晓庄师范的培养总目标为“培养乡村人民儿童所敬爱的导师”。为达此总目标，陶行知又进一步提出五项培养目标：（1）农夫的身手；（2）科学的头脑；（3）改造社会的精神；（4）健康的体魄；（5）艺术的兴趣。

所谓“农夫的身手”，是指试验乡村师范学校要培养的是能吃苦耐劳、能劳动、能实干、能与农民打成一片，为乡村人民儿童所敬爱的导师。

所谓“科学的头脑”，是指具有近代的自然科学与社会科学知识，对科学技术产生浓厚的兴趣，并注重实验，到农村去积极推广应用科学方法，指导农民科学种田。

所谓“改造社会的精神”，是对学生思想素质的一项特殊要求。活的乡村教育，必

晓庄师生在地里劳动，培养“农夫的身手”。

晓庄师范在燕子矶办的民众图书馆。

须要有活的乡村教师，活的乡村教师必须“第一有农夫的身手；第二有科学的头脑；第三有改造社会的精神”，具备这三方面的“教师就是改造乡村生活的灵魂”。他们“一年能使学校气象生动，二年能使社会信仰教育，三年能使科学农业著效，四年能使村自治告成，五年能使活的教育普及，十年能使荒山成林，废人生利”。

所谓“健康的体魄”，是对学生素质要求。陶行知认为，“健康是生活的出发点”，健康的体魄是成就一切事业的基础，因而多次提出“健康第一”的口号。

所谓“艺术的兴趣”，是对从事乡村教育的人所应有的美学修养的要求。

晓庄师范的实验条件与组织机构

为实现上述目标，陶行知在学校建设上作了许多努力，创造了必要的实验条件，使之成为一所与旧式学校迥然不同的新式学校。

在实验条件方面，除挑选南京北郊劳山脚下的荒坡为校址外，还有田园 200 亩作为学生耕种土地，有大片荒山供学生造林；拨经费供学生自造茅屋作为校舍与宿舍；并在附近农村设立几所中心学校和小学，供学生实施教学做。

晓庄师范先后共建有：小学师范院、幼稚师范院各 1 所；中心小学 8 所；中心幼稚园 4 所；民众学校 3 所；中心茶园 2 所；中心木匠店 1 所；乡村医院 1 座；联村救火会 1 所；石印工厂 1 座。这些机构都围绕生活教育的要求进行多角度、多层次、多类型的实验。

陶行知在晓庄师范的组织管理上作了独特实验。晓庄师范设校长 1 人，由陶行知自己担任，校内设执行部（校长兼任部长）、研究部、监察部。执行部下设置第一院（小学师范院）、第二院（幼稚师范院）。第一院由赵叔愚任院长，第二院由陈鹤琴任院长。校长、院长之下各设干事 1 人、校工 1 人。晓庄师范的教师不称教员，统称指导员。学校除校长、第一院院长、第二院院长、指导员外，不设其他职员，实行师生集体治校民主管理，它的组织叫“乡村教育先锋团”。

乡村教育先锋团由全校师生共同组成。校长就是团长，两院院长是副团长，全校指导员组成指导部，有指导会议。全体学生选出总队长 1 人。学生以 4—8 人为 1 队，每队选出队长 1 人。由全体师生组成团务会议。从团长到团员，全体成员都受团规约束和团务会议的制约。团设肃纪部，执行全团纪律。团长有指挥全团各种行动之权，每周举行团务会议一次，为全团最高权力机构。学校经济公开，校务公开，发表意见自由，安排个人工作自由，但必须遵守各种公约，不得妨碍集体生活秩序。如果有人违反公约，通过小组生活检讨会解决，重大问题在团务会议（全体大会）评论，造成一种既有自由又有纪律、既有民主又有集中的集体生活秩序。

晓庄师范的实验内容与措施

其一，招生看重农事经验。

其二，考试方式别具一格。报考者在 3 月 10 日报到，次日上午考国文、常识测验、智能测验，下午演说及辩论；12 日上午垦荒施肥，下午修路；13 日考试成绩揭晓；14 日便办理入学手续；3 月 15 日开学。国文试题是《孟子说“劳心者治人，劳力者治于人”，这话对吗？》，演说的试题有 20 个，学生临时抽题准备 3 分钟，到时登台演讲 3 分钟；演讲要求用国语，通俗易懂。垦荒考试更是新奇。陶行知在山坡下用白粉线画好一块小荒地，投考者手中拿了一把山锄，哨子一响，大家便挥锄垦荒。成绩视垦荒熟练程度及垦荒多少而定。这种考试，改变了传统做法，强调农事经验，面向农村实际，可谓破天荒之举，在当时影响极大。

黑墨营中心茶园。晓庄师生常来这里讲故事，讲时事，教农民识字唱歌。

其三，实行教学做合一，课程以乡村生活为中心。

在晓庄联村运动会上举行的耕牛比赛。

晓庄师范将课程分为五大部分，即：（1）中心学校活动教学做；（2）中心学校行政教学做；（3）分任院务教学做；（4）征服自然环境教学做；（5）改造社会环境教学做。

其四，打破学校的围墙，开展“联村”系列活动。陶行知反对关起校门，使学校与社会隔离开来。他主张晓庄师范的学生应与附近的村民建立广泛联系，熟悉他们的生活，了解他们的疾苦，与他们联合开展活动。为此，晓庄师范进行了打破学校围墙的实验。陶行知除了在学校设置一些为村民服务的活动课程，包括联村自治、民众教育、合作组织、乡村调查和农民娱乐教学做外，还专门成立了“社会改造部”，由他兼任部长，部下设总务、教育、卫生、农林、交通、水利、自卫、经济、救济、妇女、编辑、调查共12股，具体负责社会改造的规划和指导。

陶行知重视开展乡村体育运动，发起成立“农民武术会”，主张恢复“我国国民应有的尚武精神”。学校每年春秋两季举行两次规模较大的联村运动会。运动会结合乡村生活实际拟定比赛项目，如成人参加的项目有国术、跑山、挑柴、挑粪、举石担、玩石

1928年秋，晓庄师范建立联村自卫团，陶行知任团长，刘焕宗（左一，即刘季平，当时的中共地下党支部书记）任副团长。

1928 年夏，冯玉祥将军（后排左二）到晓庄师范参观时与师生合影。

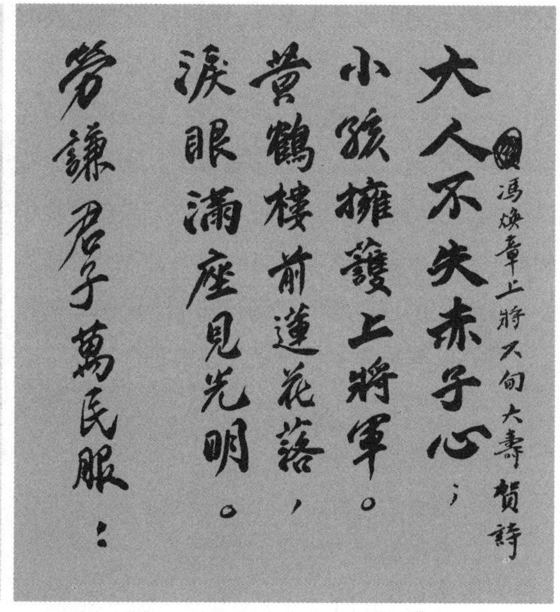

陶行知与冯玉祥私交甚笃。图为陶行知写给冯玉祥将军的诗。

锁和田径等；学生可参加的项目有跳远、跳绳、掷球、提水、竞走及短跑等。

20 世纪二三十年代的晓庄，偏僻荒凉，常有散兵游勇在此流窜为匪，危害百姓。为保一方平安，晓庄师范在冯玉祥将军的支持下，成立了晓庄联村自卫团，打击了土匪的嚣张气焰。联村自卫团还发起禁烟禁赌活动，张贴布告：“本团责任，在运用村民自己的力量，以维持地方的治安。……查烟馆赌窝，为窝藏盗匪之所。本团为正本清源计，自当一律禁绝，才算为地方除害。”晓庄全校师生到农村作宣传，宣讲吸鸦片之害，号召人人投入禁烟运动。联村自卫团维护了地方治安，烟赌也曾一度几乎禁绝，乡村改造方面取得显著进展。

冯玉祥是陶行知的好友，很赞同陶行知的平民教育思想，一直支持陶行知在晓庄的办学，也经常到晓庄来参观。后来冯玉祥还在晓庄造了一个“冯村”，有空时常来，与陶行知纵论天下大事。应他的要求，陶行知还派了几位学生到西北为他的部下办乡村学校，搞普及教育，受到部队官兵的欢迎。

其五，改革教育实习体制，试行新的实习办法。为使实习顺利进行，陶行知设置了一批中心学校。晓庄师范根据中心学校的要求设置课程，中心学校需要什么就教什么。

学生要经常到中心学校里去，在中心学校里教学做。

其六，颁发统一的毕业文凭。如果学生学业成绩合格，发给修业证书一纸，俟服务半年，经过考查，确能按照生活教育原理和晓庄师范精神办学者，发给毕业证书。但入学时程度不同，颁发的证书各异，“初级中学程度学生给予初小教师证书”；“高级中学程度学生给予高小教师证书”；“大学程度学生给予师范学校教师证书”；“各级教师证书之外依据特殊才能之表现加给各级校长及乡村教育辅导证书”。

在晓庄的这段时间，陶行知把全副精力都放在筹划学校上，他把教授辞了，搬到乡下来住，又号召大家自己动手建筑校舍，还写了一首《自立歌》勉励大家：

滴自己的汗，
吃自己的饭。
自己的事，
自己干。
靠人，靠天，靠祖上，
不算是好汉！

在校舍没有建筑起来以前，大家住帐篷露营，陶行知自己也露过营，借住过老百姓的家。他住在一位陆老头家里，三间草房，东头住主人，中间放农具杂物兼会客吃饭，西头拴着一头大水牛，遍地堆积着牛粪。陶行知就借住在西头牛大哥旁边，有一星期左右。他见了人便笑盈盈地说：和牛大哥同睡，只闻牛粪香。后来，这位人民教育家兼人民诗人陶行知，曾有“一闻牛粪诗百篇，风花雪月都变节”之句，叙述要做大众诗人，写大众的疾苦甘乐，就得和老百姓共同生活。

陶行知不只是理论家或事业的发起人，还常常喜欢用自己的行动来指引别人干。他在晓庄，提倡“师生共生活，共甘苦，是最好的教育。”也毫不例外地和大家一起穿草鞋、挑粪、种田、

陶行知在晓庄时创作的锄头舞歌、镰刀舞歌的手稿和歌曲集。

陶行知在晓庄师范周年纪念会上讲话，他说："教学做合一是我们的根本主张。""乡村教育之能否改造，最要紧的是要问我们肯不肯把整个的心献给乡村儿童。"

种菜、养鱼，他请唐家洼一位出色的庄稼人唐老头教大家耕种的方法，他自己也做了唐老头的学生。他说，三百六十行，行行出状元，行行都有我们的老师。

那时候，大家都自己扫地、抹桌、烧饭……所有生活上的事不用听差、伙夫，陶行知也亲与其事。有一次轮到他烧饭，他在烧火时就研究烧火的科学道理，如何节省柴草，如何使火功恰到好处，不致把饭菜烧坏。他写了一首诗，讽刺不会烧饭的人：

书呆子烧饭，
一锅烧四样，
生、焦、硬、烂。

晓庄师范实验的中止

陶行知在晓庄师范开展生活教育实验，引起了社会各界的瞩目，晓庄师范成了教育界的一盏明灯。此时，正值"四一二"事变不久，乌云密布，江南各省一些受迫害无处栖身的进步青年学生，将晓庄师范看成求学避难的理想地方。该校开展勤工俭学，学费很低，于是不少青年进入晓庄学习，还有的是隐名改姓秘密来的，其中有些是共产党员或共青团员。虽然陶行知不知道他们的政治身份，但认为他们是有抱负、有作为的青年，所以对他们主动关怀，多加支持。

到 1929 年，进步青年的力量已大大地发展了，共产党员和共青团员合起来差不多有二三十人，还能够号召当地一部分群众。1930 年初，上海进步知识界成立中国自由大同盟。晓庄师范中共地下党支部也串联中央大学、金陵大学、东方大学等校部分师生发起组织中国自由大同盟南京分部，反对帝国主义及国内反动派的倒行逆施。2 月，在晓庄师范犁宫举行成立大会。该组织是中共南京地下党的外围组织，其建立为南京群众运动创造了便利条件，同时，也使晓庄师范的各项进步活动与全市的学运、工运进一步密切联系起来。当

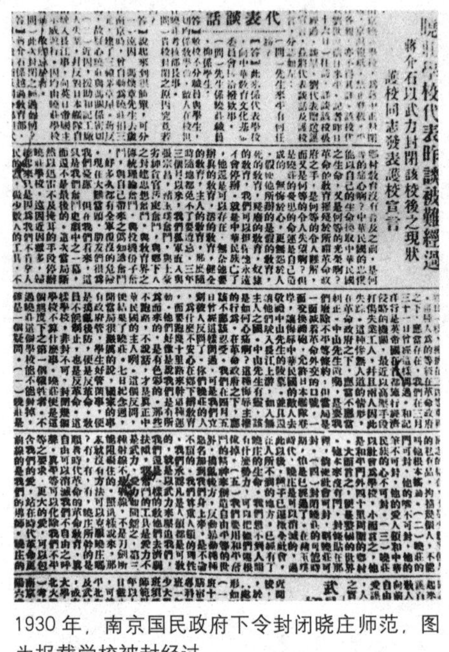
曉莊學校代表昨談被難經過

蔣介石以武力封閉該校後之現狀

護校同志發表護校宣言

代表談話

1930 年，南京国民政府下令封闭晓庄师范，图为报载学校被封经过。

时，南京下关和记工厂工人不堪忍受英国资本家的残酷压迫，举行了反帝大罢工，晓庄师范地下党组织积极支持推动这一罢工斗争。3 月下旬，日本帝国主义军舰十余艘，擅自闯入长江耀武扬威，而国民党政权不仅不加制止，反而鸣炮欢迎，这立即激起了南京各界人民的极大愤怒。消息传到晓庄，广大师生义愤填膺。4 月 3 日，国民党政权勾结帝国主义镇压罢工工人，造成“四三”惨案，更使南京的工人、学生、市民怒不可遏。晓庄师范学生刘焕宗这时已任中共南京地下党宣传部长，根据党的指示，联络南京各校学生，组成“四三”惨案后援会，发动了 4 月 5 日全市支持工人的反蒋示威游行，迫使英国老板接受罢工工人的条件。

但这一正义行动，却使晓庄师范成了国民党政权要人们的眼中钉、肉中刺。蒋介石认为晓庄师范是这次风潮的祸源，他通过孙科、谷正伦施加压力，要陶行知交出晓庄师范的共产党员名单，立即开除闹事学生。陶行知则坚决站在学生方面，明确表示学生的行动是爱国的、正义的，学生没有错，错在政府，断然拒绝这一无理要求。

蒋介石恼羞成怒，遂于 4 月 8 日命令教育部停办晓庄师范。教育部即派出 5 人为“晓庄师范保管员”，于 9 日下午 3 时到晓庄办理接收手续。1930 年 4 月 12 日，南京卫戍司令部派出全副武装、荷枪实弹的部队，强行封闭了晓庄师范。同一天，国民党政权又下令通缉陶行知，晓庄师范的生活教育实验至此中止。

晓庄师范生活教育实验的影响与评价

陶行知在晓庄师范从事的生活教育实验前后不过三年多时间，却在国内外产生了广泛而深远的影响。

晓庄师范的生活教育实验，在 20 世纪 20 年代中后期树起了一面教育革命的大旗，为中国教育改革探索到一条新路。他与同时代的黄炎培、晏阳初、梁漱溟等人，率先从事乡村教育改革，在教育界掀起了一场教育革命，引起了时人对于乡村教育问题的广泛

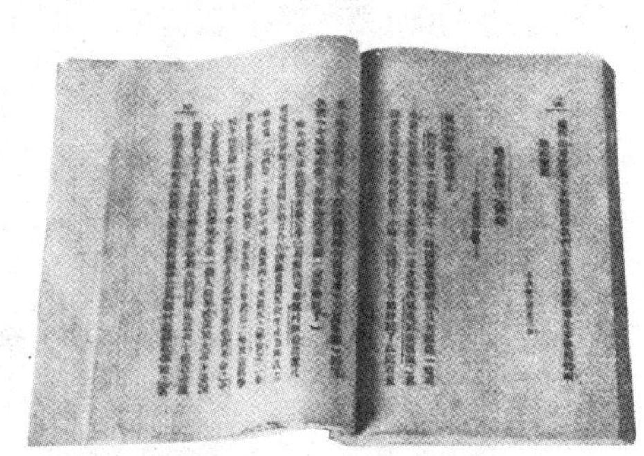

陶行知1928年编印的《知行书信集》中有一篇《晓庄学校之使命》，指出："我们第一步要谋中国三万万四千万农民之解放，第二步要助东亚各国农民之解放，第三步要助全世界农民之解放。"

关注，对于转变当时教育改革的方向与重心，起了积极推动作用。

晓庄师范的生活教育实验也引起了社会各界的普遍关注。党政要人纷纷慕名而来，蒋介石、宋美龄夫妇曾于1928年下半年两度到晓庄参观；军政部长冯玉祥也数次去晓庄考察，他对晓庄师生自己动手做饭的办法非常欣赏，打电话给所辖第二集团军总司令部，命令官员一律自己做饭，不用伙夫，以节省军费。某军人在中央大学称赞陶行知的教学做合一是"新发明的最好教育法"，还有军人将陶行知自编教育文集《中国教育改造》翻印数千部，分送其防区内各教育机关。

晓庄师范生活教育实验在国内不断扩大影响的同时，从20世纪20年代后期起，也开始在国际教育界产生影响。1927年9月，为迎接在加拿大召开的世界教育会议，陶行知撰写了题为《中国乡村教育运动之一斑》的专题会议报告，其中重点介绍了以晓庄师范为代表的乡村师范学校和中心小学、中学幼稚园的实验工作，第一次向国际教育界介绍晓庄师范的生活教育实验，开始引起国际教育界的关注。陶行知当年的班主任、美国哥伦比亚大学师范学院的克伯屈教授在1929年10月下旬参观晓庄师范之后，对于晓庄师范的生活教育实验赞扬备至，称他多年来一直在到处寻找这实验学校，现在在晓庄师范终于找到了："他的实施的方针和办法，以及发动的理想，进步的过程，都合乎我的标准。这也可以代表中国整个民族的精神。"他预言晓庄"作为教育革命的策源地"，必将在历史上留下其地位，"过了一百年以后，大家要回过头来，纪念晓庄！欣赏晓庄！"他还表示，今后"无论到什么地方，都要宣传在中国的晓庄有一个试验学校，把这里的理想和设施宣传出去，使全世界的人知道"。

创办山海工学团，“产生一个富有生活力的新细胞”

山海工学团的创办缘起与经过

晓庄师范被国民党政权查封后，陶行知被迫流亡日本。1931 年 3 月，他从日本潜回上海，匿居在法租界里。尽管处境艰难，但他对事业的追求并没有因此而放弃。

1932 年夏，陶行知在其教育小说《古庙敲钟录》中提出了“工学团”的教育理想，设想以工学团教育来代替传统的学校教育。

什么叫工学团呢？陶行知在《普及什么教育》一文中作了详尽回答：

什么叫工学团？工是工作，学是科学，团是团体。说得清楚些是，工以养生，学以明生，团以保生。说得更清楚些是，以大众的工作，养活大众的生命；以大众的科学，明了大众的生命；以大众团体的力量，保护大众的生命。工学团是一个小工场，一个小学校，一个小社会。在这里面是包含着生产的意义，长进的意义，平等互助，自卫卫人的意义。它是将工场、学校、社会打成一片，产生一个富有生活力的新细胞。

陶行知用工学团，而不用工场、社团等名称命名他理想中的乡村学校，除了工学团分别代表的三层意思外，还包含着他试图从形式、内容上完全区别于传统学校的意图。工学团没有一定的模式，它可大可小，从几个人的家庭、店铺到几十个人的学校、庙宇，几百人的村庄、监狱，乃至几千人的工厂、几万人的军队，都可以造成一个富有意义的工学团。所以，它是不同于任何传统教育的“三不像”，是一种全新的教育组织形式。

陶行知认为“工以养生，学以明生，团以保生”的基本主张，是改造旧教育和“培

1932 年 10 月 1 日，山海工学团在上海宝山县大场创立。取名“山海”，志在唤醒民众，收复东北失地，要日寇还我河山。

宝山县大场山海工学团总部。

夏家宅工学团。

陶行知亲自到夏家宅工学团指导工作。

养合理的人生"的要件。如果全国的家庭、商店、工厂、学校、军队、乡村一个个都变成工学团，人人生产，人人长进，人人平等互助，人人自卫卫人，那么，工学团便可成为"中华民族的救生圈"，"中华民族的新生命"也就"在工学团的种子里潜伏着"。他还认为，广大乡村既是中国新教育之"新大陆"，也是工学团的"最好的育苗场"。只要开辟一个苗圃，就能培养一批园丁，这些园丁便可带着幼苗到处栽培，使它繁殖到天之尽头。所以，办乡村试验工学团，前途不可限量。为此，他发表《乡村工学团试验初步计划说明书》，正式向社会宣布办乡村试验工学团的打算。

1932年夏，赞同陶行知乡村工学团主张的同志发起组织了一个乡村改造社筹备会。会上推举陶行知、丁柱中、欧伟国、陈立廷、沈嗣庄、海斯、叶桂芳等7人为执行委员，主持工学团的具体创办事宜。

1932年7月，陶行知指派晓庄学生马侣贤、戴自俺、郑先文、王作舟等人，按上述要求，分头寻找试验乡村。9月9日，王作舟沿沪太公路寻找，终于在上海宝山县大场附近找到一座古庙。庙前场地空旷，周围有许多村庄，没有学校，交通便利，正是创办试验工学团的理想场所。

9月15日，陶行知亲自下乡指导创办乡村工学团事宜，决定以大场孟家木桥为乡村工学团团部。

大陈家宅工学团。

石阁坟妇女工学团。

肖场工学团。

青年工学团。

9月25日，马侣贤等人根据陶行知的指示，率先在侯家宅创办青年夜校一所，吸引44位青年农友参加夜校活动。

10月1日，孟家木桥儿童工学团正式成立。用原租定的房子为活动场所，聘请指导员4人，艺友2人，儿童工学团团员24人。不久，工学团的小农场、木工场、袜工场、藤工场先后创办，团员也从24人增至48人。团员们一方面跟随工艺师傅学习技术，一方面在指导员的指导下学习文化科学知识。

由于孟家木桥附近的村庄处于宝山县和上海市的交界处，且此时日本侵占东北，觊觎上海，"天下第一关"山海关已无险可守，所以，陶行知遂将创办的工学团命名为山海工学团。"山海"一名，语意双关，体现了陶行知在国难之际创办工学团的一番苦心。

孟家木桥儿童工学团的成立，标志着山海工学团正式成立。10月1日这一天也就成为山海工学团的成立纪念日，具体经办人马侣贤也就成为山海工学团的第一任团长。为了便于立案，山海工学团以"山海实验乡村学校"的名义向宝山县教育局立案。因此，山海工学团又可称作山海实验乡村学校。

山海工学团的办学宗旨、培养目标与培养内容

关于工学团的宗旨和培养目标。工学团以联合本村青年、儿童，“自动的实行工以养生，学以明生，团以保生的教育，以参加新村、新国、新世界之创造”为宗旨，以培养工学团成员具有康健的生活、劳动的生活、科学的生活、艺术的生活、改造社会的生活为目标。

根据工学团的性质和特点，其学习或者说训练、培养的内容必定异于传统的学校教育内容。陶行知把它归纳为“六大训练”或“六大培养”，其具体内容是：

1．普遍的军事训练，使人人成为保国的健儿；

2．普遍的生产训练，使人人成为造富的工人；

3．普遍的科学训练，使人人能在劳力上劳心；

4．普遍的识字训练，使人人获得传达思想的符号；

5．普遍的民权训练，使人人成为中华民族的主人；

6．普遍的生育训练，使人人到了生育年龄可以生得少，生得好，以再造未来更优良的民族。

陶行知要求乡村工学团，将上述“六大训练”在所在乡村里尽量推进，以造成中华民国的健全分子，并与全国的一百万个乡村联合起来，共同推进。他认为，这样做就可以使整个中华民族“起死回生”，就可以造成一个“伟大的，令人敬爱的中华民国”。

山海工学团指导员张劲夫（左一）与严竟成等为组织棉花工学团，在沈家楼与农民谈话。

张劲大与农友在田间劳动。

张劲夫与农友在田头休息。

小陈家宅工学团。

山海工学团实验的活动与措施

山海工学团中最先成立的是孟家木桥儿童工学团。该工学团自 10 月 1 日建立之后，迅速开展如下工作：（1）工读结合。设有木工、袜工、藤工三个手工工场，聘请工匠作技术指导，师生学手工，工匠学文化，自己动手制作课桌椅、简易教具、玩具及实验器具，同时还在生物教师指导下，学习养蜂、养兔、种菜等农副产业生产。工学团通常上午学习文化科学和政治知识，下午参加劳动。（2）防治疾病，普及医药卫生常识。工学团设立小诊疗所，聘请医生担任医学指导，免费为农民治病，送医送药上门，辅导农民家庭卫生。（3）开展文娱活动。每星期五晚上举行同乐会，师生农友欢聚一堂，演节目、讲故事、玩科学把戏。

孟家木桥儿童工学团影响所及，使得山海地区周围近 10 里内的各村如萧场、沈家楼、红庙、夏家宅、越泾巷、侯家宅等相继办起工学团。按年龄性别分，则有青年工学团、儿童工学团、幼儿工学团和妇女工学团；按生产性质分，则有棉花工学团、养鱼工学团、养鸡工学团、缝纫工学团和纺织工学团。

继踵山海工学团而创办的是晨更工学团和光华工学团。它们设立于沪西周家桥工业区的边沿，分别由晓庄学生徐明清和朱泽甫负责主持。选择这一城乡交接的结合部作为办学地点，显然是陶行知的精心考虑。此后在上海创办的工学团，还有晓庄学生孙铭勋、戴自俺主办的劳勃生路劳工幼儿团，方明主办的静安寺报童工学团和流浪儿童工学团，在徐明清启发引导下，英美烟厂女工朱冰如主办的浦东女工读书班等。上述单位，尽管有的名称不叫工学团，但其实质都是工学团的组织。

1933 年，陶行知为实验科学种田，组织了沈家楼棉花工学团，陶行知、张劲夫任顾问。图为棉花工学团成立大会。

上海宝山县举行棉花教育讨论会，推广科学植棉。

在陶行知的推动下，工学团实验不久便取得了可喜的成绩。在这一新型的教育组织中，陶行知及其弟子和当地群众同甘共苦，努力奋斗。他们在做中教农民科学种田，发动农民修桥铺路抗旱救灾，发展生产，移风易俗。他们为工人开办夜校，举办文艺体育活动。1933 年 10 月，为庆祝山海工学团成立一周年所办的展览会上，展品琳琅满目，前来祝贺的本地及外地来宾济济一堂。此后，有关工学团实验情况经常出现在报刊上和电影中，成为进步教育运动的一面旗帜。人们常常怀着浓厚的兴趣前来参观，上海文化界知名人士也常常应邀来此讲课或演出。

为了更好地开展实验，普及教育，陶行知于 1934 年“一·二八”淞沪抗战两周年之际提出了“小先生制”。在他看来，小先生制是推行生活教育的理想途径。“生活即教育”、“社会即学校”和“教学做合一”等基本原理，都可以在小先生制中得到贯彻。在推广实践小先生制的过程中，陶行知总结归纳出不少在普及教育中很有实用意义的原则和方法。

即知即传，是最主要的原则和方法。与即知即传相对立的是守知奴，那种大头鬼式的守知奴同那种大肚鬼式的守财奴都是社会上的怪物。即知即传才能收伏守知奴，做到知识公有，使中国人聪明起来。能够即知即传的成人，可称“大先生”，小孩便称为“小先生”。小先生的职务，不但是教人，更重要的是教人去教人。小先生的成绩并不仅在直接所教学生的人数，更在间接所传人数之多。

非班级常规，是第二条原则和方法。如果不从实际出发，硬要小先生做起传统先生，把一个班级的小学生交给他去领导，那便是摧残小先生，必定一败涂地。所以，克服贪

山海工学团小先生合影。

小先生走上讲台教课。

多的野心，把小先生所担任的人数减少到两三个，是保证小先生成功的基本条件。

开门教人，是第三条原则和方法。关起门来由优秀的大同学教小同学，这种外国流行过的“蓝喀斯特制”，同小先生制毫不相干。小先生制不但要把在校和不在校的小孩都变成小先生，而且要开起大门去找学生。不论是家中不识字的父母兄嫂姐弟，还是隔壁邻居不识字的大人小孩，都是他的对象。只有开门，一千万小先生才能变为三千万，才能体现小先生制的力量。否则，关起门来教来教去，一千万人还是原数，终与小先生制无关。

与生活连在一起教，是第四条原则和方法。文字是生活的符号。在现实生活中，符号与生活可以很自然地联系在一起。教一位不识字的妻子识字，可帮她读丈夫的来信；教一位不识字的母亲识字，可帮她认医生为其病儿所开的药方；山海工学团进行电化教

安徽桐城天城小学“小先生”在田边教农民识字，

桐溪小学女“小先生”把识字教育送到妇女的洗衣盆旁。

晓庄师范被封后，师生 30 余人被捕。1930 年秋，石俊、叶刚、郭凤韶、姚爱兰、谢炜棨（自左至右）等青年学生牺牲在雨花台。陶行知从此对国民党政权彻底绝望，并开始向共产党靠拢。

育，会读入场券的可以半价入座。

要有指导和考核，是第五条原则和方法。小先生在完成自己使命过程中，会遇到种种困难，如找不到学生和不明自己职务，导师都应随时指导。导师还应加强考核，考查小先生所教学生所干出的战绩。在山海工学团用计分法考核，凡小先生教会一人读写一册《老少通千字课》者得一分，教会二人读写一册书或教会一人读写二册书者则得二分，余可类推。小先生团员证上有一颗金星，教出一代小先生则加一颗金星。

在陶行知的积极倡导下，小先生制在普及教育运动中充分显示了自己的力量。一重重传统的普及教育方法难以攻克的关口，如先生关、课本关、纸笔关、灯油关、文字关、城乡关、会考关、划一关、饭碗关等等，在小先生手持现代文明钥匙直叩之下，纷纷开关启门，迎纳普及教育的阳光。

戴伯韬在《陶行知的生平及其学说》中曾回忆过这一时期的办学情况：

小先生制是陶行知的一大重要教育学说，其始于晓庄启封之后，老蒋只答应发还一小片荒山，另加一所村民办的小学，其余仍被国民党中央党部的蒙藏政治学校霸占着。 陶氏为了满足那里农民们的要求，急于想先恢复晓庄小学，但当时派不出适当的人去。他想了一想，

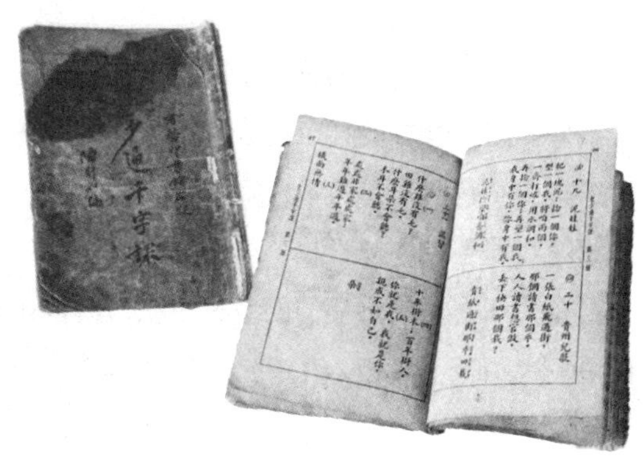

1935 年，陶行知组织编写了《老少通千字课》。

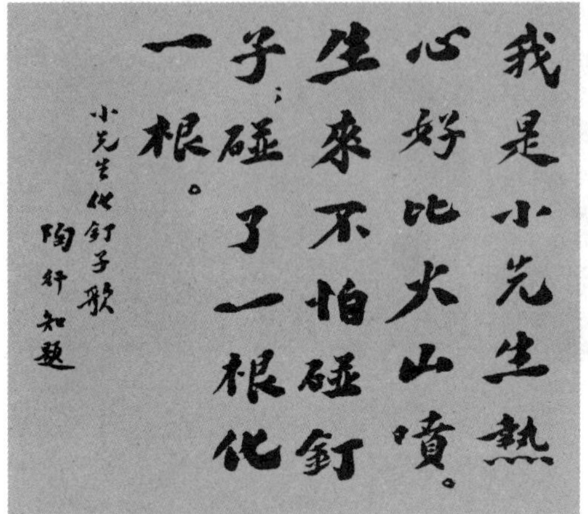

陶行知手书《小先生化钉子歌》。

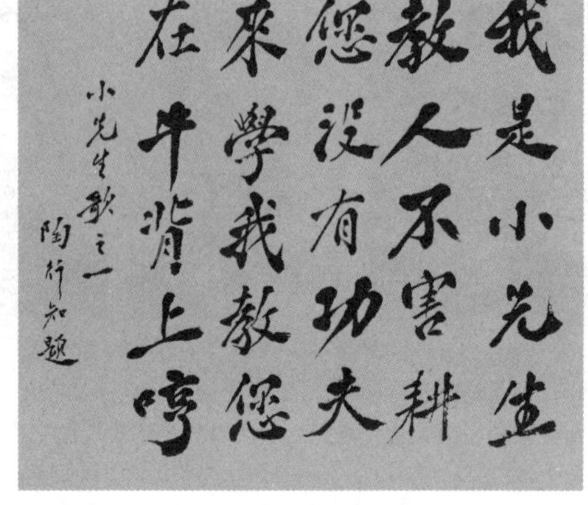

陶行知手书《小先生歌》。

就委晓庄小学的学生胡同炳任校长，提拔几个较大的、识字较多的孩子为教师，他把这所小学题为畲儿岗儿童自动学校。过了几天，有一位同志参观了那所自动学校回来说，精神很好，儿童们做事比大人还顶真，当地老百姓都欢喜呢。陶氏听了，哈哈大笑。第二天，他写了一首诗来给大家看，那首诗道：

有个学校真奇怪，
小孩自动教小孩，
七十二行皆先生，
先生不在学如在。

另外一件事，尤其感动了陶氏。那便是汪达之同志在苏北淮安县河下镇办了一所新安学校。这所学校的儿童七人，为了实现陶氏“生活即教育，社会即学校”的主张，便组织新安旅行团，到上海来旅行修学。这七位孩子自动跑到上海找到陶氏，他高兴极了，介绍他们到各工厂、学校、机关去参观，到处开会欢迎这批孩子，他们也到处演讲。有一天在沪江大学演讲他们的教育主张，博得该校全体师生的称道。事后有一位教授对陶氏说，这些孩子真行，几乎把我这位教育系教授的饭碗打破了。陶氏在送给这七位孩子的诗中写道：

一群小光棍，
数数是七根，
小的十二岁，
大的未结婚，
没有父母带，
先生也不在，
谁说小孩小，
划分新时代。

在陶行知的积极倡导下，小先生制到1934年底，也即小先生制问世11个月后，它已经推行到全国19个省、4个特别市。湖北江陵和浙江鄞县全县开始普遍采用小先生制，安徽教育厅视小先生制为普及全省教育之要图。在上海及其四郊已有小先生万余人。在

小先生在坟头教识字。

小先生教奶奶识字。

1933 年 4 月，山海各儿童自动工学团联合举行儿童节纪念大会。陶行知在大会上讲话。

宜兴西桥，晓庄畲儿岗，无锡河埒口，淮安之新安，歙县之王充，山东之邹平和泰山，河北之南开和定县，河南之百泉、洛阳和开封，广东之百侯，山西之舜帝庙等地，都有小先生活跃的身影。

与此同时，小先生制在国外也迅速引起反响。日本著名实验学校东京池袋儿童之村小学的教师译述了陶行知有关小先生制的论文。他们表示要深刻反省日本教育过去照搬照抄德国和美国教育的弊病，更多地“注视邻邦中国的动向”，考虑“在教育运动方面的相互协力”。在东南亚地区，小先生制也引起人们的重视，1935 年新加坡《星洲日报》刊发了陶行知介绍小先生运动的文章。

山海工学团生活教育实验的影响与评价

山海工学团创办后，名震全国。各地来参观者络绎不绝，并相继仿效。在陶行知的支持和具体帮助下，工学团的种子迅速在全国播种、发芽、开花、结果。山海工学团与晓庄师范生活教育改革不同，主要是探讨如何配合民族救亡的头等任务，改变学校教育的内容和形式，用新的思路、原则和方法，去实现整个中华民族的教育普及重任。晓庄师范生活教育实验的基本思想和方法被继承和沿袭下来，并在新的形势下得到进一步丰富和发展。它所创造出来的新的普及教育的思路、原则和方法（特别是小先生制），对20世纪三四十年代的普及教育事业起了明显的推动作用，甚至革命根据地的教育普及工作，也对之有所借鉴，其影响还扩大到国外（尤其是日本、印度、缅甸、印尼和新加坡等国）。

创办育才学校，为国家、为民族、为人类“培养人才之幼苗”

育才学校的生活教育实验是陶行知人才教育思想的一次重要实践，它标志着生活教育理论和实践发展到一个新的阶段。

育才学校的创办缘起与经过

陶行知在长期的生活教育运动中积累了经验，又经过28个国家和地区之行，开阔了眼界，对生活教育有了新的认识。他在抗日战争爆发后回到祖国，信心百倍，兴奋异常，他感到努力多年的普及教育运动，在抗战建国的事业上应该有英雄用武的机会了。他打算扎扎实实干几件工作，一方面继续抓普及教育，“用教育来动员全国民众觉悟起来，在抗战建国纲领之下，担当这重大的工作，所以普及教育，实为今天所亟需”，“以提高整个民族的意识及文化水准”。他致力于“生活教育运动中的一件新发展的工作”，即拯救被战争所贻误的青少年中的人才幼苗，为国家、为民族、为人类“培养人才之幼苗”。育才学校的创立即是这一愿望的实现。

陶行知立志创办育才学校的动机，按照他的自述，有其远因，也有近因。

从远因看，有两个动机：一是爱迪生幼年生活的启示。爱迪生在孩童时期的遭遇，使陶行知深感人才必须从小培养。二是法拉第的幼年生活也给陶行知很大的启发。法拉第是发电机原理的发明者，他幼年在一个书店里做徒弟，订书订得慢，别的徒弟到老板利波那里去告状。老板利波对众徒弟说：你们有所不知，法拉第是一面订书，一面吃书。书订好了，头脑也吃饱了。你们当中如果有人像他那样用功，我也可以宽容。倘使遇不着老板利波的赏识宽容，这根科学的幼苗早已被人摧残了。

除了这两个早在陶行知心头萦绕的远因外，这次回国以后又增加了三个新的近因。

一是法国邮船上的见闻：1938 年他从埃及坐了一艘法国邮船回国，出了红海，看见一位四岁光景的外国小孩在甲板上跳舞，细看才知道他是配着开放的留声机跳舞，很快乐地在甲板上跳着，他又要求换一张悲哀的片子，看这孩子表情有何变化。当这悲哀的片子一响，孩子立即变容，如泣如诉，好像是失掉亲爱的人一般的舞着。看了以后，下一判断，小孩的音乐天才，四岁后可测验，测验确实，便应及时培养。二是湖北临时保育院之所见，看见一位害癞痢的小朋友在那儿指挥许多小朋友唱歌，他请了一位音乐家教给他们音符和拍子，小朋友三天竟能将一支不曾听过的歌用音符记录下来。一个没有音乐才干的人是三年也不见得能学会。三是在重庆临时保育院所受之感触：参观临时保育院，院长告诉他常有达官贵人、大学教授来院挑选干儿子，当着难童说，这个秃子不要，那个麻子不要。这些失掉父母的难童此刻还要受这难受的刺激，听到令人愤慨。当时他表示若来选只问他有无才干。倘使有才干，虽是秃子、麻子、缺嘴都要。我不要他们做干儿子，只是为民族培养人才的幼苗。

这五个印象在陶行知的“脑子里各各独立存在了很久”，当他第二次回到香港时，忽然这几个意思凝聚起来了：“几年来普及教育中的遗憾须求得补偿，选干儿子的做法，应变为培养国家民族人才幼苗的办法，不管他有什么缺陷，只要有特殊才能，我们都应该加以特殊之培养。”这样创办育才学校的动机就明朗了。

1939 年 1 月的一天晚上，他草拟育才学校创校计划与预算，请张仲仁（一麟）领导创立董事会，并得到赈委会许俊人（世英）的同意而实现，育才学校校董会于 3 月在香港成立，张一麟任董事长，由赈委会负担全部经费。拨给开办费 45000 元，经常费每月 3000 元，陶行知于是用全部时间投入到育才学校的创办工作。为了在重庆立足，他与社

小先生教邻居小孩读书。

小先生到茶馆教识字。

图为凤凰山古圣寺育才学校全景。

育才学校校牌。

会各界开展了广泛的接触，并专门给宋美龄写了封信，请她支持。

陶行知苦心“创办育才的主要意思在于培养人才之幼苗，使得有特殊才能的幼苗不致枯萎，而且能够发展，就必须给予适当的阳光、空气、水分和养料，并扫除害虫”。陶行知的这个美好理想在育才学校得到较为完满的实现。

为把育才学校办成培养人才幼苗的一所理想学校，陶行知有条不紊地着手进行各项开办工作，亲自制订了《育才学校教育纲要草案》。他在香港筹募到经费以后，立即到四川，与生活教育社的战友王洞若、戴伯韬（白桃）、帅昌书（丁华）、魏东明、陆维特等人（他们都是共产党员）商量，要求他们一道来创办育才学校。在他们的积极参与下，1939 年 5 月，在四川省重庆市北碚清凉亭成立育才学校筹备处。由王洞若协助陶行知制订办学计划，请马侣贤负责筹募经费和租借校舍，请陆维特、孙铭勋、张望等组织选拔测验组。经保育院的领导机关——战时妇女指导委员会的同意，选拔测验组于 1939 年夏天分赴各地保育院、孤儿院等难童机构，以智力测验、文化考查及特殊能力的考察三个方面综合分析择优选拔儿童入学。各项工作进行得颇为顺利。1939 年 7 月 20 日，这所培养人才幼苗的少年专科性质的新型学校——育才学校在重庆北碚北温泉诞生。8 月初，迁到草街子凤凰山上的古圣寺正式上课。头一批到校学生 40 余人，开课时有学生 71 人，到年底增加到近百人，第二年增加到 152 人。以后每年都陆续有新同学增加，也有从外省不远千里闻育才学校之名而含辛茹苦跋涉而来的。

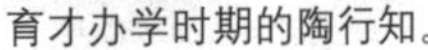

育才办学时期的陶行知。

育才学校副校长马侣贤。

育才学校的办学宗旨与培养目标

陶行知明确提出："育才学校根据中华民国教育宗旨及抗战建国需要，用生活教育之原理与方法，培养难童中之优秀儿童，使成为抗战建国之人才。""要为整个民族利益造就人才"，便须"引导学生团结起来做追求真理的小学生；团结起来做自觉觉人的小先生；团结起来做手脑双挥的小工人；团结起来做反抗侵略的小战士"。他认为："真的集体生活必须有共同目的，共同认识，共同参加。而这共同目的、共同认识和共同参加，不可由单个的团体孤立的建树起来。否则，又会变成孤立的生活，孤立的教育，而不能充分发挥集体的精神。"陶行知借用孟子的话："先立乎其大者，则其小者不能夺也。"他认为，"我们中国现在最大的事"是"团结整个的中华民族，以打倒日本帝国主义而创造一个自由平等幸福的中华民国。我们的小集体要成了这个大集体的单位才不孤立，才有效力，才有意义"，他反对把学校作为培养只求个人"升官发财"的"人上人"。为此，他要求育才学校的教学密切结合社会实际，把培养学生的人生观放在首位，德智体美劳全面发展，尤重德育。他要求实施"智仁勇合一的教育"，培养"智仁勇兼修的人"，"不智而仁是懦夫之仁；不智而勇是匹夫之勇；不仁而智是狡黠之智；不仁而勇是小器之勇；不勇而智是清淡之智；不勇而仁是口头之仁"。他强调"道德是做人的根本，根本一坏，纵使你有一些学问和本领也无甚用处。没有道德的人，学问本领愈大，就能为非作恶愈大"，他把道德看做是"建设人格长城的基础"。为帮助学生树立革命人生观，取消了南京国民政府教育部开设的"公民"、"社会"课，而开设了社会发展史、政治经济学等马克思主义理论课，还专设劳动课，结合形势，举办时事讲座。育才学校在各

1940 年，周恩来、邓颖超等专程赴育才学校看望师生，勉励他们"为真理而奋斗，为新中国的远大前途而斗争"。

育才的孩子们在做体操训练。

项工作中，坚持了正确的政治方向，终成为革命人才的摇篮。

育才学校的组织机构与师资队伍

建立一支政治素质好、专业知识强、忠诚于人民教育事业的教职员工队伍，是陶行知办育才学校成功的重要经验。陶行知团结了一批志同道合、与他长期共同奋斗的生活教育社的战友，作为办学骨干，建立起校务部（方与严为主任）、总务部（马侣贤为主任）、研究部（王洞若为主任）与生活指导部（帅昌书为主任）等精干的校级领导机构，又请了当时堪称第一流的专家担任各个专业组的主任与教授。

他们不仅是学有专长的学者、专家，而且多是有强烈的爱国民主思想的志士。先后来校担任教学的：音乐组有任光、贺绿汀、姜瑞芝、李凌、任虹、范继森等，戏剧组有章泯、水华、舒强、沙蒙、刘厚生，舞蹈组有戴爱莲、吴晓邦、盛婕，美术组有陈烟桥、张望、汪刃锋、许士祺、丰子恺、王琦、叶浅予、华君武等，文学组有艾青、力扬、魏东明、陆维特、徐荇等，社会组有孙铭勋、廖意林、苏永扬、屠公博等。还请来许多名流、作家如翦伯赞、田汉、何其芳、吴玉章、邓初民、周谷城、秦邦宪 、萨空了、徐迟、姚雪垠、黎国荃、陆诒等来校兼课或讲学。学校还办了"林间讲座"，特邀郭沫若、夏衍、曹靖华、刘白羽、周而复、周扬、邵荃麟、艾芜、戈宝权、沙汀、程今吾等演讲。人才济济，极一时之盛，充分显示出陶行知的善纳众流、器度宏大的办学才能与育才学校的兴旺。后来学校还派学生到设在重庆的中央乐团和音乐学院去学习、请教。名师出高徒，有了这批优秀的园丁，才使凤凰山上繁花似锦，育才学校培养出了大批人才。

育才学校地处穷乡僻壤，物质条件很差，怎么能请得动、留得住这么多的名人来校服务呢？这除了当时处在抗日战争大背景里外，还与许多进步知识分子聚集在战时陪都重庆有关。他们把投身育才学校，培养有为少年，视为献身民族救亡的实际行动，政治觉悟是这批优秀师资队伍教学的内在动力。而陶行知善用人才，能团结大家共同奋斗，使育才的教职员工都能各得其所，各尽所能地贡献自己的力量与才智，也是一个重要原因。

育才学校的实验内容与措施

基础知识与专业技能并重

为了“使得特殊才能的幼苗不致枯萎，而且能够发展”，陶行知在创办育才学校时就确定基础教育与专业教育并重。按学生的特长分专业编组，给以不同的专业教育。开始设立音乐、戏剧、文学、绘画和社会科学五个相当系科的组，后来又增设了自然科学组、舞蹈组与普通组。各专业组吸收有一定特长或条件的同学，普通组则吸收智力较高，但一时尚未发现某种特殊才能的儿童，一俟在学习的过程中发现其特长时，即转组学习，给以特殊培养。

陶行知在长期的生活教育实践中，日益明确了生活教育应采取“教学做合一”的原则，不应放松基础知识、基本理论的教学，相反，不论何种专业，都应学好四门共同必修课：语文、数学、外语和科学方法（相当于思想方法论）。他认为这四门基础课是掌握现代科学、开发现代文明的“四把钥匙”，是每一个学生都应认真学习的。所以学生又按文化程度编成不同年级，学习语文、数学、物理、化学、历史、地理、英语、哲学常识、音乐、体育等文化必修课（基础课）。除了共同必修课，又视不同专业规定专业课程，名曰特修课，还开设第二外语，成立各自的科研兴趣小组。如文学组开设西洋文学史、中国古代文学史、名著选读、习作。音乐组开设弦乐、声乐、键盘、视唱。自然组开设科学新知识、物理、化学、代数、几何、解析几何、动物、植物、制作（木工）、天文学。根据自然组的需要，尤重外语学习。德国科学发达，所以确定德语为第二外语。社会组开设辩证唯物主义与历史唯物主义、社会发展史、新民主主义论、整风文献等。

育才学校分专业培养人才，但“和传统的人才教育办法有所不同”。由于陶行知在培养专业人才一开始即重视基础知识和系统理论，并使二者正确结合，所以培养出来的、以后成名的专家，都是基础雄厚、造诣高深的人。

注重“知情意合一”的教育

育才学校还注重“知情意合一”的教育。陶行知针对“中国数十年的新教育是知识贩卖的教育”这个弊病，赞成并倡导“知情意并重的教育”，但他又批评那种把知情意三者“割裂的训练”，孤立的感情教育。

育才的孩子们一起跳集体舞。

注重创造教育

1941年6月出版的《战时教育》第6、7、8期合订本上，陶行知发表了《育才二周岁之前夜》的论文，提出“集体创造”的主张。他说：“集体创造的目的在运用有思考的行动来产生新价值。我们虽不能无中生有，但是变更物质的地位，配合组织，使价值起质的变化而便利于我们的运用。这也构成普通功课之一部分，使学生在集体创造上学习创造。”他将这年6月20日到7月20日定为“集体创造月”，并开始有领导、有计划地进行，要求师生们用脑又用手，“创造健康之堡垒”、“创造艺术之环境”、“创造生产之园地”、“创造学问之气候”，迎接二周年校庆。8月1日，陶行在又在育才学校宣布“创造年”开始，制订了《创造年计划大纲》和《育才创造奖办法》，提出了“一切为创造，创造为改善生活、提高生活”的号召。

这个时期，陶行知撰写了许多鼓励大家充分发挥创造性的文章、诗歌，其中最有名的是《育才十字诀》、《创造年献诗》和《创造宣言》三篇。在陶行知创造教育思想的指导下，育才学校出现了一片浓厚的创造气氛，学生激发起创造的兴趣，发挥了创造的才能，出现了创造的成果。靠全校师生自己动手，克服了物资供应上的种种困难，在不到一年的时间里，建起了露天舞台、深湾游泳池、林中讲座、环校马路等。在学业上，有儿童文学、剧本、歌曲、舞蹈、美术、史地材料、自然科学实验、科学仪器工具等方面的创作百余种，全校掀起创造风。1941年，学校还建立了“育才幼年研究生”制，招收幼年研究生27人。他们在各专业老师的指导下，进行专题研究，有的从地下发掘的残碑断砖、和尚坟墓中考证了古圣寺的历史，有的研究苏德战争，写出了长达20万字的论文，受到翦伯赞教授的赞扬。

陶行知勉励孩子们好好学习，团结起来“做追求真理的小学生”。

注重集体生活

陶行知认定要用集体生活来达到他的创造教育的理想与计划，全校师生共同创造合理、进步、丰富的生活，形成优良的学风与校风，建设理想的成才环境，并通过这种集体生活来教育儿童，引导他们团结起来做追求真理的小学生，团结起来做自觉觉人的小先生，团结起来做手脑双挥的小工人，团结起来做反抗侵略的小战士。

课堂教育与校外教育、社会活动相结合

陶行知的生活教育理论在育才学校有了多方面的发展，“社会即学校”的主张得到了进一步贯彻。有计划地开展各种形式的社会活动，是育才学校整个“教学做”活动的有机组成部分，是陶冶青少年革命情操、培养学生“生活力”的重要途径。

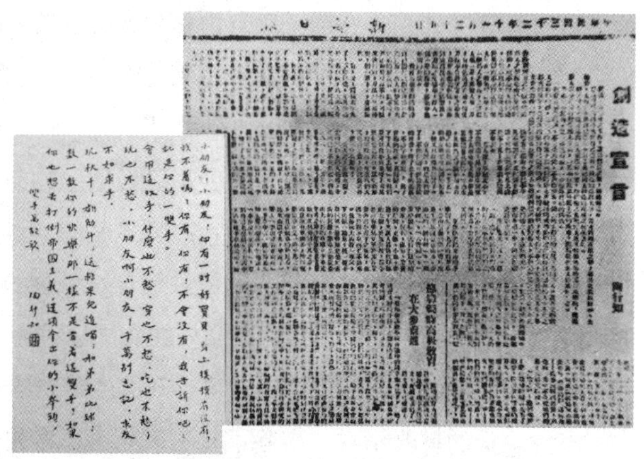
创造宣言

陶行知

陶行知在新华日报发表的《创造宣言》和鼓励儿童要有创造精神的《双手万能歌》。

为使课堂教育与校外教育、社会活动有机地结合起来，育才学校有计划地定期组织学生深入社会、接触实际，并规定每个星期一下午，有时加两个晚上，学生须分批去搞社会调查，开展群众工作，让学生养成与工农群众打成一片的感情与习惯。具体方法因时而异，多数是去附近农村，也有去工厂的。更多的是到附近农村去，分头访贫问苦，送教上门，送医上门，治疗小病小伤，教农民、小煤窑工人及他们的子女识字、唱歌，讲抗日道理，打扫卫生。同学们亲切地称这些活动为“走亲戚”。“走亲戚”对同学们帮助很大，也受到老百姓的欢迎。育才学校还组织见习团去工厂、农村、艺术团体、科研单位等调查、实习，最后，以见习成绩向全校及社会汇报。

校外活动更有影响的是各组结合专业、发挥特长，开展各类宣传活动。绘画组的同学们在“为老百姓而画”的响亮口号鼓舞下，背起画夹到民间去，“到老百姓的队伍里去画，跟老百姓学画，教老百姓学画”。他们成立了“育才美术团”、“儿童美术团”，举办“抗敌儿童画展”，得到了各界的好评，重庆《新华日报》于 1942 年 1 月 12 日在第 2 版还作了专题报道。冯玉祥将军专门写了《小艺术家赞——为育才学校儿童画展而作》加以赞扬。

音乐组经常到校外举行演奏会，据当时重庆《新华日报》报道，从 1940 年到 1946 年 6 年中仅在重庆即举行了 14 场音乐会。戏剧组的活动也很出色，他们常到外地公演。每次演出，从前台到后场，从布景到灯光、效果，一切由学生自理。这样的演出，对育才学校的师生来说，既是政治上生动的自我教育，也是有益的艺术实践，从“做”中学习。舞蹈组虽然建立较晚，也不甘落后，演出不少进步的歌舞剧。文学组更是全校创作、宣传活动中的骨干，他们先后组织了“佚名社”、“榴火社”、“浪花社”，开展文艺创作、举行诗歌朗诵会，配合抗日宣传。社会组同学在城市、集镇作街头演出，收到了很好的效果，成为一支救亡宣传的轻骑兵。自然组的同学，也进行了富有专业特色的社会活动。

他们运用学到的知识，开展了凤凰山林木普查，给各类树木逐棵挂上牌子，标出学名、俗名、差别、特性和用途等，然后请专家与老农鉴定。同学们还在老师的指导下，建立"鸟类迎宾馆"、"昆虫招待所"、"植物园"、"水族馆"等，对动植物的习性分类研究。他们还研究从凤凰山到北温泉十几公里区域的植物与土壤，为种植业提供可靠数据，直接为农民、为农业服务。他们还举行兴趣盎然的"谈天会"，观察星斗，共同探索太空的奥秘。他们还开展科普宣传，通俗讲解自然科学的历史，如爱迪生的历史，他怎样发明电影、留声机等生动故事。育才学校的女同学，还帮助附近村落成立"妇女合作社"，有组织地制鞋、缝衣，送到城市出售，开辟生财之道，还帮助妇女扫盲读书。

多种多样的社会活动，破除了先生教死书、学生读死书的沉闷空气，培养了学生理论与实践密切结合的思想方法，增强了同劳动人民的亲密联系，大大提高了学习兴趣。学生在教学做合一的学习生活中，感到的不是枯燥无味，空洞无物，而是生动具体，饶有兴味，越学越有趣，越学越有劲。这样的学习生活，使青少年的德智体美劳全面发展，知情意的培养高度统一。

育才学校的创办投入了陶行知极大的心血，与之相关有这么一个"抱着爱人游泳"的故事：

1941 年，米价涨到了育才学校开办时的五十倍，陶行知被迫将大部分精力放到募捐筹款上。他忧虑万分，日渐消瘦。

为了节流，全校只好降低伙食标准，以稀饭葫豆度日。孩子们个个面呈菜色，瘦弱不堪。为了给孩子们增加一点营养，陶行知请伙房想办法，尽量买一点价廉物美的食品。

育才小先生上门教农民子女读书，学习"做自觉觉人的小先生"。

育才学生在演活报剧《朱大嫂送鸡蛋》。

舞蹈组演出后合影，前排右三为舞蹈组主任戴爱莲。

伙房的师傅想了半天说："买点猪血吧，一角钱可以买一大桶，营养也好。"于是，大家经常吃猪血汤。猪血汤没什么滋味，吃得多了，有些孩子见了就皱眉头。

一天中午，又吃猪血汤，一个小女孩对着汤发愣，许久才喝一口。陶行知和大家坐在一起喝猪血汤，见小女孩坐着，慈祥地摸摸她的头："怎么？吃不下？"小女孩苦着脸摇摇头。

"猪血可是好东西呀！你见过那些贵妇人吗？她们脸上搽胭脂，把脸涂得红红的，自以为很好看，我们吃了猪血，脸上会出现健康的红晕，这叫'科学胭脂'，人就会显得又健康又美丽。你想不想变得很漂亮？"

小女孩不好意思地笑了，她捧起碗，一口气喝掉了猪血汤。

第二天在朝会上，陶行知向全校师生报告学校的困难情况说："由于物价

育才学校的教育方法受到中共中央和延安教育界的重视。延安《解放日报》等报刊广泛宣传育才学校的新教育。

飞涨和反动派的封锁迫害，学校经费已面临山穷水尽难以维持之境。但为了人才幼苗的培养，我不怕反动派的恐吓威胁。除非整个中华民族都没有饭吃了，那时也只有大家饿死。育才一定要办下去，决没有自动停办之理。为了生存，让我们努力！勒紧裤带，开源节流，共度难关！”

“我们只有稀饭葫豆，恐怕会坚持不住，吃一点猪血汤，可以增加一点营养和抵抗力。同学们，为了坚持下去，让我们要一点‘科学胭脂’吧！”以后，凡是食堂吃猪血汤，大家争着喝，再无人皱眉头。

朋友们见陶行知越来越瘦，整日为学校奔波，担心他的健康，纷纷心疼地劝他：“环境如此艰难，丢下育才吧！你何必顶着石臼做戏，抱着石头游泳呢？”

陶行知笑了，他说：“不，你们说错了。我是抱着爱人游泳，爱人怎么能丢掉呢？一定要抱着爱人游泳，游过急流险滩，到达胜利的彼岸。”

育才学校实验的影响与评价

育才学校是陶行知在继晓庄师范、山海工学团之后创办的又一所新式学校。陶行知在该校从事的生活教育实验，在理论和实践两个方面都取得了丰硕成果。

从理论方面来看，陶行知在育才学校的生活教育实验，突出集体生活和政治教育，注重教师的主导作用，强调基础知识与专业技能并重，这都较晓庄师范、山海工学团时期有了长足的进步，表明陶行知的生活教育理论正在克服前此的某些不足，进一步深入

陶行知和育才学生在一起。

美国援华联合会赠送大批儿童读物给育才学校。陶行知与美国友人一起把图书分发给孩子们。

1945 年 10 月 11 日，毛泽东到重庆谈判后返回延安时，陶行知等到机场欢送。右一为陶行知，右二为陈诚，左一为张治中。

轰轰烈烈的抗战生活，与时代的任务相统一，业已步入一个新境界，变得更加丰满成熟。

从实践方面来看，陶行知在育才学校的生活教育实验，注重培养追求真理、追求进步的青年，培养勇于为祖国、为人民奉献生命的革命战士，造就了一大批杰出人才。育才学校从 1939 年开办到 1946 年陶行知还健在时，共招收学生 410 人。他们后来的去向，据不完全统计，去延安革命圣地的有 22 人，去中原、华北、苏北、皖南、浙东、云贵等根据地的有 76 人，去川东华蓥山同江姐开辟革命根据地的有 23 人，参加《新华日报》社工作的有 10 人，在成渝一带参加地下革命斗争的有 13 人。总计有 140 多人走上直接的革命工作岗位，占总数的 1/3 强。此外，有许多同学也都在不同的条件下为人民服务，不少人在艺术、科学、文教部门成为出色的专家学者与领导干部。

1943 年初，育才学校处境困难，陶行知身体不好。周恩来托人送去一套南泥湾垦荒的照片，并送给陶行知一件延安自纺自织的毛线衣，给了陶行知巨大的关怀和激励。

创办社会大学，“在明民德，在亲民，在止于人民之幸福”

社会大学的创办缘起与经过

抗战胜利后，国内进入一个新的阶段，出现了一个短暂的和平时期。毛泽东亲临重庆与蒋介石谈判，签订了《双十协定》。《协定》提出：“以和平、民主、团结、统一为基础……长期合作，坚决避免内战，建设独立、自由和富强的新中国”，召开政治协商会议，协商国事。当时，和平与民主是全国人民的愿望。

为了促进重庆的民主运动的开展，陶行知主持的生活教育社等团体，每周星期六在管家巷28号育才学校驻渝办事处举办民主讲座，周恩来等人也曾去讲过形势和任务问题。许多来听讲座的进步青年，要求进一步组织起来，系统地学习革命理论。青年们的要求，由金秀堤、周西平、陈作仪、王性容等向中共中央南方局负责青运的刘光作了汇报。刘光很支持，要大家想办法，组成学习的团体。1945年12月，当金秀堤等向陶行知汇报青年要求组织起来学习的心愿时，陶行知具体地提出创办一所以培养在职青年为主的文科夜大学的设想。陶行知说：“有这个计划已经十年了，但过去政治条件不允许，现在政协成功了，可以办了。”不久，由陶行知和方与严召集茶话会，专门研究筹办社会大学的问题。陶行知在会上阐述了办社大的意义和方法。会后，就由金秀堤、翁维章、李企实、章增扬、徐健等出面，在一次民主讲座上提出筹办社大的倡议，得到了热烈的响应。

由于各方面的积极支持，整个筹备工作只进行了20多天，于1946年1月15日，社会大学在重庆市管家巷28号院内开学了。在举行开学典礼的那天，冯玉祥、张澜、沈钧儒、史良、饶国模、任宗德等到会讲了话，周恩来也亲自出席。时有学生197人。

社会大学的办学宗旨与培养目标

陶行知认为，办好一个大学，必须具备三个条件：要有热心的教授，要有好学的学生，要有正确的办学宗旨。对此，他借用四书上的一句话，加以修改，赋予新的内容。他说：“大学之道，在明民德，在亲民，在止于人民之幸福。”

社会大学的培养目标就是要培养既愿意接受大众领导，又能领导大众的人才。换言之，就是培养能为大众服务的人，使社会上各种人都成为对社会有用的人才。

关于社大的教育方针，李公朴与陶行知商议后提出，以人格教育、知识教育、组织教育、技术教育等四项为社大的教育方针。李公朴具体解释：人格教育是以革命的人生观和正确的宇宙观的建立为中心，而这又是四项教育的重点、核心。知识教育以社会科学，特别是政治经济学为主。组织教育就是培养和发展每一个人的组织能力。技术教育着重自动的、集体的学习方法。

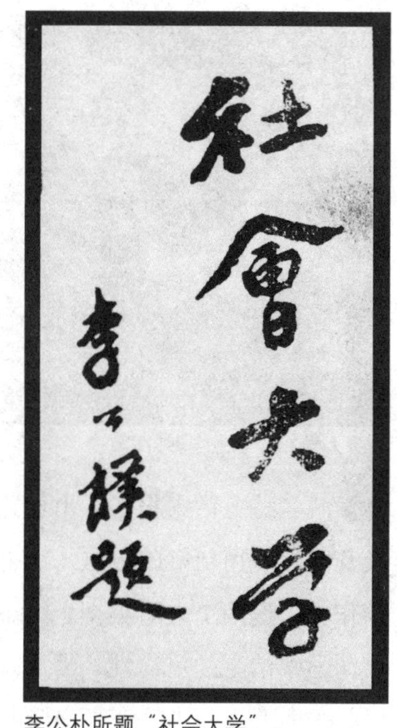

李公朴所题“社会大学”。

社会大学的实验条件与组织机构

根据陶行知提出的“自己来发起，自己来筹款，自己选校董，自己选校长”的办法，民主集议决定请冯玉祥、张澜、沈钧儒、饶国模、任宗德、史良、陶行知、李公朴诸人为校董，公推冯玉祥为董事长，推举陶行知为校长、李公朴为副校长兼教务长（李去昆明后，由方与严继任教务长），又在常来听民主讲座的青年中，选金秀堤、周西平为教务工作人员，翁维章为部务工作人员。在中共的支持和各界进步人士的赞助下，很快聘齐了一批教授。在重庆社会大学任教的有翦伯赞、华岗、邓初民、许涤新、王昆仑、侯外庐、罗克汀、章乃器、何思敬、徐荇、宋云彬、杨晦、胡风、何其芳、骆宾基、黄芝岗、力扬、艾芜、曹靖华、潘菽、孙起孟、李公朴、陶行知、方与严、孙铭勋、陈翰伯、张友渔、宣谛之、章汉夫、于刚、潘天亮、田汉、巴金等人。还有许多著名人士也到重庆社会大学讲学。邓颖超也被请去讲了妇女问题，秦邦宪、邓发、冯玉祥、黄齐生、丁怀（乔冠华）等也作过专题讲座。

关于社会大学的入学与招生问题，陶行知说过，只要能听讲又能记笔记，便有入学资格。在正常情况下，学生是来一个，收一个；来两个，收一双；来一千，收一千；来一万，收一万。重庆社会大学基本上是按照这一原则来招生的。学生多为职业青年，有小报童，公共汽车售票员，在码头上干苦力的小力夫，剧团里的小演员等等。由于当时的客观环境，每个学生的入学都要有一位政治上倾向进步的人士作介绍，以避免国民党特务分子混入。不过，进入社大要履行一定的入学考试手续。考试内容为：(1) 论文一篇，题目是《民主世界与新中国之创造》；（2）中文自传一篇；（3）英文自传一篇；（4）口试（政治审查方式之一）。对一些有志为民族解放而求学的青年，考试分数略微放宽。对一些政治上别有用心的人，严加审查。据了解，当时重庆市政府有关部门，为控制社大，

社会大学部分学生合影。

专派两名特务前来报名。由于这两人是一位国民党要员介绍的，不能明加拒绝。陶行知及其同仁就用巧妙的方法，让他们参加考试，要求他们用英文写一份详细自传，并作一篇作文，这两个人对英文一窍不通，只得灰溜溜地走了。由于入学审查严格，保证了社大同学政治上的可靠性，为后来在严重的白色恐怖下坚持斗争打下了基础。为了统一编班，一般要求新生具有高中毕业水平，以便入学后，能按大学一年级课程上课。

学校的经费有三个来源：一是由中共中央南方局拨付开办费；二是由陶行知以“生活教育社”名义出面募捐；三是向学生收一点学杂费，每人每期两万元（在当时约可以买三四十碗面），确有困难的可以减免。学校的开支也很节省。教师基本上是尽义务，许多教师将每小时一千元的讲课费（时称“车马费”）也捐给了学校。办事工作人员也都由学生们自己担任，无须另外开支。

校舍是借育才学校绘画组的几间教室，作分系上课用。另外，用毛竹篾席夹了一个可容四五百人上全校通课的“礼堂”，名曰“奎杓堂”，此堂也兼作育才学校的学生饭堂。

社会大学的实验内容与措施

重庆社会大学是陶行知成人业余教育思想的一种实践，也是“生活教育”理论的创造性实践。这不仅表现在学校的筹建原则是立足于实践中自己创造，自己动手，自己筹款，简便易行；更重要的是体现在教育内容、教育方法上。他们除重视专业知识的学习外，还十分重视学习革命的理论和实践。

学制

社大的学制主要有三个特点：（1）按学生的特长和兴趣爱好分系。一期分四个系：

政治经济系、文学系、教育系和新闻系。原拟办民间艺术系，因报考学生不多，遂并入文学系。第二期因抗日战争胜利，大批公私单位复员和裁撤，工作变动，所以学生流动很大，减少了教育系。第一期入学学生中，计政治经济系74名，文学系54名，教育系40名，新闻系29名。（2）上夜课。社大学习是每天晚上6时半至9点50分，上4节课。社大实际上是个夜大学。（3）修业期限，原拟每学期16周，全部修业8个学期，共计2年零8个月。第一学期因受胜利复员影响，提前两周结业。

课程设置

社大的课程分类：一是公共必修课，各系都要学，采取上大课的办法进行；二是各系专修课，当时因热心的教授很多，都是知名学者，存在“因人设课”的现象，不免重复和庞杂，但各位教授讲授的内容各有侧重，各有特色，仍很受欢迎；三是专题讲座，即把原“生活教育社”举办的星期六“主讲座”改为社大专题讲座，后因华岗教授离渝，他在星期二讲授《近百年史》的时间，改作专题讲座时间。专题讲座有全校的，也有各系办的，非本校学生有一定的介绍、证明关系也可以参加听讲，听众有时达到四五百人。

专题讲座的老师及专题有：秦邦宪的《辩证唯物论的几个法则》，邓发的《解放区民主政府的工业和劳工政策》和《欧洲职工运动》（出席世界职工大会后的考察报告），田汉的《西南地区的文化活动》，于怀（乔冠华）的《国内局势问题和国际局势的关系和影响》，柳湜（陕甘宁边区政府教育厅长）的《边区民主教育的新气象》，郭沫若的《我怎么研究古代史》等。冯玉祥、沈钧儒、章伯钧等人也都来作过专题报告。

第二期继续任教的有张友渔、于刚、罗克汀、艾芜、邓初民、力扬、何其芳等，增聘的教授和所开课程（包括顶替离开教授的课程）有林辰的《中国文学史》，丁易的《语文学》、《新闻写读》，李光诒的《新闻采访》，田伯萍的《新闻编辑》，张友渔的《新闻学概论》与《时事分析》，孟超的《戏剧选读》，屈楚的《戏剧概论》，聂绀弩的《文学概论》，沈起予的《西洋文学史》，李紫翔的《民主政治与民主宪法》。其他如柳倩、熊复、田家、王亚平、陈白尘、郭则沉、梁漱溟、马哲民、洪沛然、于在、甘祠森、何鲁、老舍、漆鲁鱼等老师也授过课和作过专题报告。

从上述课程设置的内容和授课教授的阵容可以看出，社大教学的知识性、战斗性和针对性是很强的。教授们在讲授中都很注意联系实际。如许涤新在讲授《经济学》中，就以马克思主义政治经济学的观点分析了当时中国社会的经济形态。邓初民在讲授《中国政治问题》中，着重阐释了毛泽东《论联合政府》的基本观点，联系分析了当时旧政协的有关问题。何思敬在讲授《宪法》中，着重批判了国民党的《五五宪草》，等等。不仅使同学们提高了基本理论知识，也更认清了当时时局中的各种问题。

社会大学的课程不限于这些专业课，还十分重视社会实践，并把这种实践与当时的革命形势和革命斗争紧密地结合起来。早在1936年抗日战争全面爆发前，陶行知就说过，民族解放大学校可以说从生到死，是一个终身的过程，它的主要一门功课，就叫“民族解放教学做”，也可以说是“救国教学做”。先生教什么？教救国。学生学什么？学救国。这门功课所包括的内容，都是以民族解放的实际行动为中心，有计划有组织的各种实际行动的过程，这些“便是这个大学的课程”。

重庆社会大学也同样非常重视革命理论的学习和社会革命的实践。例如，社大新闻系的学生除学新闻学概论、编辑学、采访学等专业课程外，还参加社会调查、时事政治问题的讨论和一些专题辩论，并利用各种机会进行写作采访等实习。虽然重庆社会大学是处在国民党政权统治区的战时首府，学生的实习受到很大限制，但在中国共产党南方局的领导下，通过统一战线，尽量为社大的同学提供实习的条件，如中共的机关报《新华日报》、民主同盟的《民主报》，都为社会大学的学生提供了发表消息、通讯、文章、影评、剧评的条件。那时，《民主报》有些领导人，虽有国民党这样或那样委员的头衔，但工作人员中有不少编辑、记者都是共产党员、进步人士，特别是那些报纸的副刊，往往是掌握在中共地下党员手中，相互暗中联络，就成为社会大学学生发表调查报告、政治经济论文和文学艺术作品的一个渠道和平台。

尤其重要的是，同学们都积极参加了当时革命斗争的社会实践。除了许多同学各自在中共地下党组织的领导下，参加地下斗争之外，社会大学作为一个集体，是站在当时民主运动的前列的。社大一成立，就组织同学们参加了“沧白堂事件”和“较场口事件”的组织工作和保卫工作。1947年初，又参加了“抗暴运动”的示威游行和宣传活动，有十多人被敌特毒打致伤，更有政经系的韦德富同学因此被捕，后牺牲在敌特“中美合作所”的集中营。社大还组织同学到农村参加武装斗争，筹集经费，采购军械、医药、电讯器材，支持武装斗争。另一部分同学参加各期《挺进报》的发行和收听消息、编刻、印发的工作。他们协助中共川东地下临委，做好迎接解放的各方面的工作。

学习与考核

社大实行“自学为主、教授为辅”，提倡“学、教、做”结合，强调“主动、实践、集体”。各系均编成学习小组，实行学习互助，开展课堂讨论，进行专题研究。当时，

大闹沧白堂有感

石头奈何

主人要谈话，

公仆摔石头；

纵被石打死，

死也争自由。

三十五年二月二日

民之所好好之

民之所恶恶之

教人民进步者

拜人民为老师！

陶行知

“沧白堂事件”发生后，陶行知写了《大闹沧白堂有感——石头奈何》一诗。

专题研究比较风行，题目都是结合实际选定的，如“中国封建社会问题”、“哲学问题”、“文学上的现实主义问题”等。此外，校、系学生自治会还组织读书研究组、时事研究组、戏剧研究组、音乐研究组等，学生可自由选择参加。各系都办有壁报，每周一期，刊载同学们的学习心得和研究报告。社大第二期新闻系还办有油印的《社大新闻》。它交换学习情况、反映同学中的动态以及对当前政治上有关问题的表态。社大也有社会实习，如新闻系就是到《新华日报》去实习的。

学期终结时，从五个方面进行了考核考试。（1）对本学期的每门课程，根据“学、教、做”结合的精神，写出心得，说明学到什么，教给了别人什么，做到了什么，作一个学习总结。（2）问题回答。实行开卷考试，可以翻阅资料，允许交换意见，留给撰写时间，但要求写自己的真正认识。（3）各小组写出小组学习总结，作为集体的答卷。（4）组织集体专题研究。每个专题组织 2—7 人不等，自选题目，自由组合，分头准备，集体研究，写成报告。（5）每人写一篇一学期来学习、生活的态度和作风上的自我反省。

采取这样的学习内容和学习方法，同学们都很有兴趣，很自觉。虽然同学们在白天沉重的工作负担之余，晚上又有浩繁的学习任务，但大都进行得生动活泼，表现得生龙活虎，感到“日新又日新”，收获很大。

社会大学实验的中止

社大这样性质的学校在重庆出现，对于国民党政权来说，显然是一个危险的“异端”。它一方面受到中国共产党的领导和各界进步人士的关怀和热情支持，一方面遭到国民党政权的极力破坏。这两种力量在社大身上表现出鲜明的对比，形成了尖锐的斗争。

国民党政权是不甘心社会大学存在的。早在成立之初，1946年2月16日，教育部就“训令”重庆市教育局“视察”社大。3月7日视察大员一来，就左右挑剔，一说社大不像大学，二要社大履行立案手续，三要社大筹备基金。教育部并有社大“设备简陋”的批语。对此，陶行知说，说“简”则有之，我们承认。只有简才容易行。特别是在中国，不需要一些东西，如住房、基金、立案之类的阻挠，要新的大学之道，“君子为之，何陋之有”？把他们顶回去了。

国民党政权发动全面内战之后，对社大的迫害越来越严重，最后终于下了毒手。1947年3月1日，国民党政权查封《新华日报》、包围中共四川省委的次日，又武装搜查育才学校城区办事处并查封了社会大学，就这样扼杀了仅仅存在一年零一个半月的社会大学。

社会大学实验的影响与评价

社会大学是抗日战争胜利之后在中共中央南方局支持下由陶行知创办的一所新式学校。它从诞生之日起，就成为当时重庆民主运动的一座堡垒，成为陶行知生活教育理论的实验基地。尽管其存在时间不长，但对生活教育理论和实践的发展起了重要作用。

陶行知在社会大学的生活教育实验，提出了两种社会大学理论（即有形的社会大学与无形的社会大学），具体论述了有形的社会大学的内容，包括夜大学、早晨大学、函授大学、新闻大学、旅行大学、电播大学等等。这是对生活教育理论中“社会即学校”思想的具体化和丰富化，对于当今中国推展非正规教育，使更多的适龄青年有求学深造的机会，具有重要的启示意义。

社会大学的生活教育实验，也推动了当时的民主运动，培养和造就了一批革命干部。不少师生为人民解放事业英勇战斗，奋不顾身，在敌人屠刀下壮烈牺牲，谱写了可歌可泣的一页。幸存下来的人，终于迎来了解放，并参加了建设社会主义祖国的伟大事业。

独具特色、富有原创性的生活教育学说

生活教育学说的来源

生活教育学说是处于半殖民地半封建社会的特定历史条件下，陶行知本着救亡启蒙的双重目的，在反传统教育和反洋化教育的斗争中，在长期的生活教育实践基础上，从中国的具体国情出发，通过充分借鉴中外各种教育思想的精华和总结自己教育实践的宝贵经验，所创建的独具特色的现代教育理论体系。它是一种反帝反封建、实现民族独立、民主自由和国家富强的特殊的战斗武器，曾在新民主主义革命斗争中发挥了巨大的作用。

生活教育学说是由概念范畴、命题原理和具体主张三个方面的内容构成的。生活教育的概念范畴是陶行知对教育这种客观社会现象的最普遍本质的概括，主要有“生活”(起始范畴)、“教育”、“社会”、“学校”、“教”、“学”、“做”、“合一”、“劳力”、“劳心”、“教人”、“教己”等。生活教育的命题是对范畴要素的初步展开，主要有“生活即教育”、“社会即学校”、“教学做合一”、“在劳力上劳心”、“以教人者教己”、“即知即传”、“自觉觉人”、“手脑合一”、“行知合一”、“真善美合一”、“知情意合一”、“智仁勇合一”、“政富教合一”等。其中，“生活即教育”“社会即学校”和“教学做合一”这几个核心命题，则为生活教育的三大基本原理。而生活教育的具体主张，则是对这些命题原理的进一步发挥和展开，主要体现在平民教育、乡村教育、幼儿教育、女子教育、职业教育、师范教育、高等教育、成人教育和创造教育等方面的

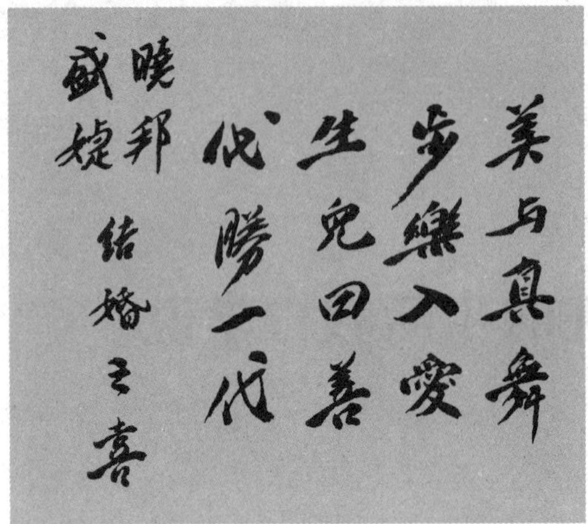

陶行知追求“真善美”合一。图为为他的两位学生结婚所作贺诗。

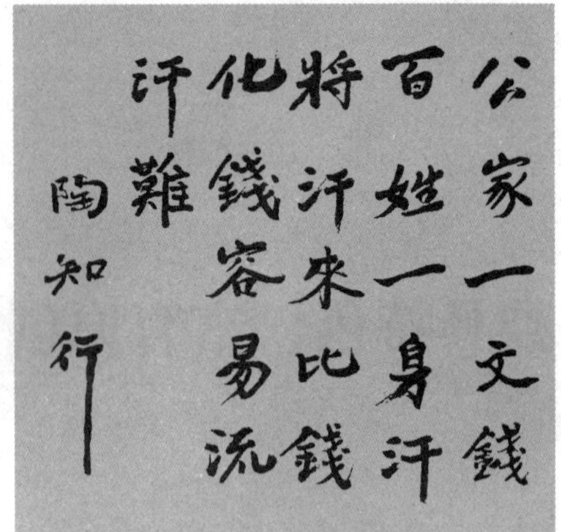

陶行知手书所作诗篇。

许多具体论述。而以上各种主张的精髓，是民主第一、全民教育、全面教育和终生教育这四大基本原则。它们一起构成骨骼分明、血肉丰满的生活教育学说体系。

“生活即教育”“社会即学校”的来源

从总体上说，在陶行知以前的教育发展史上，教育经历了一个与人民大众生活由融合到逐渐分离的过程。

在原始社会，教育与生活、学校与社会是融合在一起的。当时，由于劳动工具十分简陋，生产水平很低，人们的劳动只能维持自身的生存，社会上没有剩余产品，生产资料为氏族公有，没有阶级和剥削，人们共同劳动，共同消费，过着平等的集体生活。当时也不存在脑力劳动与体力劳动的分工，没有文字和书籍，没有专门的教育机构和专职教师。年轻的后代是在生产劳动和社会生活的实践中，接受长辈的教育。教育内容和方法非常简单，一般是结合着生产和生活实践，通过成年人的言传身教对儿童个别进行的。教育对全氏族儿童一律平等，没有阶级性。当然，这时教育与生活的融合还极为初步、简陋。

进入奴隶社会以后，教育与生活、学校与社会就分离了。随着生产力的发展，社会上有了剩余产品，出现了脑力劳动与体力劳动的分工，出现了剥削阶级和被剥削阶级，并产生了国家。国家产生以后，统治阶级需要一种专门机构培养其官吏和士人。这样，

1923 年，陶行知和姚文采在南京创办安徽公学，提倡“以人教人”，师生“共学、共事、共修养”，“共生活、共甘苦”。

专门的教育机构——学校教育也应运而生了。奴隶社会的教育具有明显的阶级性。只有奴隶主子弟能入学校学习，而劳动人民子弟只能在生产劳动和日常生活中，跟长辈学习一些为人之道和生产劳动的知识与技能。当时，学校教育同劳动人民原始形态的教育是并存的。奴隶主通过学校传播统治阶级思想，让自己的子弟学习统治阶级的意识形态、行为规范、伦理道德、射御戎战等治人之术，把他们培养成国家大大小小的统治者，而劳动人民原始形态的教育，主要是通过家传形式或师徒制传授生产经验和一些粗浅的文化知识，为社会培养劳动力，以维系社会生产的延续和发展。

到了封建社会，教育与生活、学校与社会出现进一步分离。在中国两千多年的封建社会中，只有封建统治阶级的子弟才有条件入校学习，而大多数劳动人民的子弟因交不起“束脩”而被排斥在学校大门之外。劳动人民基本上还是通过父传子、师带徒的形式，在生产劳动和社会生活实践中接受教育。自汉武帝确立“独尊儒术”之后，孔子首创的儒家思想成了占统治地位的正宗思想，儒家的经典变成了历代学校的教育内容。历代的选士和科举，虽在形式上或重经义，或重诗赋，或用八股取士等有所不同，但在内容上大都限定以“四书五经”儒家经典为标准。封建统治者通过科举控制了全国的教育，用儒家的封建伦理思想奴役人民，使教育服务于培养忠于封建主的奴才，因而也使学校逐渐成为科举的附庸，导致教育内容日趋形式化、教条化，更加脱离人民大众，脱离生活实际。

1840 年鸦片战争以后，由于西方列强的入侵，中国开始由封建社会沦为半殖民地半封建的社会，从而也产生了半殖民地和半封建的文化教育。清末以来，在资产阶级革命派和维新派的推动下，出现了废科举、兴学校的教育改革运动。颁布了新学制，翻译了不少外国的教科书，引进了从赫尔巴特到杜威等西方教育理论和方法。这些对中国教育从传统向现代过渡都起了某些积极的作用。但由于中国仍处于半殖民地半封建的社会历史条件下，整个国家教育的性质和面貌并没有得到根本的改变。在当时的新式学堂里，声光化电代替了子曰诗云，但读书做官、死读书等传统教育思想仍然支配着学校，学校与社会严重脱节，“老八股教育”和“洋八股教育”合流，教育仍然严重脱离社会生活实际，尤其是脱离人民大众的生活实际。正是在这样一种历史背景下，针对传统教育和洋化教育的弊端，陶行知提出了“生活即教育”“学校即社会”的主张。

“教学做合一”的来源

陶行知认为，传统教育注重机械灌输，呆读死记，重教轻学，脱离实践，重知轻行，手脑两分，层层考虑，束缚学生。教学中采取填鸭式教学法（又叫注入式教学法），不顾学生实际情况，一味死灌，教师讲，学生听；教师写，学生抄；教师问，学生答；教师主宰整个教学过程，学生毫无任何主动性和积极性。而且，“先生教而不做，学生学而不做”，教师为教而教，学生为学而学，教与学都与“做”脱离，轻视行动，手脑分家，“教用脑的人不用手，不教用手的人用脑”，读书的人除劳心以外，不去劳力；除读书以外，不去做工，以致不能生产，而“作工的人除劳力以外，不去劳心，除做工以外，不去读书，以致不能自保其利益，而受他人的横搜直刮”。针对这一问题，陶行知在倡导“生活即教育，社会即学校”的同时，又提出了“教学做合一”的主张。

生活教育学说的形成与发展

陶行知“生活即教育”、“学校即社会”、“教学做合一”的立论又是在一定的理论背景下提出来的。这个理论背景就是20世纪上半叶杜威“教育即生活”、“学校即社会”、“从做中学”等实用主义教育思想在中国教育界的广泛流行。

“教育即生活”是杜威实用主义教育学说的基本原理和主张。这一思想是杜威针对20世纪初叶美国学校教育严重脱离社会生活实际的现状，以及英国教育家、社会学家斯

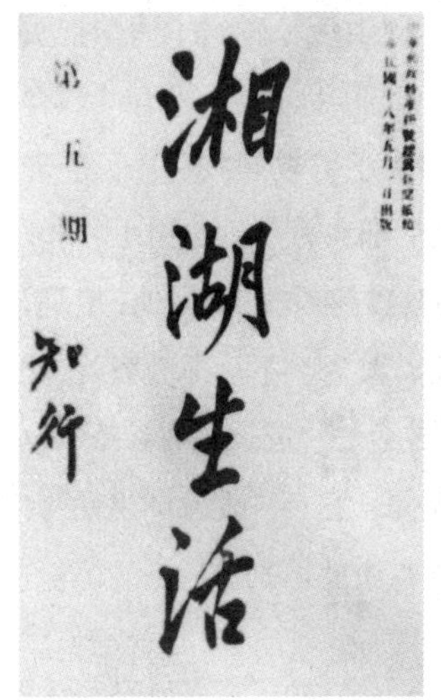

浙江湘湖师范校刊《湘湖生活》，由陶行知亲笔题名。

宾塞“教育是将来生活的预备”的主张而提出来的。杜威基于实用主义的经验论，认为“教育就是经验的改造或改组。这种改造或改组，既能增加经验的意义，又能提高后来经验进程的能力”。他把教育视为从已知经验到未知经验的连续过程，是经验不断增加的过程。经验的获得又总是和社会生活实践分不开的，因而“教育是生活的过程，而不是将来生活的预备”。由此出发，他进一步提出“学校即社会”、“儿童是中心”和“从做中学”等主张。这些教育主张对于改革美国的传统学校教育，以适应当时处于急剧变化中的美国社会的发展，曾起到一定的积极作用。

20世纪20年代前后，伴随着民主政体的建立，资本主义经济的初步发展，中西文化交流的日益加强，杜威“教育即生活”、“学校即社会”等实用主义教育思想也逐渐传入中国。民国元年，经蔡元培等人的介绍，实用主义教育思想开始传入中国。五四运动期间，杜威来华讲学，一时间，杜威实用主义教育思想风靡全中国。“教育即生活”、“学校即社会”、“从做中学”等主张，成为中国教育界的口头禅。

不容否认，在封建传统教育思想仍然在中国教育界占有某种支配地位的历史条件下，在生活自生活，教育自教育，学校自学校，社会自社会，两者渺不相关、毫无联系的情况下，杜威的“教育即生活”、“学校即社会”、“从做中学”等实用主义教育思想被引进到中国来，以反对中国传统教育中的形式主义，是具有某种进步意义的，也的确产生一定的积极作用；但是“教育即生活”、“学校即社会”、“从做中学”等主张毕竟是杜威针对20世纪初美国教育所存在的问题而提出的，是美国社会文化环境的产物，且不论其政治倾向是资产阶级的，哲学基础是非科学的，即使其基本内容多有合理之处，也不能完全适合中国的国情，真正解决中国教育所存在的问题。

基于此因，陶行知经过一番亲身体验之后，终于翻然醒悟，痛下决心，从“教育即生活”、“学校即社会”、“从做中学”的信奉者一变而为批判者，针锋相对地提出了他的有名的“生活即教育”、“社会即学校”、“教学做合一”主张。他曾讲过，我可以说“教育即生活”是杜威先生的教育理论，也是现代教育思潮的中流。我从民国六年起便陪着这个思潮到中国来。八年的经验告诉我说：“此路不通。”在山穷水尽的时候才悟到“教学做合一”的道理，所以教学做合一是实行“教育即生活”碰到了墙壁把头碰痛时所找出来的新路。“教育即生活”的理论至此乃翻了半个筋斗。……没有“教育即生活”的理论在前，决产生不出“教学做合一”的理论。但到了“教学做合一”的理论形成的时候，整个教育便根本改变了方向。这个新方向是“生活即教育”。他还指出：“教育即生活这句话，是从杜威(John Dewey)先生那里来的，我们在过去是常常用他，但是，从来没有问过这里边有什么用意。现在，我把他翻了半个筋斗，改为‘生活即教育’。”由此可见，陶行知的“生活即教育”、“社会即学校”、“教学做合一“主张是对杜威“教育即生活”、“学校即社会”、“从做中学”主张直接改造的结果。它与“教育即生活”、“学校即社会”、“从做中学”既有某种思想上的联系，也有本质的区别。

生活教育学说的三大命题

“生活即教育”是陶行知教育学说的基本原理之一，在陶行知生活教育学说的整个理论体系中占有中心位置，居于主导性地位。

“生活即教育”的内涵

概括起来主要包括如下三层意思：

第一，从生活的角度说，“生活含有教育的意义”。陶行知认为：“教育的根本意义是生活之变化。生活无时不变即生活无时不含有教育的意义。因此，我们可以说：‘生活即教育’。”所谓“用生活来教育”，就是承认生活的教育作用，相信生活含有教育的意义。

生活怎样起教育的作用？陶行知指出：“过什么生活便是受什么教育”，“过康健的生活便是受康健的教育；过科学的生活便是受科学的教育；过劳动的生活便是受劳动的教育；过艺术的生活便是受艺术的教育；过社会革命的生活便是受社会革命的教育”。又说：“过好的生活，便是受好的教育；过坏的生活，便是受坏的教育；过有目的的生活，便是受有目的的教育”。他强调把自己“放在社会的生活里，即社会的磁力线里转动，便能通过教育的电流，射出光，放出热，发出力”。

第二，从教育的角度说，“教育以生活为中心”，通过生活来进行，以求得生活的

1928年秋，陶行知创办了第二所乡村师范—浙江湘湖师范，先后委派晓庄学生操震球、程本海、方与严、王琳、李楚材等赴湘师办学。图为湘师校舍。

向前向上与提高。陶行知把教育与社会生活实践紧密联系起来进行考察。他认为，生活与教育是同一过程，教育不能脱离生活，生活也不能脱离教育。有什么样的生活就应有什么样的教育，教育的内容应根据生活的需要。他猛烈抨击文字、书本为中心的传统教育和洋化教育，提倡以“生活为中心之教育”。在他看来，文字、书本只是生活的工具，不是生活的本身，教育即来源于生活，由生活产生，文字、书本不能喧宾夺主，作为教育的中心内容。他指出传统教育和洋化教育的“文字中心之过在以文字当教育”，把教育等同于读书，“以为文字之外别无教育”，其实错矣。文字、书本只是求知的一种工具，生活中随处是工具，随处都有教育的内容。只有在生活中求得的教育才是活的、有用的教育。

他主张，教育要通过生活来进行，“用生活来教育”。也就是说，“要想受什么教育，便须过什么生活”。如果“过的是少爷生活，虽天天读劳动的书籍，不算是受着劳动教育；过的是迷信生活，虽天天读科学的书籍，不算是受着科学教育；过的是随地吐痰的生活，虽天天写卫生的笔记，不算是受着卫生的教育；过的是开倒车的生活，虽天天谈革命的行动，不算是受着革命的教育。我们要想受什么教育，便须过什么生活”。只有使教育与社会生活实践切实结合起来，在生活中进行教育，教育才能发出力量而成为真正的教育。

第三，从生活与教育的关系说，“生活决定教育”，“教育改造生活”。陶行知说：“从生活与教育的关系上说，是生活决定教育。”又说：“教育就是生活的改造。”所以，生活决定教育，教育改造生活。两者相互推促，共同前进。

1929 年 12 月，上海圣约翰大学授予陶行知科学博士荣誉学位，表彰他在中国教育科学研究方面的杰出贡献。图为陶行知穿过的博士服。

“社会即学校”的内涵

首先，从社会的角度说，“社会含有学校的意味”。或者说，“以社会为学校”，“把整个的社会或整个的乡村当做学校。”这是“社会即学校”的基本含义。陶行知根据他的“生活即教育”，进一步指出：“到处是生活，即到处是教育；整个的社会是生活的场所，亦即教育之场所。因此，我们又可以说：‘社会即学校’。”

他认为，传统的学校教育，最大的弊病是脱离社会生活实际。他对于脱离社会生活实际的学校教育深恶痛绝，说：“没有生活做中心的教育是死教育。没有生活做中心的学校是死学校。没有生活做中心的书本是死书本。在死教育、死学校、死书本里鬼混的人是死人——先生是先死，学生是学死！先死与学死所造成的国是死国，所造成的世界是死世界。”依他之见，无论是“老八股”还是“洋八股”的学校教育，好比鸟笼一样将学生圈套在狭小的范围里与社会生活隔绝，与人民大众的生活实际无关，是仅仅服务于少爷、小姐、政客、书呆子的特殊学校，只有少数“有钱、有闲、有面子的人才能进去的”。为此，他主张拆除学校与社会之间的“高墙”，把学校从“鸟笼里”解放出来，与整个乡村、整个城市、整个国家、整个世界、整个宇宙相联系，与人民大众的生活实际相联系，打破当时少数统治者对学校的垄断，使教育不再成为“少爷的手杖，小姐的钻戒，政客升官的梯子，书呆子的轮回麻醉的乌烟”。

另一方面，从人民大众的现实处境来看，“社会是大众唯一的学校，生活是大众唯一的教育”。并说“课堂是既不许生活进去，又收不下广大的大众，又不许人动一动，又只许人向后退不许人向前进，那么，我们只好承认社会是我们的唯一的学校了。马路、弄堂、乡村、工厂、店铺、监牢、战场，凡是生活的场所，都是我们教育自己的场所”。这样一来，“我们所失掉的是鸟笼，而所得的倒是伟大无比的森林了。为着要过有意义的生活，我们的生活力是必然的冲开校门，冲开村门，冲开城门，冲开无论什么自私自利的人所造的铁门。所以，整个的中华民国和整个世界，才是我们真正的学校咧。”

其次，从学校的角度说，“学校含有社会的意味”。也就是说，学校要“了解社会的需求”，与社会生活实际紧密结合起来，为社会改造和发展服务。

陶行知对脱离人民大众生活实际的学校多有批评。他在《攻破普及教育之难关》一文中指出：“一个乡下先生住在一个破庙里教死书，就好比是一只孤鸦。他无意也无暇与农人交接。他教他的书，对农人的一切是不能过问。他所办的学校是与社会隔离。学校不能运用社会的力量以谋进步，社会也没法吸收学校的力量以图改造，双方都失掉互济的效用。这种孤僻的学校，普及了也没有意思。”他主张对这种学校来一个彻底改造。

陶行知对改造旧学校、建设新学校作了大量的努力。他一生办了各种类型的新学校，如安徽公学、晓庄学校、湘湖师范、山海工学团、育才学校、社会大学等等。在这些学校中，学校与社会生活建立了密切的联系，并伸张到大自然里，与社会和大自然的“血脉”是“自然流通的”。

最后，从社会与学校的关系说，“运用社会的力量，使学校进步；动员学校的力量，帮助社会进步”。两者互相影响，一道进步。这与陶行知对生活与教育关系的认知是完全相同的，都体现出陶行知教育学说中的辩证思想。

陶行知认为，传统“学校与社会中间是造了一道高墙。改良者主张半开门，使‘学校社会化’。他们把社会里的东西，拣选几样，缩小一下搬进学校里去，‘学校即社会’就成了一句时髦的格言。这样，一只小鸟笼是扩大而成为兆丰花园里的大鸟笼。但它总归是一只鸟笼，不是鸟世界。生活教育者主张把墙拆去。我们承认，‘社会即学校’。这种学校是以青天为顶，大地为底，二十八宿为围墙，人人都是先生都是学生都是同学”。他特别强调道：“不运用社会的力量，便是无能的教育；不了解社会的需求，便是盲目的教育。倘使我们认定社会就是一个伟大无比的学校，就会自然而然地去运用社会的力量，以应济社会的需求。”

就两者关系而言，“学校不能运用社会的力量以谋进步，社会也没法吸收学校的力量以图改造”，这样一来，“双方都失掉互济的效用”。这种学校和社会当然都应改造，只有改造了它们本身，它们才有可能真正地相互推促，共同前进。

“教学做合一”的内涵

什么是“教学做合一”？陶行知指出：

教学做合一是生活现象之说明，即是教育现象之说明。在生活里，对事说是做，对己之长进说是学，对人之影响说是教。教学做只是一种生活之三方面，而不是三个各不相谋的过程。同时，教学做合一是生活法，也就是教育法。它的含义是：教的方法根据学的方法；学的方法根据做的方法。事怎样做便怎样学，怎样学便怎样教。教与学都以做为中心。在做上教的是先生，在做上学的是学生。在这个定义下，先生与学生失去了通常的严格的区别，在做上相教相学倒成了人生普遍的现象。

既然教与学都以“做”为中心，那么，什么是“做”？陶行知说：

“做”字在晓庄有个特别定义。这定义便是：在劳力上劳心。单纯的劳力，只是蛮干，不能算做；单纯的劳心，只是空想，也不能算做，真正的做只是在劳力上劳心。我们做一件事便要想如何可以把这件事做好，如何运用书本，如何运用别人的经验，如何改造用得着的一切工具，使这件事做得最好。我们还要想到这事和别事的关系，想到这事和别事的相互影响。我们要从具体想到原理，从我相想到共相，从片断想到系统。

由此可见，“教学做合一”并非只重视实践的技能而忽视理论知识，只强调个人的狭隘经验而轻视间接的经验和系统的知识。它强调的是教育是以社会生活实际的“做”为中心，行动（劳力）和思想（劳心）结合才能取得“真知”。这种主张有助于加强理论与实际的联系，加强教育与生产劳动、社会生活的联系，培养学生手脑并用，消除劳心与劳力的对立，促进人的智力、体力和谐发展。

生活教育学说的具体主张

陶行知在教育理论方面不仅提出了“生活即教育”、“社会即学校”、“教学做合一”三大原理，还在民主教育、科学教育、乡村教育、师范教育、终生教育、创造教育、教育实验等方面提出了许多具体主张。这些具体主张，是他的“生活教育”命题原理的进

Saint John's University.
Shanghai, China.
Be it Known that the President and Faculty of the University have conferred upon
Tao Chi Shin the degree of Honorary Doctor of Science
President
Representative of the Board of Trustees
Secretary of the University Council
Chairman of the Board of Directors

上海圣约翰大学。

圣约翰大学授予陶行知的科学博士荣誉证书。

一步发挥和展开，丰富和完善了他的生活教育理论，使之达到了半殖民地半封建中国教育理论所能达到的最高的理论高度，不仅有力地推动了当时的教育改革和发展，而且成为新中国重要的教育思想资源，对当代中国的教育改革和发展产生了积极的影响和作用。

民主教育思想

陶行知为了办人民的教育，他首先与人民打成一片，做到“人民化”。他曾任20世纪20年代初中国最有名的两所大学之一的南京高等师范学校（今南京大学前身）的教务主任、教育科主任兼教育系主任，做过名牌大学的教授，还一度干过全国性教育团体——中华教育改进社的主任干事和中华教育文化基金董事会执行秘书，有很高的社会地位，有优裕的生活环境，但他为了办人民的教育，毅然放弃了这一切。他脱下西装革履，穿上布衣草鞋，到贫穷落后的农村去办教育，与“牛大哥”同睡，自找苦吃。他当年在美国留学的同窗孙科、蒋梦麟、胡适、朱经农等人一个个在仕途上飞黄腾达，他却自觉地、心甘情愿地一步步“向下走”。尽管学校越办越低，职衔越来越小，生活越来越差，但他始终不以为然，矢志不渝地走为人民办教育的道路。他没有自己，只有他人；没有家庭，只有社会；没有索取，只有奉献。他是人民的仁者、智者、勇者、圣者。正因如此，所以他“富贵不能淫，贫贱不能移，威武不能屈，美人不能动”。

陶行知对大众教育的提倡和实践，开辟了一条人民教育的新路线。他把教育的对象由过去的少数统治者及其子弟转到广大的劳动人民尤其是农民及其子弟，把教育的目的由过去的培养剥削者和统治者转到培养具有生活力和创造力，为民族、为人类谋利益的新人，把教育的重心由少数的大城市转到广大的乡村，把教育的内容、方法等改造得适合人民大众实际生活的需要，把办教育的依靠者由反动统治阶级转到人民大众自身，这就改变了旧教育的性质与格局，给中国数千年的教育带来了一场根本性的变革。这不仅在中国教育史上，就是在世界教育史上，也是史无前例的。

陶行知有着强烈的人民意识和民主精神。他坚决反对教育脱离人民大众，反对教育为少数统治者服务，主张“教育为公”、“文化为公”，坚持教育为人民大众服务的方向。他沿着“五四”新文化运动的“民主与科学”这一方向继续迈进，回国后即从事平民教育、乡村教育和普及教育等运动，努力使广大人民群众（尤其是占中国人口 85% 的农民）获得受教育的机会。他反对封建“礼教”和“理学”教育，采取多种形式和途径（如推广国语和新文字等），对民众进行思想启蒙，还大力提倡女子教育，争取妇女受教育的权利。

抗战胜利后，他对教育民主化作了进一步探索。他积极提倡民主教育，以实现“人民大众做主，为人民大众服务”的宗旨，并将民主教育的要点和方法归纳为：教育为公以达到天下为公，教育机会必须均等；教人民肃清法西斯细菌；启发觉悟性；培养创造力，以实现创造的民主和民主的创造；各尽所能，各学所需，各教所知，各得其所；在民主的生活中学习民主；尽量采用简笔汉字拉丁字母；充分运用无线电及其他近代交通工具，使边远地方的人民可以享受教育；民主教育应该是整个生活的教育；承认中国是从农业文明开始过渡到工业文明，经济是极端贫穷，我们必须发现穷办法，着重穷办法，运用穷办法，以办成丰富的教育，等等。

在学校中，陶行知的办学充满了民主精神，他认为“师生共生活、共甘苦，为最好的教育”。“民主的教师必须要有：（一）虚心；（二）宽容；（三）与学生共甘苦；（四）跟民众学习；（五）跟小孩子学习；……肃清形式、先生架子、师生的严格界限。”主张师生平等，重视学生在教学过程中的主体地位，强调儿童个性的发展和创造力的培养，因材施教，教学相长。在学校管理上，注意发挥教师与学生的作用，提倡“集体自治”，健全集体生活，培养学生参与未来民主政治的基础。在学制系统上，他主张从“单轨出发”，再到“多轨同归”，以后还要“换执便利”。

陶行知对民主教育的探索，给我们留下了许多宝贵的经验。他在教育的对象、师生关系、教学过程及学校管理上的不少见解和作用，都含有合理因素，应该很好地加以总结和借鉴。

科学教育思想

陶行知高度重视科学教育问题，认为科学教育是与民主教育相辅相成的，两者相互依存，缺一不可。科学教育包括教育的科学化和科学的教育化两个方面。

在教育的科学化方面，他从美国回来后，即积极从事教育实验，提倡用科学的精神来办教育，反对“沿袭陈法”的传统教育和“仪型外国”的洋化教育。他一方面身体力行，把教育统计学、教育行政学的科学原理和方法运用于日常的教育工作之中，加强教育的科学化管理；另一方面又以中华教育改进社主任干事的身份，发起组织邀请外国专家来华讲学，推行科学教育与测验。在他和胡适、蒋梦麟等人的努力下，美国著名教育家孟禄（哥伦比亚大学教授）、推士（俄亥俄州立大学教授）、麦柯尔（哥伦比亚大学教授）、柏克赫斯特（马萨诸塞州道尔顿中学教师）、克伯屈（哥伦比亚大学教授）等人先后赴华讲学，宣传各自的教育理论与方法。陶行知还于1924年倡议并主编了中华教育改进社丛书，出版了推士的《中国之科学教育》（英文）、《中国教育一瞥录》（随孟禄调查报告）、《中国全国小学概况》（英文）、《中国教育统计概览》、《中国最近教育状况》（英文）等书。从此，西方的教育测验与统计（特别是智力测验）被引进中国。教育的科学化逐步开展起来。

在科学的教育化方面，他更做了大量的具体工作。1925年，他提出“科学教育应从儿童时代入手”。1932年又指出：“科学要从小教起。我们要造成一个科学的民族。”30年代初，他创办“自然学园”和儿童科学通讯学校，编写儿童科学丛书，把科学知识送给儿童和工农群众，以后又改为“空中学校”，每周播送科学知识，并与高士其、董纯才、吕镜楼等人一起推广科学普及事业，从事“科学下嫁运动”。他在当时就已明确认识到“从农业文明过渡到工业文明，最重要的知识技能，无过于自然科学”。因此，不论形势多么严峻，条件多么困难，他都坚持科学教育。从晓庄师范到上海工学团再到育才学校、社会大学，他始终把科学列为教育内容之一，置于重要的位置。1945年，他指出：“现在的世界是一个科学的世界，整个中国必须受科学的洗礼，方能适于生存……。时机早已到来，刻不容缓，我们必须培养科学的幼苗，撒播科学的种子，使全中国遍开科学之花，丰收科学之果。”1946年，他在为生活教育制订方针时，特地将“科学的”列为四大方针之一。

陶行知早在八十多年前就清楚地看到科学教育在现代社会生活中的作用，指出“科学要从小教起，我们要造成一个科学的民族”、“科学教育应从儿童时代入手”，并积极开展教育试验和科学教育，推广科学普及事业，把科学知识传给广大人民群众，尤其是青少年儿童，这些都是非常难得的。

乡村教育思想

陶行知是我国近现代最早重视农村问题和农村教育的先进中国人之一。20 世纪 20 年代中期，他就开始了对乡村救育的调查和改革试验工作，成为中国改革乡村教育的开拓者。陶行知生活在半殖民地半封建的旧中国，亲眼目睹了中国人民尤其是农民深受帝国主义、封建主义和官僚资本主义残酷的经济剥削和政治压迫，而且在文化教育上毫无地位的状况。他深刻地认识到，中国是以农立国的国家，农民占全国人口总量的 85%，农民的地位与处境如何决定着民族的兴衰。他在中国教育界最先觉悟到，农民是中国的主体，中国教育的重点在农村。据此，他明确主张，要改造中国社会，必先改造乡村社会，要改造乡村社会，就必须使教育下乡，“用教育的力量，来唤醒老农民，培养新农民”。

怎样搞好乡村教育？陶行知提出了著名的“大联合”的思想。他说：“我们要有一个大规模的联合，才能希望成功！那应当联合中之最应当联合的，就是教育与农业携手。中国乡村教育之所以没有实效，是因为教育与农业都是各干各的，不相闻问。教育没有农业，便成为空洞的教育，分利的教育，消耗的教育。农业没有教育，就失了促进的媒介。”不仅如此，“教育更须与别的伟大势力携手，教育与银行充分联络，就可推翻重利；教育与科学机关充分联络，就可破除迷信；教育与卫生机关充分联络，就可以预防疾病；教育与道路工程机关充分联络，就可改良路政。其它不胜枚举。”他深信，只要实现了教育与有关各方的“大联合”，乡村教育就能沿着正确的方向得到迅速发展。

师范教育思想

在师范教育方面，陶行知也提出过许多正确的主张。他在中国教育界第一个把师范教育与民族的前途和国家的命运紧密联系起来，称“教育是立国的根本”，而师范教育乃“国家托命”之所在，“师范教育可以兴邦，也可以促国之亡”。

他比较全面地论述了师范教育的任务和作用，提出“教育界要什么人才就该培养什么人才”，师范教育要为教育界培养教育行政人员，各种指导员，各种学校校长、职员和各种教员，并且从师范教育自身的特点出发，对培养什么样的人和怎样培养都发表了自己的看法，强调师范生要热爱师范教教育、懂得教育规律、具有丰富的专业知识以及为人师表的高尚品德。

值得注意的是，他还是我国乡村师范的最早提倡者和创建者。他曾明确主张以乡村师范作为改造乡村生活的中心，以乡村教师作为乡村生活的灵魂，以乡村自治作为改造乡村的组织保证。他的乡村师范的理论和实践，对我国20世纪20年代以来的乡村教育和师范教育产生了广泛而深远的影响。

终生教育思想

终生教育是陶行知教育学说的一个重要思想，是其“生活教育”学说日臻成熟和完善的明显标志。

陶行知的终生教育思想包含以下两层基本意思：

第一，教育“与人生为始终”。陶行知认为，生活与教育是同一过程，人生有多久，教育也应有多久，教育“差不多从出世到老，与人生为始终”。他反对传统观点，将人生划分为彼此分离毫不相关的三个阶段，即学龄前、学龄中和学龄后，认为这必然会导致只重视学校教育，而忽略学前教育和成人教育。他抨击现存的小学六年、中学六年、大学四年的教育制度实质上是一种“短命的教育”，也批评义务教育，“不仅是四个月、一年、二年、四年”的事情。在他看来，教育不是在学校教育结束后就算完事的。它应贯穿于人生的全过程，包括贯穿于人的一生不同阶段的学前、小学、中学以及成人教育等等，应是一种“整个寿命的教育”。他主张不同阶段的教育应从纵的方面相互连接，构成一个完整系列，使人们永远“与时代俱进”。

第二，“家庭、店铺、工厂、机关、寺庙、民团、军队及现有学校做下层之教育场所。”他根据“社会即学校”的原则，倡导“动员社会上现有的一切可能动员的力量、学校及个人尽力为民众服务。庙宇、茶馆、监狱、兵营、商店、工厂、残废士兵医院、普通学校不上课时空出的教室，都应给识字小组及训练中心使用。八千万受过一段时间再教育的识字成人可作为教师，帮助家人及邻居进步”。在他看来，这些地方或机构实际上都是一种教育机构和渠道，都有教育意义，对人的发展都有重要影响。因此，他希望把各种正规和非正规的教育机构和渠道，通过横向的连接，构成一个有机的整体，以促进人的全面和谐的发展。

概括起来，陶行知的“终生教育”思想，核心是强调教育的终生化与一体化，即在纵向上，要实现从零岁开始直到老年，包括学前教育、学校教育、成人教育三个层次的一体化；在横向上，要实现家庭教育、学校教育、社会教育三个方面的一体化，以克服现存教育体制的弱点，培养和造就适应社会需要的各种人才，适应近现代中国社会政治、经济、文化发展的需要，保证“川流不息的现代化”。

陶行知主张，教育是一个终生的全过程，“差不多从出世到老，与人生为始终”，“与生俱来，与生同去。出世便是破蒙，进棺材才算毕业”。又主张教育应包括各种正规和非正规的教育的机构或形式。在重视学校教育的同时，不忽略学前教育和成人教育。在抓好学校教育的同时，又强调家庭教育和社会教育。这就使“生活教育”理论的“教育”概念，在时间和空间方面有了进一步延伸和扩大，使“生活即教育”、“社会即学校”的思想更为具体和丰富。

陶行知的终生教育思想是世界教育宝库里的一颗明珠。陶行知是现代终生教育的先驱。他的终生教育思想，不仅在中国教育思想史上，就是在世界教育思想史上，也是有突出的地位。如果说陶行知就是国际上第一个明确提出、阐述“终生教育”观念和思想的人，那么法国郎格朗就是第一个系统论述“终生教育”并使之开始成为国际性的教育思潮的人。他们都是世界终生教育思想发展史上具有里程碑意义的卓越人物。

创造教育思想

陶行知在长期的教育实践里非常重视创造教育问题，曾对创造教育作过许多精辟的论述。解放儿童创造力的教育思想是陶行知教育理论中的一个重要组成部分，其基本内容主要为这样三点：（1）应该承认儿童身上蕴藏着创造力；（2）应该从六个方面去解放儿童创造力；（3）应该从三个方面去培养儿童创造力。这些思想集中体现在《创造的儿童教育》、《实施民主教育的提纲》、《民主教育》、《小学教师与民主运动》等文章中。

“小孩子有创造力”

陶行知认为，“小孩子有创造力”，是“千千万万祖先，至少经过五十万年与环境适应斗争所获得而传下来之才能之精华，又是需要经过后天的精心培养方能充分发展的”。作为一个教育工作者，应该培养儿童的创造力，充分发挥儿童的创造力。他以自己亲身经历的事情为例，说明儿童身上蕴藏着创造力。

在晓庄师范被国民党政权勒令停办以后，教师不能回晓庄小学任职，而私塾先生又被小孩们拒绝，在不得已的情况下，小孩们自己便组织起来，推举同学做校长、教员，自己教，自己学，自己办，还自称“自动学校”。陶行知听到这个消息后，就写了一首诗去祝贺他们：“有个学校真奇怪，大孩自动教小孩。七十二行皆先生，先生不在学如在。”他写好后交给几个大学生看，众人都说诗写得很好。于是，他就将诗给自动学校的小孩寄去。第三天，陶行知收到了小孩们寄来的回信，他们认为这首诗有一个字要更改，还提出一连串的问题：大孩教小孩，难道小孩不能教大孩吗？大孩能够自动，难道小孩不能自动吗？而且大孩教小孩有什么奇怪呢？陶行知看到这封回信，非常高兴，觉得小孩们的意见是很正确的，便马上把诗句改为“小孩自动教小孩”。他由此而认识到：“黄泥腿的农村小孩改留学生的诗，又是破天荒的证明，证明小孩有创造力。”

儿童创造力的“六大解放”

陶行知认为，认识到有创造力，就应该进一步将其解放出来。否则，就会使儿童创造力这种巨大智力资源埋没在未经开垦的广袤的沃土里。这不仅是教育工作者的严重失职，也是对民族、对国家宝贵财富的重大浪费。那么，应该从哪些方面去解放儿童的创造力呢？陶行知提出了“六大解放”的建议：

解放儿童的眼睛。陶行知认为，传统的封建教育给儿童带上了一副封建的有色眼镜，使他们脱离社会实际生活，“两耳不闻窗外事，一心只读圣贤书”，成为无益于社会的“小书呆了”。所以，他指出，不要让儿童“带上封建的有色眼镜，使眼睛能看事实”。应该培养儿童对大自然进行观察，对大社会进行分析，在大自然、大社会的怀抱中，陶冶性情，锻炼意志，培养分析问题、解决问题的能力。

解放儿童的头脑。陶行知认为，儿童的创造力被固有的迷信、成见、曲解、幻想层层裹头布包缠了起来。要发展儿童的创造力，先把儿童的头脑从迷信、成见、曲解、幻想中解放出来。迷信要不得，成见要不得，曲解要不得，幻想要不得，幻想是反对现实的。那么，对于“这种种要不得的包头布”应该如何处理呢？他向人们发出了战斗号召：“要把它一块一块撕下来，如同中国女子勇敢地撕下了裹脚布一样。”陶行知郑重其事地向人们指出：“如果中华民族不想以三寸金头出现于国际舞台，唱三花脸，就要把裹头布一齐解开，使中华民族的创造力可以突围而出。”在这里，陶行知所谈的对象已不仅仅限于儿童，他已推而广之，包括青年、成人乃至整个中华民族了。他将解放头脑、发挥创造力与儿童的未来、与中华民族的未来紧密地联系在一起，这反映出他具有开阔的政治视野。

解放儿童的双手。陶行知一针见血地指出中国传统封建教育的弊病是："中国对于小孩子一直是不许动手，动手要打手心，往往因此摧残了儿童的创造力。"要根绝这个弊端，就必须解放儿童的双手。他在《手脑相长歌》一诗中写道："人生两个宝，双手与大脑。用脑不用手，快要被打倒。用手不用脑，饭也吃不饱。手脑都会用，才算是开天辟地的大好佬。"

解放儿童的嘴。陶行知认为，中国一般习惯是不多说话，儿童没有言论自由。大人说什么，小孩就听什么，就照着做。久而久之，使儿童养成一种盲从陋习。这种情况是不利于儿童成长的。"儿童应当有言论自由，有话直接和先生说，并且高兴心甘情愿和先生说。首先让先生知道儿童们一切的痛苦。"小孩子有问题要准许他们问。从问题的解答里，可以增进他们的知识。他指出："小孩子得到言论自由，特别是问的自由，才能充分发挥他的创造力。"

解放儿童的空间。陶行知认为："从前的学校完全是一只鸟笼，改良的学校是放大的鸟笼。要把小孩子从鸟笼中解放出来，放大的鸟笼比原有的鸟笼大些，有一棵树，有假山，有猴子陪着玩，但仍然是个放大的模范鸟笼，不是鸟的家乡，不是鸟的世界。鸟的世界是森林，是海阔天空。现在鸟笼式的学校，培养小孩用的是干腌菜的教科书。我们小孩子的精神营养非常贫乏。这还不如填鸭，填鸭用的还是滋养料，让鸭儿长得肥胖的。"因此，"我们要解放小孩子的空间，让他们去接触大自然中的花草、树木、青山、绿水、日月、星辰以及社会中之士、农、工、商、三教九流，自由地对宇宙发问，与万物为友，并且向中外古今三百六十行学习。"他还进一步指出："创造需要广博的基础。解放了空间，才能搜集丰富的资料，扩大认识的眼界，以发挥其内在之创造力。"

解放儿童的时间。陶行知说："一般学校把儿童的时间排得太紧。一个茶杯要有空位方可盛水。现在中学校月考，学期考，毕业考，会考，升学考，一连考几个学校，有的只好在鬼门关去看榜。连小学的儿童都要受着双重夹攻。日间由先生督课，晚上由家长督课，为的都是准备赶考，拼命赶考，还有多少时间去接受大自然和大社会的宝贵知识呢？"他明确表明了自己的态度："我个人反对过分的考试制度的存在。一般学校把儿童全部时间占据，使儿童失去学习人生的机会，养成无意创造的倾向，到成人时，即使有时间，也不知道怎样下手去发挥他的创造力了。”为此，他大声疾呼：“创造的儿童教育，首先要为儿童争取时间之解放。”

上述从六个方面解放儿童创造力的思想，陶行知曾明确概括为“六大解放”。他对“六大解放”有一个总结性的表述：“解放眼睛，敲碎有色眼睛，教大家看事实。解放头脑，撕掉精神的裹头布，使大家想得通。解放双手，剪去指甲，摔掉无形的手套，使大家可以执行头脑的命令，动手向前开辟。解放嘴，使大家可以享受言论自由，摆龙门阵，谈天，谈心，谈出真理来。解放空间，把人民与小孩从文化鸟笼里解放出来，飞进大自然大社会去寻觅丰富的食粮。解放时间，把人民与小孩从劳碌中解放出来，使大家有点空闲，想想问题，谈谈国事，看看书，干点于老百姓有益的事，还要有空玩玩，才算是有点做人的味道。有了这六大解放，创造力可以尽量发挥出来。”陶行知的这段文字，以简洁而生动的语言，形象地表述了他的儿童创造力要实行“六大解放”的思想。同时，在某种意义上，抨击了传统教育的弊病，揭露了国民党政权的专制，表明了他的反对独裁、主张民主的政治倾向。

生活教育学说的历史作用及其现代价值

作为一种与现代社会生活相适应的教育学说，生活教育在许多方面都反映了教育发展的客观规律，蕴含着不少合理因素，它的现代大教育观、主体教育论、生活课程论、实践教学法和终生教育论等，可为中国社会主义教育理论体系提供丰富的思想养分。

“生活即教育，社会即学校”——现代大教育观

生活教育的基本主张是“生活即教育，社会即学校”，认为生活含有教育的意义和作用，教育应以生活为中心，通过生活来进行，生活决定教育，教育改造生活，整个的生活要有整个的教育，而且“到处是生活，即到处是教育；整个的社会是生活的场所，亦即教育之场所”。主张冲破学校与社会之间的“高墙”，把学校的一切伸延到大社会乃至大自然中去，促进“封闭式”的教育逐步向“开放式”的教育转变，使学校与社会、教育与生活密切结合，培养真正适合社会需要的各种人才，让教育真正成为推动社会进步的力量。这种把教育深深植根于整个人类社会生活的教育观，无疑是对传统的把教育与学校完全等同的“小教育观”的彻底否定。它是一种与现代社会生活相适应并为之服

务的新型的现代大教育观。这种教育观，从横向上看，打通了学校教育与家庭教育、社会教育，使社会成为一所新型的“大学校”；从纵向上看，将个体受教育的时限从短暂的学校教育阶段延展到个体的终生，主张个体的生活教育就是个体的终生教育，其核心是社会化的教育和终生化的教育，而这两点正是现代大教育的基本特征。

培养“真善美的活人”——主体教育论

针对传统教育的弊端，陶行知把社会发展与人的发展统一起来，提出了培养“真善美的活人”这一主张。培养“真善美的活人”，具有两层含义：一是受教育者在德、智、

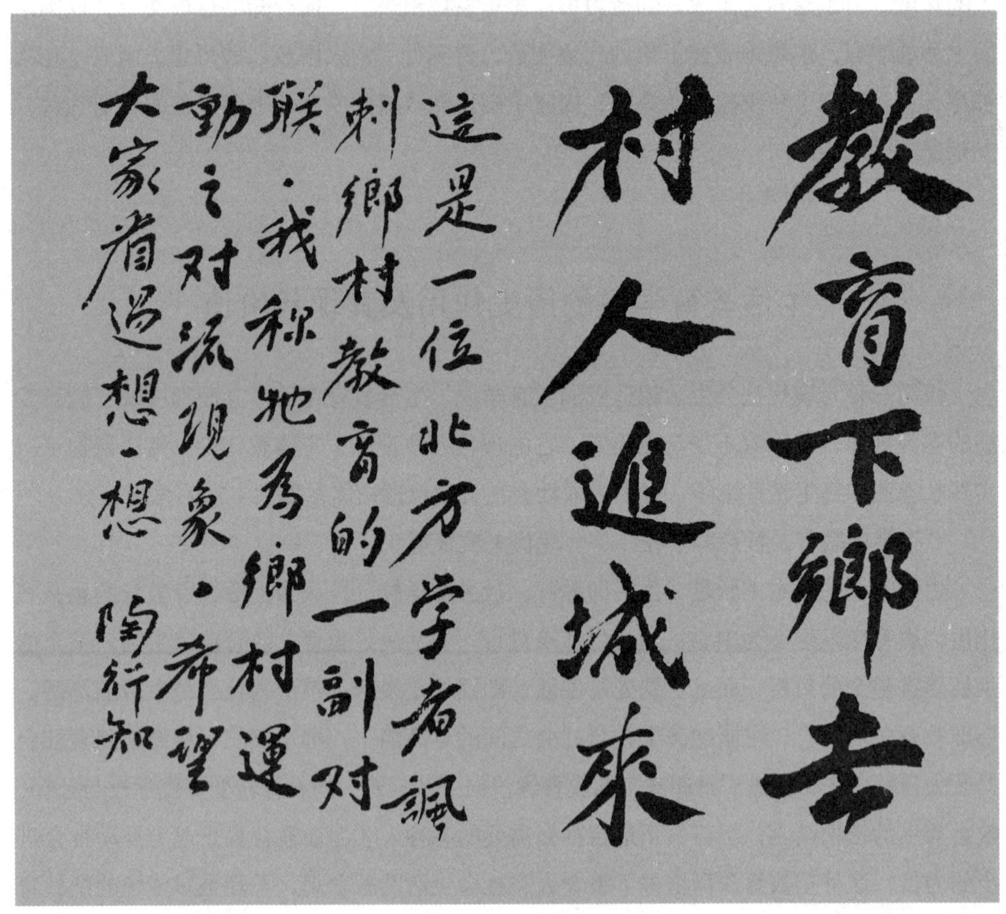

陶行知手书“教育下乡去，村人进城来”。

体、美、劳几方面的和谐发展，用陶行知的话说，要做一个“真善美的活人”必须具有“康健的体魄、农夫的身手、科学的头脑、艺术的兴趣和改造社会的精神”；一是具有主体意识、独立个性、开拓精神和创造才能的“活人”。为了培养这种“真善美的活人”，他非常重视受教育者在教育中的主体地位和作用，重视学生的个性全面发展，潜能的充分发挥和主体性的提高，强调“心、脑、手并用。学政治、学经济、学文化相结合。健康、科学、劳动、艺术及民主将构成和谐的生活”。由此可见，培养“真善美的活人”，既是陶行知生活教育学说的教育目的论，又是一种具有现代理论特质的“主体教育论”，是一种以人为中心的、民主的、全面的教育。它符合弘扬人的主体性、提高人的素质的现代教育的发展趋势，可以为具有中国特色的社会主义教育理论体系提供有益的思想营养。

“教育以生活为中心”——生活课程论

陶行知把社会生活划分为健康的、劳动的、科学的、艺术的和改造社会的五方面，并相应提出康健的、劳动的、科学的、艺术的和改造社会的五种教育内容。他并不一概否定文字和书本的作用。但他认为文字和书本只是工具，是人们社会生活实践的工具。工具是给人用的，文字和书本也是给人用的。所以，他主张“用书”而不主张“读书”，反对“读死书、死读书、读书死”。目前我们的课程论还有浓厚的书本中心的倾向，忽视生活的教育作用，忽视在生活中进行教育，忽视教育与生活的内在联系，陶行知的“生活课程论”正可弥补其不足，使之逐步合理而科学。

“教学做合一”——实践教学法

“教学做合一”是陶行知生活教育的教学论和教学法。陶行知认为，传统教育方法将教、学、做分作三项不同的事情是不对的，教学做不是三件事，而是一件事。他以“做”为中心，把教与学统一起来，主张“教的方法根据学的方法；学的方法根据做的方法。事怎样做便怎样学，怎样学便怎样教。教与学都以做为中心。在做上教的是先生，在做上学的是学生”。先生拿做来教，乃是真教；学生拿做来学，乃是真学。教与学不能分离开来。他还指出，这种“做”不同于狭义的“做”，而是“包涵广泛意味的生活实践的意思”，是人类生活中一切有意义的活动。具体说来，“做是发明，是创造，是实验，是建设，是生产，是破坏，是奋斗，是探寻出路”，还包括文艺等精神活动。

“教学做合一”的目的在于培养在劳力上劳心、手脑双挥的人，它克服了传统教育重教而不重学、重知而不重行、重教师主导作用而忽视学生主体作用的不足，有助于加强教与学的结合，学与用的结合，教育与产生劳动的结合，劳力与劳心的结合，知识分子与工农群众的结合，理论与实际的结合，促进人的智力、体力和谐发展。

“教育与人生为始终”——终生教育论

陶行知批评传统单一的教育制度是“短命的教育”。在他看来，教育不是在学校教育结束后就算完事的。它应贯穿于人生的全过程，包括贯穿于人的一生不同阶段的学前、小学、中学、大学以及继续教育等等，应是一种“整个寿命的教育”。他从“生活教育”的观点出发，认为“生活即教育”，生活与教育是同一过程，人生有多久，教育也应有多久，教育“差不多从出世到老，与人生为始终”。他说：“生活教育与生俱来，与生同去。出世便是破蒙，进棺材才算毕业。”又说：“教育最重要的成就在使众人养成一种继续不断的共同求进的决心。我们要对众人养成的态度是：活到老；做到老；学到老。”只有推行“终生教育。培养求知欲。学习为生活；生活为学习。只要活着就要学习”，“与时代俱进，才能做一个长久的现代人”。

文化艺术界刮起的“行知风”

创作别具一格的“陶派诗”，开创一代诗风

陶行知不仅是我国近现代一位著名的人民教育家，而且是一位杰出的大众诗人。他在自己半个世纪的生涯中，共创作了约七八百首诗歌，其中包括大量的政治抒情诗和教育动员诗。他撰写的诗歌大都清新流畅，明白易懂，富有音韵，朗朗上口。其诗或长或短，体裁多样；亦庄亦谐，风格各异，具有较高的思想性和艺术性，素为人民大众所喜闻乐见。

充满激情的政治诗

陶行知在20世纪二三十年代的白色恐怖时期，创作了许多政治抒情诗。这些诗歌，有的是对黑暗社会的无情揭露，充满革命精神；有的是大众生活的真实反映，满怀同情之心；有的是对人民生产的歌颂，鼓舞民众斗志；有的是对前程的美好憧憬，对未来充满信心。正如萧三所评价的那样：“国事多难，民情艰苦，诗人善感，乃发为诗。”因此，他的诗不仅通俗易懂，贴近生活，而且内涵深刻，寓意丰富。

揭露黑暗统治，同情民众疾苦

陶行知在不同时期的政治诗当中，有揭露国民党政权黑暗统治和帝国主义侵略给人民带来沉痛灾难的诗作，有反映生活在社会最底层农夫、工人、车夫、报童、老妈子等

人疾苦的作品。如《一幕悲剧》：

> 孩子，孩子，你跟他去吧，在这里要饿死。
> 妈妈，妈妈，你到哪儿啊，我快要饿死。

运用通俗的语句，刻画了国统区人民流离失所、饥寒交迫的生活。《人与煤炭》：

> 机器正开工，炉火通红。
> 人共煤炭忒相同：胖子进来瘦子出，俱入烟囱。……
> 如此人间即地狱，翻造天宫。

这首诗反映了在帝国主义剥削下的工人的痛苦生活，以此来谴责资本主义制度对工人残酷无情的剥削。1935年创作的《天上一日戏》：

> 天上一日戏，地上千万滴。百姓流汗难，老爷游戏易。自己不劳动，还要吹牛皮。

通过比较“百姓”的流汗劳动与“老爷”的悠闲逍遥，深刻揭露了旧中国社会的不

說来！「宇宙為學校(一)；自然是吾師；衆生皆同學，書獃不在茲。(二) 白日耀青天，有人田裏哼；明月出東嶺，是吾看花燈。(三) 勞力上勞心，

陶行知手书所作诗篇。

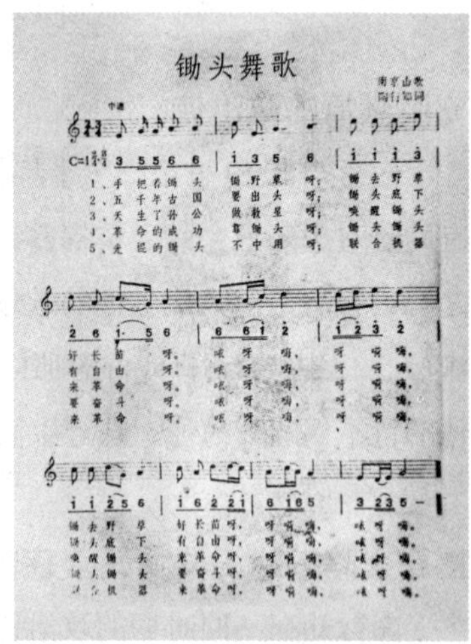

《锄头舞歌》词谱。

平等。1936 年写了《逼工》：

> 农夫愁恨比路长，农妇眼泪斗来量。三餐哪有白饭吃，肚子饿了喝米汤。
> 巡查看见发脾气，连碗带汤挥下江。……
> 三个农妇受不了，从此告别儿和娘。她们到了何处去？树上一起悬了梁。

诗中生动形象地描述了社会下层民众在经受饥寒交迫生活境遇的同时，还要遭受统治者的残酷欺压，在不得已的情况下，一些痛苦不堪的民众只好以死来解脱自己的苦难。

特别是 1944 年撰写的《富人一口棺》，更是生动逼真地反映了当时剥削阶级过着大肆挥霍和骄奢淫逸的生活，与劳苦大众的贫困生活形成了鲜明对照。诗中写道：

> 富人一口棺，穷人一堂屋。讨得富人欢，忘却活人哭。

通过这一简单而又鲜明的对比，对剥削制度进行了体无完肤的深刻揭露与抨击，以此来唤起广大民众革命意识，为打破这个不公平的社会制度而斗争。

还有许多反映民众疾苦、描述大众生活的好诗，如《农人破产之过程》、《雪中老妇》、《农夫歌》、《愁云》、《牛变为狢》、《锄头舞歌》、《镰刀歌》等，这些诗歌生动逼真地反映了农工大众的贫苦生活，可以说是一部真实的中国近现代下层民众生活史。

无情抨击内战，动员民众救国

针对国民党政权长期以来发动内战，实行“攘外必先安内”政策，陶行知作为一位进步诗人，运用自己手中的笔大胆揭露蒋介石反动本质，向全国民众奋力疾呼应为拯救民族和国家而战斗。1930 年创作的政治诗《假人》：

> 假军队，忍看山河碎。他自有本事，会杀亲姊妹。
> 假官吏，嘴上有主义。吃了百姓饭，要剥百姓皮。

以辛辣的笔触，揭露国民党军队在国难当头挑起内战，残害同胞的历史罪行；国民党政权官员腐败成风，剥削成性，不顾民众死活，导致民不聊生。

“九一八”事变之后，陶行知的诗歌发展为抗战文学，萧三在《中国的大众诗人——陶行知》中评价到：“陶诗是中华民族抗日救国联合战线之有力的工具。”此后他所写的诗歌可以说是抗战的号角。如《学习岳母》：“尤愿中华女子万万千，化作岳母教儿定中原。驱倭寇，到天边。创造新中华，自由平等幸福万万年！”旨在激励民众树立救国的伟大志向，尤其是作为母亲的妇女更应当教育子女从小立志报国。还有《九一八之夜》：

……

要拿出四万万五千万个拳头，把大盗打出中国，打出世界。

九一八之夜，用了鲜红的血孕育着这坚决的意志，大炮把我们轰醒了。

……

全民族清醒而起来自卫的意志，这斗争占领了九一八之夜，

发动了大时代之巨轮，自由，平等，幸福！炎黄的子孙，向前创造啊！

呼吁中华儿女团结起来，齐心协力，矢志不渝，坚决抗击日本帝国主义的侵略，一定要将日本侵略者赶出中国；唤醒民众，增强民族自强意识，时刻保持自卫意志，为自由而战，为平等而战，为幸福而战！

1938 年 7 月写《保卫大武汉》是陶行知在日本侵略者大肆入侵武汉，华中危急的紧要关头，通过创作诗歌来奋力疾呼，全国人民在这民族危急时刻要团结起来，用血肉铸成一道长城去抵抗日本帝国主义的侵略，并坚信只要全国人民一条心，齐心抗战，一定能够取得抗日战争的最后胜利！

山河虽破碎，国魂已联成。 ……

保卫大武汉，把血肉作中流砥柱。

血肉造成中国柱石精神，活捉日本天皇。

冲破传统观念，力争自由自立

陶行知意识到中国之所以落后，主要因为国民素质差、民主自由意识不强。要实现中华民族自强，就必须教育广大民众自立。只有国民普遍产生自由自立意识，国家与民族才可能赢得独立自主的主权和地位。为此，他着眼于民族和国家利益，从呼唤民众自

由意识入手。

1928 年陶行知为勉励青年大胆冲破传统观念的束缚，努力争取和平、自由、平等，创作了《我们要自由》：

我们要自由，我们要自由，
自由不自由，打破敌人的头。
打破敌人的头，人们终归要自由。

从中可以看出，陶行知明确告诉劳苦大众，他们之所以失去自由是专制的旧制度造成的，因此，要想真正取得自由，就必须冲破传统观念的束缚，敢于向旧世界挑战，勇于对敌人斗争。

1932 年作《献给自由世界之创造者》：

做人只做自由人，
敲钟只敲自由钟。
众生共走自由路，
海阔天空路路通。

在民族危难之际，所有炎黄子孙应当通过自己的努力争取自由与民主，决不能失去民族自由，失去人身自由。全国人民要一道为了赢得自由而努力战斗，真正成为完全获取自由与民主的国家主人。

正视现实的教育诗

陶行知不仅创作了大量的政治诗，而且还撰写了许多教育诗。这些诗作清新流畅，感情真挚，形式自由，通俗易懂，充分反映了他的普及大众教育的主张，是体现其生活教育思想的重要文献。

批判封建传统教育的空疏腐败

批判封建传统教育的腐败，是陶行知教育诗的一大主题。陶行知在 20 世纪二三十年代民族危机日益加重的情况下走上了办教育的道路，旨在为中国教育寻觅曙光，为中国教育探获生路。历史表明，封建传统教育在中国根深蒂固，盘根错节，直到近现代仍然对民众有很深的影响。作为留学归国、接受过西方现代进步教育的教育家，他更容易发现中国封建传统教育的弊端之所在。因此，他通过作诗的方式来批判中国传统教育的空疏腐败，号召民众从羁绊中解放出来。代表性的诗歌有《学生或学死》、《士之小影》、《糊涂的先生》、《敬赠师范生》等。

小孩子，那几个是学生？小孩子，那几个是学死？

陶行知幼年就读于私塾，对封建传统教育的毒害有亲身体验。后来，他又接受了西方现代教育，对封建传统教育的弊病认识得很清楚。他一针见血地指出，传统教育是“死”的教育。这一观点在《学生或学死》中得以充分体现，诗中的“学生”与“学死”，都已不是普通名词，而是具有双重意义的动词。在陶行知看来，“学生”和“学死”实质上代表着中华民族文化教育两种截然不同的前途。旧的传统教育，只能使受教育者学“死”，唯有新型进步教育，才能使受教育者学“生”，成为对民族、对社会有益的人才。这首诗在一定程度上揭露了封建传统教育的实质，吐露了对进步教育的憧憬和向往。

你这糊涂的先生！你的学堂成了害人坑！你的墨水笔下有冤魂！
你说瓦特庸，你说牛顿笨，你说象个鸡蛋坏了的爱迪生。
若信你的话，哪儿来火轮？哪儿来电灯？哪儿来的微积分？

这首诗以一种质问的语气，愤怒谴责封建旧式学校的那些冬烘先生对受教育者创造力的扼杀，对未来人才的摧残。正是这些“糊涂的先生”用教鞭、用冷眼、用讥笑，不知赶跑了多少有才华的学生，制造了多少“冤魂”。这不正是陶行知对封建传统教育毒害的有力控诉吗？

四体既不勤，五谷也不分。达则做官去，穷则教学生。

封建传统教育如此扼杀学生的创造力，只能培养出毫无才华的奴才和碌碌无为的庸才。用陶行知的话说，旧的教育是“为办教育而办教育，教育与生活分离，只能培养出四体不勤、五谷不分的士大夫”。这些人整天追逐功名利禄，成功的直上青云，飞黄腾达，成为统治阶级一分子。失败的穷困潦倒，别无长物，聊以教书为生。旧的传统教育，就是这样毒害着一代又一代的人们，上演着一幕又一幕历史悲剧。

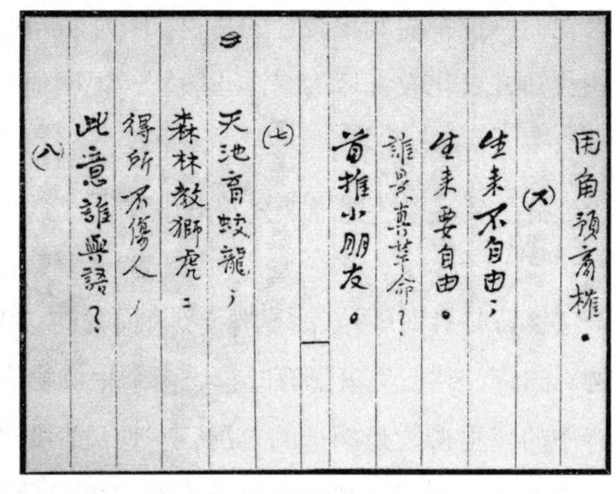
用角顯英雄。
(六)
生來不自由；
生來要自由。
誰是真革命？
首推小朋友。
(七)
天池育蛟龍；
森林教獅虎；
得所不傷人，
此意誰與語？
(八)

陶行知手书诗歌，鼓励民众争取自由。

看那专制国，民愚乃可治。要你塞其聪，个个成奴隶。

封建传统教育造成了如此恶果，那么，其根源又在何处？陶行知以敏锐的政治触角，清醒地意识到封建传统教育之所以如此，根源在于封建专制制度本身。反动统治者欲维持自己的统治，就必须实行“愚民政策”。政治上的专制必然导致文化教育上的专制，所以只有进行彻底地改革，才能结束这种“死”的传统教育，才能为中国教育找到一条活路。

揭露奴化教育的反动本质

揭露帝国主义奴化教育的反动本质，讥讽失去民族自尊心的洋奴，是陶行知教育诗的另一主题。1840 年鸦片战争后，中国逐步陷入半殖民地半封建社会的泥潭。为了维持半殖民地半封建的局面，帝国主义与封建专制统治者勾结起来，不仅在政治上、经济上、军事上结成反动同盟，而且在文化教育上也携手合作，大力推行奴化教育，以培植帝国主义在华代理人。所以，要为中国教育探获生路，不仅要抨击封建传统教育的腐败，而且要揭露帝国主义奴化教育的反动本质。这方面代表性的诗作有《拉车的教员》、《香姑的表姊说上海》、《秋柳答》和《山海工学团二周年纪念》等。

分明是教员，爱做拉车夫；拉来一车洋八股，谁愿受骗谁呜呼！

在这首诗里，陶行知将那些推行帝国主义奴化教育的人，形象地比喻为“拉车夫”，将他们所拉来的奴化教育的货色，斥为“洋八股”。谁若中了奴化教育的毒，谁就会倒霉。陶行知将奴化教育斥为“洋八股”，说明他对奴化教育持有严厉的批判态度。

这是先生自写照，诬我献舞亦奇哉！君不见吾鞭但一指，任尔东风西风都滚开。

该诗是针对胡适的《秋柳》一诗而写的。20世纪30年代中期，胡适曾作了一首题为《秋柳》的诗：“但见萧萧万叶摧，尚余垂柳拂人来。西风莫笑长条弱，待向西风舞一回。”诗中的“垂柳”是胡适的自况，“西风”是指帝国主义奴化教育。胡适早年留美，对西方资本主义制度及其文化教育抱有幻想，对帝国主义奴化教育的本质认识不清。而陶行知作为坚定的民族主义者，以代秋柳作答为名，提笔写了这首诗，对胡适表现出轻视的态度。陶诗中“东风”指的是中国封建传统教育，“西风”是指帝国主义奴化教育。这两者都必须坚决反对，表明了陶行知反帝反封建的决心。

高举新型进步教育的大旗

陶行知在批判封建传统教育和奴化教育的同时，又大力提倡新型进步教育。他将美国教育家杜威的教育理论“翻了半个筋斗”，独创了具有中国特色的“生活教育”理论。在陶诗中有不少是宣传这一新教育理论的。在这方面，代表性的诗歌有《乡下先生小影》、《诗的学校》、《手脑相长歌》、《小先生歌》、《儿童节歌》、《村魂歌》、《风雨中开学》等。

揭开革命旗，飘扬劳山侧。风云啸起处，书呆失魂魄！

这首诗名为《乡下先生小影》，创作于20世纪20年代末。该诗以宏大气势向中国封建传统教育和帝国主义奴化教育发出了挑战，明确宣布：教育改革的大旗已经“揭开”，教育改革的风暴即将来临。在这个大变革的激烈动荡的时代风云冲击下，封建传统教育和奴化教育的污泥浊水将被荡涤一尽，那些死抱着封建传统教育和奴化教育不放的人们，都将被吓得失魂落魄，一筹莫展。显然，早在20年代末，陶行知就已高擎起新型进步教育的大旗了。

宇宙为学校，自然是吾师。众生皆同学，书呆不在兹。

这是来自《诗的学校》的节选，是陶行知“生活即教育”、“社会即学校”、“教学做合一”教育思想的体现。他提倡学生走出校门，到火热的实际生活中去得到真正的锻炼。反对将学生关在教室和学校的传统教育模式，倡导学生走到大自然中去，步入大社会中去，在自然和社会中去接受真正的教育，从而增长见识，扩大视野，培养能力。

人生两个宝，双手和大脑。用脑不用手，快要被打倒。

用手不用脑，饭也吃不饱。手脑都会用，才算是开天辟地的大好佬。

这首诗集中表达了陶行知“教学做合一”的思想，他认为，教、学、做是一件事，其中做是中心。既然教学做是一回事，那么，双手和大脑就必须密切配合，不能只用脑学习，而不动手去实践。应该看到，这种“教学做合一”主张形象化表达的“手脑并用”、“手脑相长”的提法，体现了陶行知的“劳力上劳心，教学做合一”的进步教育观，它与流传中国封建社会长达两千年之久的“劳心者治人，劳力者治于人”的剥削阶级教育观是针锋相对的。这种进步的教育观，正是他身上人民性的真实反映，正是他的民主思想的充分表露，在中国教育思想史上占有极其重要的地位。

呼唤民主的革命诗

陶行知不仅是伟大的人民教育家，而且是杰出的革命诗人。他有不少诗作是极富战斗性的，通过弘扬高尚的革命精神来激发中华儿女的战斗力，以饱满的热情动员和号召全国民众起来为自由而战，为民主而战，为民族独立而战，为人类解放而战。前期代表性的诗歌有：《黄花歌》、《锄头舞歌》、《岁寒三友》、《妇女大众战歌》等。

黄花黄，黄花黄，黄花黄时万花藏。万花藏，黄花黄。

黄花黄，黄花黄，黄花黄时清朝亡。清朝亡，黄花黄。

黄花黄，黄花黄，黄花黄时民为王。民为王，黄花黄。

黄花黄，黄花黄，黄花黄时种麦忙。种麦忙，黄花黄。

这首诗是陶行知于1927年11月26日所作的一首革命诗。诗中的“黄花”是指辛亥革命前夕黄花岗烈士之“黄花”，也指工农革命之花。附带说一句，1929 年毛泽东在《重阳》一诗中有“战地黄花分外香”的诗句，也用“黄花”来赞美工农革命战争的胜利。诗中多次表达了对革命胜利、人民当家做主的希冀，也对工农革命胜利后，人民过上安居乐业的美好生活充满憧憬之情。

手把个锄头锄野草呀，锄去野草好长苗呀。
五千年古国要出头呀，锄头底下有自由呀！
天生了孙公做救星呀，唤醒锄头来革命呀。
革命的成功靠锄头呀，锄头锄头要奋斗呀！

这首诗也是陶行知于 1927 年 11 月所作的，主要是为了唤醒中国农民的革命意识，号召广大农民起来为了争取民主和自由，为了推翻反动的剥削制度，进行前仆后继的革命斗争，力争最后建立真正的人民当家做主的新中国。

走出闺房，跑出厨房，捣毁脚镣手铐的旧礼教，
打倒封建魔障，拿出我们自己的主张！
走出闺房，跑出厨房，挺起胸膛，
紧拿着我们所有的刀枪，冲向民族自救的战场！

该诗是陶行知于 1936 年创作的，旨在动员广大妇女冲破封建三大绳索的束缚，摆脱封建礼教的禁锢，走出家庭，迈出厨房，解放思想，树立独立人格，接受革命教育，真正发挥“半边天”的作用，像男子一样，紧握刀枪，冲上战场，为民族解放事业而战斗。可以说，这既是唤醒妇女革命意识的战鼓声，又是倡导妇女解放的宣言书。

抗日战争到解放战争时期，他又写了《慰劳中国战士歌》、《儿童节歌》、《献给北碚青年抗敌出征团》、《胜利进行曲》、《民主进行曲》、《古北口来的大刀》、《倒退十年歌》、《胜利带来了一切》、《炸弹》等。

东战场，西战场，原来是一体，哪怕隔万里重洋。
咱们所拼命的，同是对侵略的抵抗；咱们要贯彻的，同是民主和平的主张。

你们为西班牙伟大民族而受伤，你们流的血是自由神下凡的红光！

你们的英勇斗争，照耀到我们的心腔，好比是冬天的太阳。

你们打胜仗，便是我们打胜仗；请你们放心，祖国的责任有我们担当。

这首诗是陶行知于1938年3月1日创作，通过赞扬在西班牙战场上参加反法西斯战争的中国战士的英勇献身精神，来激励广大中国人民为正义而战、为民主而战、为独立而战的决心和信心。他们的英勇善战精神，犹如“冬天的太阳”永远“照耀到我们的心腔”，鞭策着中华儿女为取得抗战的最后胜利而浴血奋战。

站起来，抗日的小孩！长起来，抗日的小孩！联起来，抗日的小孩！

我们要帮助大人，把东洋的妖怪赶开！

赶出东四省，赶出黄海外，叫他们知道我们的厉害，我们是抗日的小孩！

……

小孩们！拿出我们的力量，捉几个小汉奸。

汉奸，汉奸，汉奸肃清了，快活似神仙。

小孩们！拿出我们的力量，省几个铜板。

铜板，铜板，少吃几块糖，为了买子弹。

这首《儿童节歌》是陶行知于1939年3月创作的，全诗的本旨是为了教育与动员广大少年儿童，从小立志抗日杀敌，打鬼子，捉汉奸，争做抗日小英雄。还要求中国少年儿童在抗战报国的同时，要养成勤俭节约的良好习惯，以便省下零钱“买子弹”，在后方支援抗日战场。这是一首特色鲜明的培养儿童革命意识和战斗精神的优秀诗篇，在当时得到广泛传唱。

陶行知写诗，别具风格，颇有些近于冯玉祥先生。这位大众诗人，开始写晓庄山歌，农民们在他的办公室引吭高歌，他就把它记录下来，然后写成自己的山歌，再唱给农民听，并请农民改正，这就是后来有名的锄头舞歌和镰刀舞歌。

由上可见，陶行知的诗，“不仅量多，而且质好”；陶行知的诗，“别有风格，非常通俗”。他虽从未以诗人自居，但新诗界没有人不承认他是中国现代“独开风气之先”的大众诗人。他的诗之所以被民众所喜爱，就是由于他大半生扎根工农大众之中，深入体验了下层民众的生活，他了解民众最需要什么样的文学作品，知晓哪些作品最能反映民众生活。正像郭沫若评价的那样，陶行知的诗作是“一部‘人民经’，它会教我们怎样做诗，并怎样做人”。陶行知的诗，既是鼓舞人民斗志的响亮号角，又是提高民众水平的良好教材。因此，可以说，在以“五四”为起点的中国新诗发展史上，陶行知是将诗歌与大众结合最紧密的一人。

创作新型教育小说，开创中国现代教育文学

《古庙敲钟录》是以文学艺术的形式来形象生动地展现生活教育模式的一本小说，曾在1932年5月21日到8月15日的《申报》上连载，1933年3月由上海儿童书局出版。这部小说是中国近现代小说史上一部难得的教育小说，整部小说共分84章，没有固定的主人公，只是以在古庙敲钟的钟儿和师范毕业来古庙任教的朱老师为连线式的人物，通过此二人来将上下文连贯起来。小说的主题是宣传教育救国理想，同时也倡导科学救国思想。

通篇小说以同情下层民众的贫困生活为基调，以宣传与传统教育完全不同的新教育理念为宗旨，通过描述钟儿和朱老师发起村民办新教育的经过，展示了20世纪30年代中国农村教育观念的转变过程。同时，也反映了在日本侵占东北的紧急关头，作为中国农村接受了新教育的农民，通过实行村民自卫等形式来进行军事训练，并高呼到东北去支援抗战的口号来表达中国人民的爱国热情。

第一，对劳动人民深表同情。小说有多处生动描写种田的农夫贫苦生活，并且表现出极大的同情。由于钟儿一天三次的敲钟声会给村里人报时，从而规定了人们一天的生活节奏：早钟催人起床，午钟叫人吃饭，晚钟提醒休息。有些穷苦的种田人劳动了一天，却没午饭吃，

《古庙敲钟录》书影。

我如何能不悲哀呢？一同被我敲醒起来种田做工的人，于今白日当天，有的是在兴高采烈地“吃午饭”，有的是在愁眉皱额地“无饭吃”。我想

到这里，连手儿都抖了起来，何能再有力量去敲这凄惨之钟？

字里行间表露出对下层民众的深切同情，并且表态自己愿作“大众的公仆，不做个人的听差”。特别是描写农村出身的钟儿初次进城不认识汽车和电灯的细节惟妙惟肖，生动形象。“我们进了城门，走不得多少路，便见一个漆黑的大东西比马还快似的冲来，把我们前面的一只老牛骇得乱跳。宋老太说，汽车来了留心些。”这些说明农村人成天面朝黄土背朝天地干农活，根本没机会到城里去开眼界、长见识，处处可见作者对劳苦大众的深切同情。

第二，展现“生活即教育，社会即学校”的教育主张。小说以叙事的方式形象地展现了“生活即教育”、“社会即学校”的教育理念，运用通俗的语言和生活中的事例来向民众阐释生活教育的相关理论。将村里的铁匠铺、砌墙的地方、菜园、老松树等工作场景和自然场景都看做是“顶好的课堂”，将铁匠司务、砖瓦司务、种菜农夫、树林老鹰等视为“先生”。陶行知通过小说的描写让人们知道生活即教育、社会即学校的新教育理念，在描写“课堂”时以敲钟工人与朱先生对话的口气讲道：

你的学堂是以青天为顶，大地为底，二十八宿为门墙，万物都是你的先生，都是你的同学，都是你的学生。我完全懂了，你打破了我的鸟笼式的小学校而给了我一个森林似的大学校。我们在这海阔天空中过生活，那是多么的快乐呀！

这就十分形象地说明了“社会即学校”的道理。同时，他还以朱先生的口气讲述了相关的教育理念，“海里的鲸鱼，空中的仙鹤，森林里的狮子是多么的自由，又是多么的幸福啊！人生得到自由也是一样的幸福。教育办到这种境界，学堂是造成天堂，小孩们是变为活神仙了。”陶行知反对传统的课堂教学和学校教育，认为传统的学校和课堂是“鸟笼”、“鱼盆”、“栅栏”，严重限制了“仙鹤”、“鲸鱼”、“狮子”的自由。他还将传统学校比作“鲍鱼罐头公司”，学生是“罐头”，老师是“罐头工人”。只有为学生创造了自由的受教育空间，才能使之得到充分的发展。也只有在这样的教育环境下，学生才能进行实践、学习和创造。此外，还体现他的普及教育思想，在古庙新教育运动中坚持有教无类、来者不拒的招生原则。

第三，“村民自卫，全民皆兵”的思想。在国难当头之际，通过兴办军事教育来宣传全民皆兵思想。他在小说中将军事生活看做是“多么重要的一种教育”，因为“它能培养大无畏的精神以打破无理的胆怯，它能培养团体生活的习惯以打破农人一盘散沙的无政府的脾气。民众在自己的武力保护下才能过合理的生活，办合理的教育。”提出了普及军事教育的最终目的就是实现“全村皆兵，全乡皆兵，全县皆兵，全省皆兵，全国皆兵”。为了实现这一目标，在其倡导实施的“六大训练”中首要的就是“普遍的军事训练,使人人成为保国的健儿”。这种村民自卫、全民皆兵的思想,是“九一八”和“一·二八”事变之后，国难日亟，要求全民皆兵奋起抗战的反映。作者以小说的形式倡导加强军事教育，从而为全民抗战奠定社会基础。

第四，争做主持公道的“人中人”。陶行知在小说中大力弘扬做“人中人”的思想，他借教人习武的张师傅的口来宣讲接受教育的人应当主持公道，反对做欺压百姓、不劳而获的“人上人”。他让每个学徒向青天起誓：“防身保国伸人道，助弱攻强平不平。我若鱼肉老百姓，天诛地灭有眼睛。”这是一种在社会上伸张正义的主张，也是教育的终极目标。教育的目的就是为培养造福民众、主持公道、助弱攻强的“人中人”，不能培养高人一等的“人上人”，也不能培养低人一等的“人下人”，即培养出一种不卑不亢、公道正派的健全人格， 造就生活在民众之中为民众服务的合格社会公民。

第五，推广科学知识的必要性。小说中通过钟儿为了把握好三次敲钟的准确时间，不断更换测量时间的器具，起初通过在地上立竹竿看影子来把握时间，后来又采用了中国古人常用的漏壶来报时。但这两种方法均不很准，然而当一位游客带来“一个圆而扁的怪物。他说这个怪物叫做表，短针每半天转一周为十二小时，长针每小时转一周为六十分，一点也不差”。这个计时器要比以往的准确多了，但又过了一段时间，又有人带来“更精细的表，一分一秒都能报告出来”。这个钟儿还自己观察和琢磨关于天象的知识和道理，还有钟儿初次进城看到汽车和电灯时的新鲜感觉等。以上描述，一方面说明民众对渴求科学知识的迫切心理，另一方面说明科学知识对下层民众生活与工作起着重要的指导作用。这是陶行知于 20 世纪 30 年代大力倡导的“科学下嫁”运动在文学作品的具体体现。

诚然，也有学者指出：“《古庙敲钟录》这部小说后半部极力宣扬陶行知工学团的主张，而由于宣传方式的单一化，人物的对话成了工学团说明书，因而，文艺性大减，并使小说文风前后不统一。不过，工学团的理论、主张，倒是通过这部小说，被宣扬得比较透彻了。”

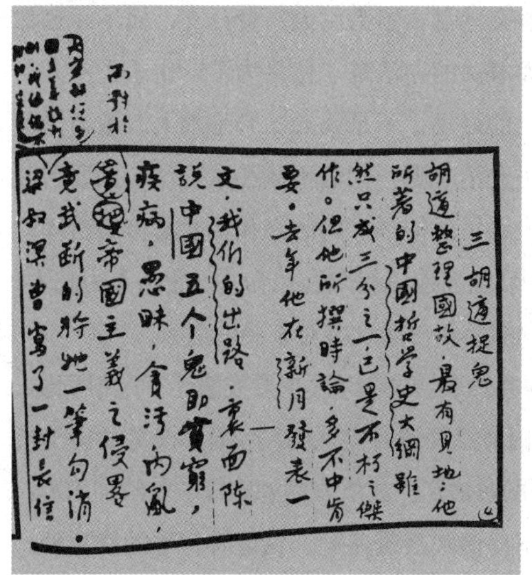

三 胡适捉鬼

胡适整理国故，最有贝地，他所著的中国哲学史大纲虽然只成三分之一，已是不朽之杰作。但他所撰时论，多不中肯要。去年他在新月发表一文，我们的出路，里面陈说中国五个鬼即贫穷，疾病，愚昧，贪污，内乱，帝国主义之侵略竟武断的将他一笔勾消。梁知深曾写了一封长信

陶行知所作杂文《胡适捉鬼》（1）。

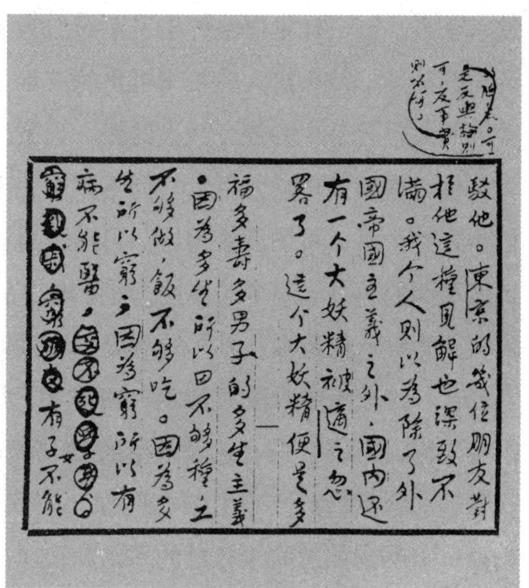

驳他。东京的几位朋友对于他这种见解也深致不满。我个人则以为除了外国帝国主义之外，国内还有一个大妖精被适之忽略了。这个大妖精便是多福多寿多男子的多生主义。因为多生所以田不够种，工不够做，饭不够吃。因为多生所以穷，因为穷所以有病不能医，……有子不能

陶行知所作杂文《胡适捉鬼》（2）。

创作杂文和散文，堪称现代杂文家和散文家

陶行知是伟大的大众文学家，他时刻站在大众的立场上，深刻地讽刺和揭露了反动当局的黑暗统治给人民带来的沉重灾难，极力弘扬正气；同时，在国难当头之时大声疾呼中华儿女要起来奋力挽救民族命运，他倡导救国，号召抗日。他创作杂文的时间跨度比较大。从发表的时间来看，主要可分为两个阶段：第一阶段是20世纪20年代中期，主要以《平民周刊》为阵地，发表了一系列反帝反封建的杂文，宣传民主，弘扬正气。第二阶段是20世纪30年代中期，主要以《申报 · 自由谈》为阵地，大部分杂文是动员民众，宣传抗日。

（一）第一阶段的杂文：围绕时政，兴利除弊

这一阶段的杂文大都发表于《申报 · 平民周刊》，从现在资料来看，陶行知的第一篇杂文是《大水是谁的罪过》，于1924年7月19日发表在《申报 · 平民周刊》。该文是在1924年九省区遭受大水灾之后而作，将矛头直指北洋政府和各地军阀。他指出，预防水灾的最有效措施是导河和植树，这两件事都需要花钱。“中国没有钱吗？钱都用在军事上去了，用到人杀人的事上去了。钱既尽用在军事上，就没有钱去治水，这叫做

放水杀人。”一针见血地抨击了军阀们为了争夺地盘，不惜巨大军费开支，而不顾自然环境的治理，结果给人民带来沉重的灾难。而解决的办法是“化兵为工；化杀人的人为救人的人；化杀人的钱为救人的钱。天下最大的好汉，不是杀人，乃是救人。敬告诸位大英雄，你们要想流芳百世，何不跟着大禹王去治水呢？你们不敢和水打仗，偏要和我们小百姓为难，可谓欺善怕恶，可谓无勇！”运用通俗平实的语言和浅显易懂的道理，讥讽军阀们热衷于军事的本性，呼吁地方军阀和长官应以民众利益为重，变杀人为救人，应有“为官一任造福一方”的意识，从而减少战争和自然灾害对人民的危害。

这一阶段主要时段为1924—1925年，其间共发表杂文21篇，主要发表于《平民周刊》，内容丰富，涉及面广。有论及政治的，如《代理国务总理违背宪法吗》、《国会议员又买卖》、《万众一心拒毒》、《国民与瞎民》、《民国的政府》；经济方面的有《赈灾附加捐》；有谈军事的，如《同水打仗的军队》、《何不提倡裁兵筑路》、《请看日本的裁兵》；外交方面有《外交团将有变化》、《英国果真退还赔款吗》、《加拉罕做第一个大使》；教育方面的杂文有《空前之全国教育大会》、《四十万的平民学生》、《同到乡下去》、《北京大学要求人权》；涉及新闻的《对于〈申报〉读者的请求》，等等。这些杂文，借用《平民周刊》这个园地来对北洋政府的黑暗腐朽统治进行抨击和批判，对帝国主义在华掠夺的本性作了无情的揭露和痛斥，对人民期盼民主的愿望表示支持和鼓励，对提高国民素质的教育表现出迫切的心情。总之，这一阶段的杂文，短小精悍，紧扣主题，语言简练，文笔犀利，而且往往将结论性的最具深刻寓意的部分放在文章结尾，既让人读后有如获至宝之满足，又让人读后有回味无穷之感觉。陶行知与鲁迅的杂文相比，陶文更贴近民众，文章可以赢得更多的读者，而且使所有能够读报的人都能读懂；而鲁迅的杂文却主要面对的是文化知识界的读者，一般的平民很难完全读懂他的杂文。这一点恰恰说明，陶行知是现代中国一位真正的大众文学家。

（二）第二阶段的杂文：主张救国，宣传抗日

这一阶段的杂文大都发表在《申报》副刊《自由谈》。1931年陶行知从日本潜回上海后，受史量才之聘担任《申报》总管理处顾问，在他的建议下《申报》增设了《自由谈》副刊。陶行知以“不除庭草斋夫”为笔名，故而自由谈栏目取名“不除庭草斋夫谈荟”。他在该栏目发表的第一篇杂文是1931年9月2日的《不除庭草斋夫》，最后一篇是1932年1月31日的《敬告国民》。这一阶段共计发表杂文104篇。这个阶段的杂文主要以倡导爱国，主张救国，宣传抗日，拯救中华为主题，这是“九一八”之后，中华民族处于危

难之际，作为一个爱国知识分子出于民族责任感而发自内心的一种呼唤。他一连发表了数十篇反对内战，宣传抗日的杂文，号召全国民众团结起来，共同抵御外来侵略。代表性的作品有：《傅将军到哪里去了》、《屡败屡战》、《战时的功课》、《读锦西义勇军绝命宣言有感》、《观战》、《青年自动援马抗日团》、《创造中之中华民族》、《敬告国民》等。也有高扬民族气节的《史督师对国民的训话》、《中国的人命》、《车夫老王》等；还有一些是宣传科学的杂文，或者以介绍国外著名科学家的事迹为内容，或者以讲述科学原理为主题，着力向民众宣传科学知识和道理，以期通过振兴科技来达到向工业国过渡的目标，进而实现民族自强。代表作有《爱迪生之死》、《怎样学爱迪生》、《法拉第》、《富兰克林》、《化磁为电》、《工业文明》等。

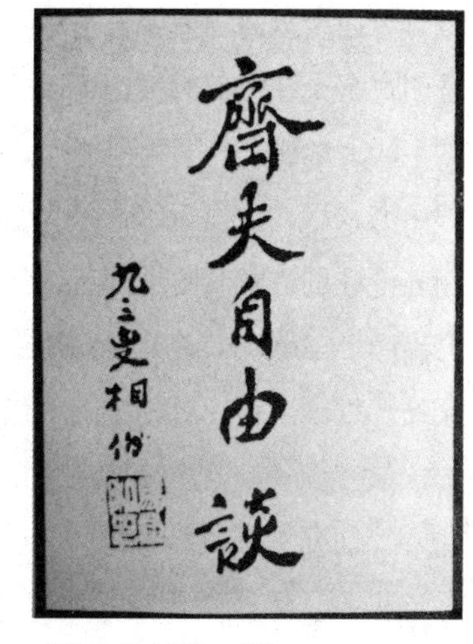

《斋夫自由谈》书影。

这些杂文，以满腔热忱和爱国情怀，大声高呼民族团结、爱国民主、抗日救亡，大力倡导科学救国，字里行间洋溢着作者的救国激情、对抗战的呐喊和对科学的崇尚。这些杂文，以“闪光的思想、独特的艺术，在30年代中国杂文文坛异军突起，发挥了革命文学的战斗作用”，进一步奠定了陶行知是现代文学家的突出地位，向国人充分展示了一个文学家陶行知的形象。

陶行知不仅擅长作诗歌、写杂文，而且经常通过写散文来向人们表达自己的心声。他的散文形式多，种类杂，自由多变，不拘于形式，只求表达自己的思想。综观陶行知的散文作品，大致可分为四大类：一是文学类散文，二是演讲类散文，三是书信类散文，四是序跋类散文。从中可以看出，陶行知散文的特点是范围广、形式多、种类全、思想丰。

第一，文学类散文。这类散文的代表作是《创造宣言》，陶行知于1943年创作这篇散文，旨在激发育才学校师生的创造力。文章引经据典，旁征博引，通过中外历史上若干名人在各个领域的非凡创造成就，来激发广大青年的创造动力和创造信心。通过各个行业的创造来引出教育对创造力的迫切需求，凸显了教育所需要的创造更加独特，教育要创造的是“真善美的活人”，因此，教育的创造更重要、更特殊。他提出教育的创造包括两方面：一方面，教师的成功就在于“创造出值得自己崇拜的人”，而且在教育活动中教师与学生可以通过创造性劳动，可以取得“先生创造学生，学生也创造先生”的良好效果。另一方面，教育者还要创造出值得自己崇拜的理论和技术。他运用广泛的国内外成功人士的经验，来证明每个人在任何时候都可以去取得创造性成果。他针对“环境太平凡了，不能创造”、“生活太单调了，不能创造”、“年纪太小，不能创造”、“我是太无能了，不能创造”、“山穷水尽，走投无路，陷入绝境，等死而已，不能创造”等一些借口，引用了大量的事例来论证创造随时随地都有，创造人人都能，只是看你是否愿意踏踏实实去行动。最后，突出一个主题：“处处是创造之地，天天是创造之时，人人是创造之人。”该篇散文文笔流畅，哲理丰富，堪称中国现代散文的杰作。有的段落非常精彩，比如：

> 有人说：环境太平凡了，不能创造。平凡无过于一张白纸，八大山人挥毫画他几笔，便成为一幅名贵的杰作。平凡也无过于一块石头，到了飞帝亚斯、米开朗基罗的手里可以成为不朽的塑像。
>
> 有人说：生活太单调了，不能创造。单调无过于坐监牢，但是就在监牢中，产生了《易经》之卦辞，产生了《正气歌》，产生了苏联的国歌，产生了尼赫鲁自传。……
>
> 有人说：我是太无能了，不能创造。但是鲁钝的曾参传了孔子的道统，不识字的慧能传了黄梅的教义。慧能说：“下下人有上上智。”我们岂可以自暴自弃呀！可见无能也是借口。蚕吃桑叶，尚能吐丝，难道我们天天吃白米饭，除了造粪之外，便一无贡献吗？
>
> 有人说：山穷水尽，走投无路，陷入绝境，等死而已，不能创造。但是遭遇八十一难之玄奘，毕竟取得佛经；粮水断绝，众叛亲离之哥伦布，毕竟发现了美洲；冻饿病三重压迫下之莫扎尔特，毕竟写出了《安魂曲》。绝望是懦夫的幻想。……
>
> 所以，处处是创造之地，天天是创造之时，人人是创造之人。让我们至少走两步退一步，向着创造之路迈进吧。

此外，这类代表作还有《护校宣言》，该文创作于1930年4月国民党政权强行封闭晓庄师范后，陶行知在愤慨中写下这篇散文式的宣言，印成传单散发于全国各地，并在华北、东北等地的报刊上刊载。文中指出：“晓庄的门可封，他的嘴不可封，他的笔不可封，他的爱人类和中华民族的心不可封。”他号召晓庄的师生和关爱晓庄的人们，“大家一致起来爱护晓庄，爱护人权，爱护百折不回的和平奋斗，爱护教人做主人的革命教育，爱护向前向上进之时代革命，爱护自由平等的中华民国之创造，爱护人人有工做，人人有饭吃，人人有水仙花看的理想社会之实现”。

第二，演讲类散文。陶行知从就读于金陵大学期间参加演讲比赛开始，直到临终前，他几乎演讲了三十多年。在国难当头之际，他不仅在国内经常演讲，而且赴欧美争取外援的演讲，深受海外华侨、外国朝野的欢迎。即使在临终前的百天之内，他仍然坚持讲演上百次。他的演讲稿均是很好的散文，观点鲜明，思想深邃，逻辑严密，声情并茂，富有极强的感染力、说服力和鼓动性。而且大部分演讲稿在演讲后，便刊载于各种报刊。如《新中国与新教育》就是他于1936年7月16日在新加坡世界新教育会议上所作的演讲，向全世界教育界介绍了中国遭受日本入侵的形势与处境、国内人民的解放运动、中国的出路以及新中国的新教育等。《中国的抗战是不自由就受奴役的斗争》是陶行知于1938年4月在访问加拿大时，为感谢加拿大人民和医疗援华会募捐、征集医疗物资支援中国抗战的义举而进行的演讲，强调中国人民需要“平等的和平、足够的食品、自由和正义”。《国际形势与中国抗战》是陶行知于1938年9月出访26国后归国途中在香港各界欢迎会上的演讲词，在分析完国际形势和国内抗战之后，他呼吁“黄种人联合起来抗战！”《小朋友是民族未来的巨子》是他于1938年11月在重庆保育院的一次演讲记录，文中他非常形象地将“春”解释为：“将‘春’分成三部分来看，便是‘三’‘人’和一个‘日’字。也便意味着不分男女老幼，大家联合起来反抗侵略，可以将日本帝国主义打倒！”希望全国的小朋友“在抗战中，在炮火下，成长为中华民国的巨子！”

第三，书信类散文。书信一直在散文中占有一席之地，文学史上一些散文名篇中有不少是出自文人相互之间交流的书信。陶行知作为现代一位著名教育家、思想家、文化名人、社会贤达，他的交际圈非常大，朋友遍及世界各地和各行各业。因此，他一生当中有数量颇丰的书信，被收录到《陶行知全集》第5卷中就有810封书信。他写信的对象，既有国外的名人和学者，如甘地、泰戈尔、杜威、谟罕雷尼、博塞等，又有国内政界、教育界名人，如冯玉祥、邹韬奋、张澜、胡适、孔祥熙、宋美龄、宋子文、白崇禧等，也有家人和学生，如吴树琴、陶晓光、陶城、戴伯韬、王洞若、操震球、方与严等。陶行知的书信中有不少是优秀散文，语言质朴，感情诚挚，内涵丰富，思想深刻，显现出陶行知散文创作的朴素美。其长者犹如盈尺之璧，其短者宛若径寸之珠，为中国现代文学花坛增添了新的色泽。如1927年他在写给学生操震球的信中写道：

乡间山青水秀，尽您游览。您早上可以看旭日东升，引您兴奋；晚上可以待月西山，助您吟咏。到了收成的时候，您手里割着黄金似的稻子，那田家乐的山歌，不断地洋洋乎盈耳。您还能亲眼看到您所栽培的儿童个个桃李似的一年一年地长大，一直到成家立业。

文笔清新流畅，通俗朴实，描绘出当时晓庄师范所处的山村自然环境的优美与雅致，以此来表达他对中国农村教育的热爱，对探寻中国教育出路而执著追求的决心。他在1923年创作的书信体散文《杭州大学之天然环境》中讲到大学在选校址时应考虑以下几个因素："一要雄壮，可以令人兴奋；二要美丽，可以令人欣赏；三要阔大，可以使人胸襟开拓，度量宽宏；四要富于历史，使人常能领略数千百年以来之文物，以启发他们光大国粹的心思；五要便于交通，使人常接触外界之思潮，以引起他们自新不已的精神。"在他心目中杭州大学就是一所自然环境较为理想的学校，他如此描述：

后面四五个山峰，并立如掌扇；东边的之江，西边的西湖，都近在咫尺。登高一望，杭、嘉、湖、绍四属数百万的生灵，还有那无边无际的东海，都在眼中，不住的引人向那远处、大处默想。……选择这个校址的人，能从敷文书院大胆的将它一直伸到凤凰山顶，包到凤凰山后，这是何等的魄力，何等的目光！

这类书信犹如一篇游记散文，语言简练，文风独特，真正体现了面向大众的公开信的特点，并没有多少华丽的词藻，但给人以清新明快的感觉，仿佛读者置身于西湖之畔、之江之滨的一所风光旖旎的大学校园。

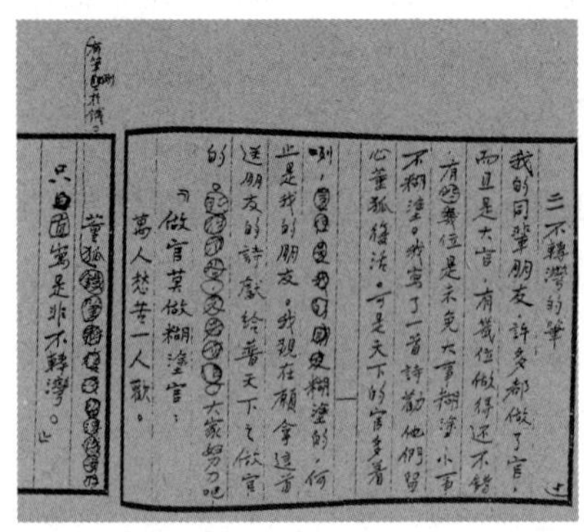
二 不轉灣的筆

我的同輩朋友，許多都做了官，而且是大官。……

『做官莫做糊塗官，萬人愁苦一人歡。……』

陶行知所作《不转弯的笔》。

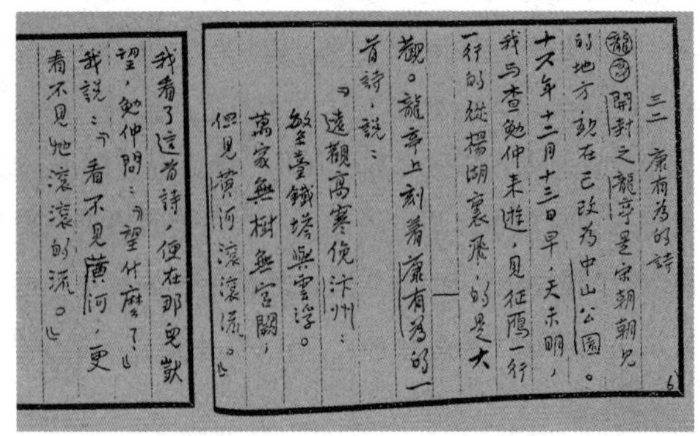
三二 康有為的詩

龍亭是宋朝朝見的地方，現在已改為中山公園。十六年十二月十三日早，天未明，我與查勉仲來遊，見征鴈一行一行的從楊湖裏飛，的是大觀。龍亭上刻着康有為的一首詩，說：

『遠觀高寒俯汴州，盤旋鐵塔與雲浮。萬家無樹無宮闕，但見黄河滾滾流。』

我看了這首詩，便在那兒歎望。勉仲問：『望什麼？』我說：『看不見黄河，更看不見他滾滾的流。』

陶行知所作《康有为的诗》。

第四，序跋类散文。陶行知的散文中还有一类就是为自己或别人的著作所写的序跋，他的序跋类散文数量并不多，只有十多篇，但其中不乏深具文学价值之作。或长或短，均文体自由，生动活泼，质朴典雅，文意幽深，趣味横生。《〈破晓〉序》格调高昂，充满诗意，堪称散文诗中的佳作。“战鼓响了！血钟鸣了！振作你的精神，准备你的身手，充实你的子弹，奋勇的，忠实的，出发前方去干！”《〈武训先生画传〉再版跋》概括了武训的“四个有”：“合于大众需要的宏愿”，“合于自己能力的办法”，“公私分明的廉洁”，“尽其在我坚持到底的决心”。还有仅 278 个字的《〈我们的旅行记〉序》，小巧玲珑，短小精悍，言简意赅，语言质朴，给人留下深刻印象。文尾写道：“这的确是一本奇书。它是一本生活教育学，是一本儿童游记，是一本儿童文学，是一本创造儿童世界的宣言。”

创作大众歌曲，成为文艺大众化的健将

陶行知在探索大众音乐理论方面思考深入，见解独特，为建构中国现代大众音乐理论奠定了良好基础，特别是他对大众歌曲从理论方面作了较为深入的思考和较为确切的阐释。

> 大众的歌曲是大众的心灵的呼声。它是用深刻的节奏喊出大众最迫切之内心的要求。少数天才之创作必定是符合了这个条件，才为大众所欢迎而成为大众的音乐和大众的诗歌。大众的歌曲是要唱出大众的心中事，从大众的心里唱出来再唱进大众的心里去。它来，是从大众的心里来；它去，是到大众的心里去。

他对大众歌曲的理论阐释是人们进行大众歌曲创作的理论指南，只有将发自大众内心的呼声变成歌唱大众生活的作品，才能真正打动广大民众，被大众所传唱和欢迎。

他还分析了广大民众对听歌曲的渴望程度，论及了大众歌曲的市场需求量。他说：“中国的民众是欢喜听曲，不懂也高兴听，如果懂得里面的意思，那就更加高兴听了。”因此，他要求“小先生”将每首大众歌曲的歌词都写在黑板上或复写、油印出来，然后让人们“分头预先传抄，教大家读，读会了再开唱片。这样一来，听众不但是增加了听曲的兴趣，

而且多识一些字，并感觉识字之需要了”。一方面，陶行知分析了民众对歌曲的迫切需求，说明大众歌曲在现代中国拥有巨大的市场；另一方面，强调了进行大众歌曲教育亦可起到推动民众识字和扫除文盲的作用。

陶行知一生热心于大众音乐创作，他亲手创作歌词的著名歌曲就有数十首，还有一些是他的诗歌被谱曲而成为流传于民众当中的歌曲。其中最著名的有《锄头舞歌》、《镰刀舞歌》、《儿童节歌》、《新安旅行团团歌》、《小先生歌》等，还有《村魂歌》、《自立立人歌》、《黄花歌》、《凤阳花鼓》、《农夫歌》、《手脑相长歌》等等。这些歌曲一度成为人民大众丰富业余生活的精神食粮，也是批判国民党政权黑暗统治的有力武器和动员民众参加革命的宣言书。

若对其歌曲进行分类，可以分为农村题材、儿童题材、教育题材、革命题材等几类。

（一）农村题材歌曲：真实反映农民生活

陶行知深知要想写出让农民喜欢的歌曲，就必须“了解大众的需要，说大众要说的话语”。他认为，好的农村歌曲，就是要从农民中来，准确地反映农村生活，使农民在传唱过程中感到是在讲自已想说而不会说的心里话。因此，他说：大众的歌曲“是从大众的心里来”，而且能够深入“到大众的心里去”。陶行知创作的农村题材的歌曲，正是遵循这条原则，来谱写农民喜欢的歌曲。如《农人破产之过程》是1927年12月由陶行知作词的歌曲，歌词中写道：

太阳下山墩墩，呀嗬嘿，过不了年儿嗬嗬。（重复五遍）
债主追来了梅绮紫棱，翻下脸儿索，难为情啊嗬嗬。
债主追来了梅绮紫棱，牵去牛大哥，舍不得啊嗬嗬。
债主追来了梅绮紫棱，把我田地夺，如何得了嗬嗬。
债主追来了梅绮紫棱，强把棉袄剥，冷得抖啊嗬嗬。
债主追来了梅绮紫棱，逼我卖老婆，天啊天啊嗬嗬。

生动逼真地描述了半殖民地半封建社会农民遭受地主残酷剥削与欺压的生活场景，由此告诉农民之所以日趋贫困直至破产的社会原因。

《农夫歌》是陶行知于1931年创作的农村题材歌曲。如果说前一首是主要反映南方农民生活遭遇的话，这首是反映北方农民生活状况的歌曲。

穿的树皮衣，吃的草根面，背上背着没卖掉的孩儿，饿煞喊爹爹。

牵着牛大哥，去耕别人田，太阳晒在赤膊，心里如滚油煎。

九折三分，驮利纳粮钱，良民变成匪，问在何处伸冤？

人面蝗虫飞满天，飞满天，无有农夫谁能活天地间！

真实地描写了一贫如洗的农民生活，没吃没穿，卖儿鬻女，替人耕田，劳累万分，若遇灾年，难以存活，这是对国民党政权专制统治下农民痛苦生活的写真。

（二）儿童题材歌曲：满怀真情寄予希望

陶行知创作的儿童题材歌曲，是从教育家角度以确保儿童健康成长为旨归，并抱着对儿童的未来充满希望的态度去创作的。因此，往往不像农村题材歌曲那样格调低沉，而是采取格调高昂、节奏欢快的创作风格。一方面，适合儿童的歌唱口味，另一方面，反映了他对儿童寄予了很大期望。旨在通过这些歌曲，激发广大儿童积极进取的热情和对未来充满希望的情趣。代表性的歌曲有《儿童工歌》、《儿童节歌》、《儿童年献歌》等。

我是小盘古，我不怕吃苦。我要开辟新天地，看我手中斧。

我是小牛顿，让人说我笨。我要用我的头脑，向大自然追问。

我是小孙文，我有革命精神。我要打倒帝国主义，像个球儿打滚。

我是小农人，我靠种田生存。……

我是小工人，我双手有万能。我要造福社会，不造福个人。

《儿童工歌》是陶行知于1931年在倡导科学教育和中华苏维埃政权成立的背景下创作的，所以，他是带着对儿童的双重期望来作词的。一方面，他希望儿童学习科学，崇尚科学，力争做牛顿式的小科学家；另一方面，他又希望培养儿童的革命精神，学做孙文式的革命家。

《儿童年献歌》中写道：

儿童年里小主人，东升好比日初现。日初现，人人得见光明天。

儿童年里小工人，手脑双挥征自然。征自然，看他辟地又开天。

儿童年里小学生，抓住书本种田园。种田园，叫人有吃又有穿。

儿童年里小先生，教人前进不要钱。不要钱，守知奴化了云烟。

年年愿为儿童年，天天愿为儿童天。儿童天，从此同开新纪元。

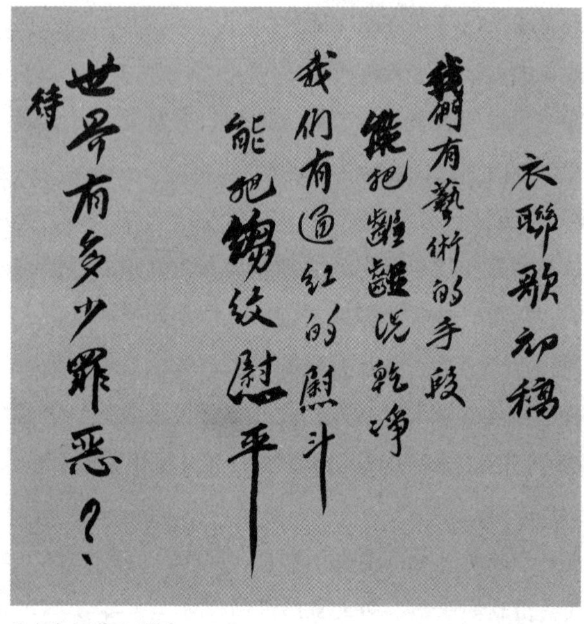

陶行知所作衣联歌。

这首歌曲创作于1935年，陶行知满怀期望地对儿童的未来提出了多元化的前途设计方案，当工人、农民、教师，都是国家的小主人。未来社会，只有职业的区别，没有高低的差异。不管干什么工作，都是为社会做贡献，都能为人类创造财富。只要全体儿童都胸怀大志，踏实学习和做事，我们的国家和民族就一定充满希望。

（三）教育题材歌曲：宣传现代教育理念

陶行知是中国现代教育大师，他借鉴西方教育理论，结合中国教育实际，创造性地提出了适合中国广大农村教育的新教育主张。为了将他的新教育主张广泛宣传于民间，经常采用诗歌和歌曲的形式来教育民众。代表性的歌曲有《手脑相长歌》、《小先生歌》、《教师们联合起来》、《自动学校小影》等。

我是小学生，变作小先生。粉碎那知识私有，要把时代儿划分。
我是小先生，教书不害耕。您没有功夫来学，我教您在牛背上哼。
我是小学生，看见鸟笼头昏。爱把那小鸟放出，飞向森林投奔。
我是小先生，这样指导学生：学会了赶快去教学，教了又来做学生。

这首《小先生歌》是陶行知于1934年3月所作，集中反映了他所发明的“小先生”制的内涵与实质，即学生可以当老师，教自己的父母、兄弟姐妹和朋友，以田垄、牛背乃至整个大自然为课堂，不拘形式，现学现教，即知即传，这种制度对普及大众教育起到了重要作用。

创建晓庄戏社和育才戏剧组，推动大众戏剧

20世纪二三十年代作为中国新文化前驱号角的话剧，成为中国文化艺术的一种重要形式，以迅猛的速度成为中国普及的艺术，成为与传统戏曲共生共存的舞台艺术种类。到了大革命时期，新创作的话剧引起了越来越大的社会影响，把话剧艺术的生长推进到一个根深叶茂的阶段；同时，话剧演出逐步由大都市舞台深入到民间、农村，加入到大革命和抗战的舆论洪流之中，发挥了战斗号角的作用。

在话剧由城市转向农村的过程中，陶行知起了积极的推动作用。1929年1月，陶行知特邀上海南国社社长田汉到晓庄师范演出，田汉领导的南国社在晓庄首次演出时，陶行知为其举行了盛大的欢迎仪式，他在欢迎词中讲道：“今天我是以‘田汉’的资格欢迎田汉。晓庄是为农民而办的学校，农民是晓庄师生的好朋友。我们的教育是为种田汉而办的教育。我以一个‘种田汉’代表的资格，在这儿欢迎田汉先生！让革命的教育和革命的艺术携手！”田汉在讲话中说：“陶先生说，他是以‘田汉’的资格欢迎田汉，实不敢当！我是一个‘假田汉’，陶先生是个‘真田汉’。我这个‘假田汉’能够受到陶先生这个‘真田汉’以及在座许多‘真田汉’的欢迎，实在感到荣幸！我们一定要向真田汉学习！”陶行知的热情欢迎使田汉和南国社深受感动，他们表示决心通过艺术来服务于广大民众，并愿为艺术与教育的携手合作做贡献。南国社在晓庄演出了由田汉创作的《卖花女》、《湖上的悲哀》、《苏州夜话》、《南归》等话剧，南国社精湛的演出受到了晓庄师生和农民的热烈欢迎。

正是在田汉及南国社的带动和指导下，陶行知组织成立了晓庄剧社，叶刚、谢纬棨、陆维特等30余人参加，由陶行知亲自担任社长。他既是编剧、导演，又当演员。陶行知利用早晚工作之余创作了《香姑的烦恼》、《爱的命令》、《生之意志》和《死要赌》等话剧，还亲自登台表演。除了表演自己编导的话剧外，他还在田汉创作的话剧《苏州夜话》中饰老画家。每到剧社要演话剧时，附近的民众兴高采烈，奔走相告。而有些学生却认为演戏是消遣，与教育无关。针对这种情况，陶行知给学生们上了一堂生动的艺术教育课，他讲到，艺术是生活的再现，我们欣赏艺术就是过艺术的生活。如果观赏进步的艺术，就会受到生动的革命教育。演戏的人是在过艺术的生活，受革命的教育，看戏的人同样是在过艺术的生活，受革命的教育。经过陶行知深入浅出的讲解，同学们深受启发，从此晓庄师范的学生开始热衷于观看话剧。为了形象生动地说服和打动师生，

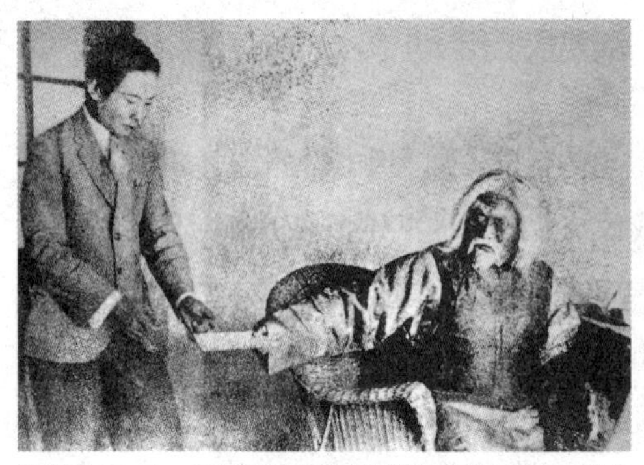
1929 年 1 月，田汉率南国剧社到晓庄演出后，晓庄剧社成立，开展了乡村戏剧活动。图为陶行知与学生谢纬棨同台演出《生之意志》。

晓庄剧社的演出受到附近农民的热烈欢迎。

剧中人物有帝国主义分子、军阀、资本家、土豪劣绅、贪官污吏，也有工、农、商、学、兵以及革命青年。没有台词的哑剧同样收到了良好的效果。陶行知还亲自演了一出哑剧，自己扮演一位老汉，激发了全校师生和附近农民演戏和看戏的热情，便于将这种艺术教育的形式推广开来。后来，晓庄剧社还正式成立了剧务组、导演组、化妆组、布景组等，在陶行知提出的“走出学校，到社会去”思想的指导下，从 1929 年 11 月，晓庄剧社在农村演出的同时，还到南京城里演出，先后到镇江、常熟、无锡、苏州、宝山、上海、杭州、萧山等地演出 30 多场进步话剧。当演到《香姑的烦恼》、《卖花女》时，观众往往被感动得泪流满面，收到了良好的艺术效果。陶行知作为社长，不仅亲自带队外出表演，而且还亲自登台参与演出，在观众中产生了很大影响。当晓庄师范被国民党政权查封后，晓庄剧社的不少学生加入南国社，成为民众喜爱的重要演员，为推动中国现代话剧的发展作出了一定贡献。

总之，陶行知于二三十年代创立晓庄剧社，亲自编写剧本，并登台演出，极大地推动了中国话剧在教育界和江南农村的传播和普及，与当时由田汉、洪深、郭沫若、丁西林、曹禺等话剧前驱们所兴起的中国话剧创作与推广浪潮，汇集成了一股巨大的时代艺术潮流，特别是晓庄剧社也像南国社、上海戏剧协社、南开新剧团、上海艺术剧社一样，通过东奔西走、走南闯北、不辞辛苦地在城乡演出，极大地推广了新生的中国话剧，使中国话剧得到了广泛的传播。可以说，在中国话剧的发展历程中在一定程度上起到了奠基的作用。

抗战时期，在陶行知的亲自指导下，育才学校成立了戏剧组。他要求师生深入大众，和社会打成一片，与人民打成一片。每次下乡演出之前，他都要提出严格要求。演出后，他总要找一些农民、工人来谈观感、提意见。他将收集起来的意见集中起来，并反馈给戏剧组，提出改进意见和方法。在战争年代，他经常告诫戏剧组的师生：“我们的戏剧要为劳苦功高的战士服务！我们要到前线去演出！战场是我们的剧场！”充分体现抗战话剧的艺术特点，充分发挥革命文艺在战争年代的宣传与动员作用。

在重庆古圣寺时期，陶行知发起了演土话剧运动，运用当地方言来编演戏剧，以唤起人民的革命热情。他认为，土话剧也是保卫四川的力量。育才戏剧组的同学们积极响应，纷纷创作方言剧本，主题均是号召人民起来参加革命，实现自卫。陶行知还亲自修改剧本，督促排演。育才学校师生利用节假日下乡演出《兄妹开荒》、《朱大嫂送鸡蛋》、《王大娘补缸》、《朱警察查户口》、《古怪歌》、《茶馆小调》等秧歌剧和话剧《啷咯办》、《小主人》、《抽壮丁》等节目，向全校师生宣传抗日救国主张，受到了广大民众的热烈欢迎，收到了良好的艺术效果，政治影响很大。特别是《小主人》在重庆和北碚的演出，郭沫若和邓初民几乎每场必看，每当剧情进入高潮——一个行乞的十三四岁的小女孩在被曾经同游过的阔人子弟的小轿车撞死的前夕，在后台唱着行乞悲歌的时候，郭沫若和邓初民便和众多观众一样，被感动得热泪盈眶。

1942 年 12 月 24 日，陶行知为育才学校戏剧组（该组曾由著名艺术家章泯担任主任，

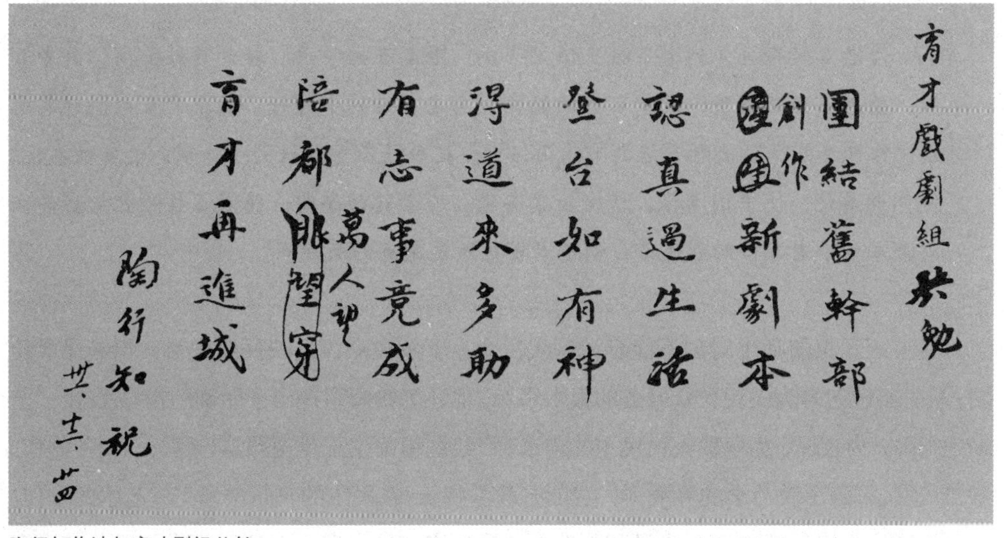
育才戲劇組共勉
團結舊幹部
創作新劇本
認真過生活
登台如有神
得道來多助
有志事竟成
育才再進城
陶行知祝

陶行知作诗与育才剧组共勉。

组织师生在重庆演出过不少进步戏剧，对宣传抗日救国起了相当大的作用）题诗共勉：

团结旧干部，创作新剧本。认真过生活，登台如有神。

得道来多助，有志事竟成。陪都万人望，育才再进城。

陶行知的题诗，既为育才戏剧组提出了指导性意见，为育才戏剧组进一步发展指明了方向，又对该戏剧社团寄予了厚望，亦可看出他对育才戏剧组的深厚感情。育才戏剧组在话剧创作与表演方面，不仅为中国的抗战起了动员与宣传作用，而且为中国话剧从旧中国向新中国的转型与过渡起了一定的促进作用。

创办育才绘画组，提倡国画创作

抗战时期，育才学校迁到古圣寺，为了活跃校园文化生活，对学生进行美感教育，在陶行知的极力倡导下，于1939年成立了育才学校绘画组，由老木刻家陈烟桥担任主任，由张望和汪刃锋担任教师。陶行知对绘画组寄予很大希望，他还专门作了一首指导和赞美绘画组的诗：

为老百姓而画，到老百姓队伍里去画；跟老百姓学画，教老百姓画画。画老百姓：画老百姓的爸爸，画老百姓的妈妈，画老百姓的小娃娃，画出老百姓的好恶悲欢、作息奋斗，画出老百姓之平凡而伟大。把画挂在老百姓的每一家，使乡村美化，使都市美化，使中国美化，使全世界美化。给老百姓安慰，将老百姓的智慧启发，刺激每一个老百姓的创造力，创造老百姓所愿意有的新天下。

要求绘画组的师生时刻不能忘记深入民众，了解民众，反映民众生活，指导民众绘画，从而实现艺术为人民大众服务的根本宗旨。他还为绘画组提出了明确的指导思想："艺术为祖国，为人民，为争取人民民主的未来。"绘画组师生正是遵照这一宗旨，刻苦创作，意气风发，打破了教与学的界限，师生互动，教学相长，在民主的气氛中来完成艺术的创作。

绘画组在陶行知的直接指导和帮助下，还成立了图书室，购置了一批画册、艺术家传记，还有画集，如《苏联版画集》、《戈雅版画集》、《米勒素描集》、《罗丹艺术论》等。学生们在条件简陋的情况下，只能自己动手自制画架、画板，通过自己的努力来创造条件。陶行知经常教育绘画组的学生们：“小孩子们，自己动手嘛！”素描是绘画组开设的一门专业基础课，由于条件所限，没有素描纸，就用嘉乐纸代替；没有炭条，就用桑枝、枫枝剥去皮，塞在铁管里，再放入铁罐中，空隙处填满沙子烧制而成；静物写生所用的各种石膏模型，就通过在罐、盆、瓶、钵等物的外表上刷上一层白粉来代替。

绘画组一开始进行学习和创作，就面临着系列的问题，诸如：为什么人而画？画什么人？培养什么样的人才？针对这些问题，陶行知主张：面向自然，深入民众，体验生活，反映生活，采取速写和创作相结合的方法，重点加强素描练习，真正绘画出身边的农民、船夫、车夫等一般平民的形象，反映出普通百姓的生活疾苦。在陶行知的感召下，绘画组学生进行艰苦的创作，不管在学校，还是在校外，都是速写本不离手。他们手脑并重，积极实践，将自己在现实生活中获得的切身感受反映到创作中来，因而师生对民众，对周围的山水、草木、鸟兽等都产生了真实的感情，从而创作出一批完全不同于国统区艺术院校学生创作风格的新作品。经过师生的共同努力，绘画组同学们很快创作出第一批作品，陶行知将这些作品收入《幼苗集》第一集并正式出版，这是陶行知亲自关注并指导的绘画组学生的艺术成果。

育才绘画组可以说是中国最早培养版画人才的基地。由于绘画组的指导教师大部分是从事版画创作的专家，因此平时就将版画作为主要课程，学习欧美、苏联的一些艺术作品和艺术理论，注重开展木刻版画教学与创作，取得了突出的成绩。

绘画组的作品在重庆举办作品展览，在社会上引起了很大反响，与国民党政权统治下的颓废没落艺术作品相比，具有明显的人民性、生活性和创造性。《新华日报》作了如下报道：“以木刻为例，非常精粹，几十张木刻强有力的刻画着祖国的受难，敌军残暴的进攻，敌机的狂轰滥炸，刻画着祖国的新生，战士的英勇挺进，空军的雄姿……也刻画着祖国走向新生的黑暗方面：民生的痛苦，难童的流离……无论在构图上、技巧上，像多年经验者所刻出来的一样，要是下面不明明写着姓名年岁，谁敢相信那是十三四岁或十五六岁的小朋友的作品呢？”

绘画组还利用课余活动时间成立了绘画研究会，经常举行“星期画展”，出版木刻集《幼苗》。总之，育才绘画组为中国现代版画事业的发展奠定了坚实基础，为中国培养了一批美术人才，如中央美术学院版画系主任伍必端、湖北美术学院刘政德教授等人。

大力推动文字改革，勇当“新文字”“大众语”的急先锋

力倡新文字改革

陶行知十分重视文字符号的改革，因为文字符号改革直接关系到教育的普及，“文字是生活的符号。它必须与民众的生活打成一片，才能发生效力。我们要想鼓起民众读书的兴趣，必须拿他们生活所需要的文字来教。”他认为，“生活所需要的文字”就是注音新文字。为此，他大力提倡在大众中推广新文字，尤其是在大众教育中使用新文字。

> 我们要想建设大众文，必须采取那容易认、容易写、容易学的拼音新文字。有了拼音新文字，大众自己就可以根据大众语和前进大众意识来创造大众高兴看、高兴读、高兴听的大众文。新文字拿在手里，大众自己就能产生文化粮食。他们再不至于做文化饿鬼，也不至于做文化乞丐，也不至于苦苦地哀求小众拿吃不了的文化面包来赈济他们了。

陶行知很早就倡导推行“手头字”。所谓“手头字”，就是指日常生活中经常用到的、“手头上大家都这么写，可是书本上并不这么印”的一些文字。为了便于人们读写，省掉读书中记忆这些字体的麻烦，陶行知倡导将这些手头经常用到的文字，“铸成铜模浇出铅字来，从而排印成书本”，便于大众去学习与书写。在他看来，文字符号是传播

文化的重要载体，如果文字容易被人接受，就会使文化得以广泛传播。因此，他从教育角度出发对新文字改革十分重视，密切关注中国文字改革的动向，及时捕捉全国范围内有关文字改革的最新信息和动态。

正当陶行知在深入思考和努力探寻中国文字改革的出路之际，在海参崴的华侨创造出一种“拉丁新文字”，在这些华侨的组织下于1931年在海参崴召开了中国新文字第一次代表大会。1933年后，全国各地相继成立不少团体，进行研究推广。陶行知认为这种文字具有许多优点，比原有的方块汉字书写、辨认和学习方便，“实验效果很好”，于是他极力倡导推广这种拼音新文字，因为“新文字是普及大众教育的最经济的文字工具”。为了实现有组织、有章程、有步骤地推广新文字的目的，在陶行知的积极参与下，于1935年10月成立了中国新文字研究会，他被选为第一届理事，并亲自起草了中国新文字宣言。

由于海参崴华侨创造的新文字是以北平话为基础，而陶行知主张应当制定出适合不同地区大众口味的新文字方案，于是1936年他又起草了《上海话新文字方案》，并发表于1936年3月16日的《生活教育》第3卷第2期上。该方案经过中国新文字研究会的多次讨论，最后在理事会上通过。主要内容包括：第一，中国新文字应当按照各地方言分布的情形把中国划分为若干音区，在每个音区中建立一种新文字。第二，新文字运动不主张“摄影式记录某一地方的土话”，而应按音区来“规定一种统一性最大的方案”。第三，新文字运动是以文字与语言一致为基本原则的。第四，由于北方话新文字已经流行开来，因此“在建立其他各区方案时，应当竭力顾到这已有的方案”。为了避免不同地区人们在流动过程中出现语言文字方面的障碍，遇到交流的困难，在制定不同音区语言文字时，应当在“字母的读音、写法上尽可能地和它（北方话新文字）保持统一”。第五，遵照“印刷打字和书写便利”和“使字母适合于国际化”两个原则，结合北方话文字方案，拟定了“上海话字母表”，分为破裂音、破裂摩擦音、摩擦音、鼻音、边音、头音、高音、中元音、低元音等，还详细地解释了上海话字母与北方话字母的共同与不同之处。

同时，他积极实施自己制定的上海话新文字方案，亲自参加了运用上海话新文字编写的《上海话新文字课本》，一方面是为了以实际行动推广上海话新文字方案，另一方面也是为了促进上海地区民众的普及教育。后来的实验表明，“平常人每天费一小时，只须半个月工夫，即可写新文字的信，看新文字的报，读新文字的书。聪明些的人两个星期就行，笨一点的人，只须一个月，成绩也不错了。”

1936年春，陶行知又与蔡元培等606名文化教育界名人联合发表了《我们对于推行新文字的意见》，其基本主张为：其一，“中国大众所需要的新文字是拼音的新文字”。他认为，方块汉字难认难写难学，使得每个人要学懂它，非得花费上几年工夫和几百块钱不可，所以应被淘汰；“手头字、简字是方块汉字的化身，不是根本的解决”；而国语罗马字母崇奉北平话为国语，又注重声调，使得南方人学起来很吃力。因此，他倡导推广不强调声调的拼音新文字——拉丁化新文字。其二，“新文字是普及教育大众教育的最经济的文字工具”。他算了一笔账：义务教育培养一个小孩每年平均要花8.9元钱，民众教育培养一个成人要花1.8元钱，小先生教汉字每人也要花0.3元钱，而采用拼音新文字识字每人只要0.03元钱，“连黄包车夫也出得起”，因此可以说，新文字是普及教育的最省钱、最有效的工具。其三，方言新文字不会阻碍中国的统一。针对有人提出方言新文字会影响到中国的统一，陶行知列举了四条理由：首先，中国各地的方言是“汉话与各处土话互相同化克服的结果”，都有规律可循，只要掌握了其中的规律，是“很容易相通的”。其次，各区的方言新文字传给了各区的大众，就会使区以内的大众彼此沟通；该区知识分子精通几区新文字，就可搭起一个交流的桥梁，“使各区的大众彼此相通与全国的知识分子相通”。只要全国各地的“大众得了新文字的培养，也必然会在自己的队伍里产生出知识分子，并且运用各区新文字对照的读物，也可以把自己造成沟通各区文化的铁桥”。这样，不仅不会阻碍中国的统一，而且还会促进各民族文化的交流，起到帮助中国统一的作用。再次，中国的统一是“从实际生活酝酿出来的统一”，而不是抽象的、幻想的统一。国家的统一不是要强迫“过同一的生活，说同一的话语，写同一的文字”，因此，在上海大众的公共场合要用上海话才有效，在广州大众的公共场合要用广州话才有效。最后，中国文化界现阶段最重要的任务就是普及大众的文化教育，动员一切工具来进行民族自救教育。为此，他建议每个方言区编辑最廉价的新文字课本和参考书，各类民众学校、识字学校、补习学校等均要培养新文字师资，用新文字编辑出版报刊、小说、诗歌、新文字字典、新文字连环画等大众读物，发明新文字打字机等，以便新文字得以快速推广，从而推动普及教育的进一步发展。

此外，1936年5月至7月陶行知亲自到两广地区。在他的指导下，广西、广东先后成立了新文字研究会。广西的新文字研究会成立于1936年5月，该会的成立就是陶行知亲自到广西发动与指导的结果。他在广西新文字研究会上讲道：“我们大家应该努力提倡和推行新文字，以唤起民众共同救国……推行新文字是艰难工作，要打仗的，要攻关的，非安然的从香烟雾中喷出来的。”广东新文字研究会成立于当年7月，陶行知在成立大会上作了重要讲话，他讲道：推行新文字的目的就是为了“要大众解放，要民族解放，要文化解放”，而推行新文字的人应当“站在大众立场上来推行新文字，难免会吃些苦头，但推行新文字者，要不怕吃苦头！……我们提倡新文字，是预备坐监牢的”。正是在陶行知等人奔走呼号和倡导带动下，全国大部分地区成立了新文字研究会，并为新文字的研究与推行进行着不懈努力。

发起大众语文运动

20世纪30年代，国内学术界掀起了“文言文—白话—大众语”论战，不少学者均在《申报》等报刊上发表自己的观点，参加此次论战的学者有：胡愈之、吴研因、吴稚晖、汪懋祖、柳诒徵、夏丏尊、林语堂、陈子展、陈望道、乐嗣炳、王钢、傅红蓼、樊仲云、俞遥、张庚、任白戈等。1934年5月，鲁迅、陈望道、胡愈之、叶圣陶等人，针对“复兴文言”的逆流发动了大众语运动，这是“五四”时期文白论战的继续与发展。陶行知积极参加了这场论战，提出了“大众语与大众文必须合一”的主张。他是提倡大众语的《太白》半月刊的特约撰稿人之一，也是推行手头字（简化字）的发起人之一。其间发表的代表性文章有：汪懋祖的《禁习文言与强令读经》、吴研因的《辟小学参用文言初中必读孟子及指斥语体文诸说》、柳诒徵的《小学国语教材之疑问》、胡愈之的《关于大众语文》、魏猛克的《普通话与大众语》、任白戈的《大众语底建设问题》、吴稚晖的《大众语万岁》、张庚的《大众语的记录问题》等，这些文章大都发表于《申报》的“自由谈”栏目和《大晚报》“火炬”栏目。陶行知在这次论战中发挥了重要的作用，他所撰写的《文言白话又一战》、《大众语文运动之路》、《怎样写大众文》、《再谈怎样写大众文》、《四个先生：教人写大众文不取学费》、《白话文与大众文》等一系列文章，分别发表于1934年6月的《生活教育》第1卷第9期、1934年7月4日的《申报·自由谈》、1935年11月6日和16日的《生活教育》第2卷第18期和第19期、1935年12月23日的《大众生活》、1936年1月16日的《生活教育》第2卷第22期，这些文章成为当时语言文字改革的强有力的指导性思想，为现代中国语文建设指出了明确的努力方向，为实现语言文学的大众化奠定了坚实的基础。

综观陶行知关于大众语文运动的思想，主要包括以下几方面：

第一，为“大众语文”做了科学界定。胡愈之于1934年6月23日在《申报》“自由谈”栏目发表了《关于大众语文》一文，文中给“大众语”下的定义是“大众语应该解释作代表大众意识的语言”。陶行知首先肯定了胡愈之的观点，然后又对胡愈之的定义作了更为准确的补充和完善：

> 大众语是代表大众前进意识的话语，大众文是代表大众前进意识的文字。大众语与大众文必须合一：在程度上合一，在需要上合一，在意识上合一。大众语文适合大众的程度、需要和意识时，在大众本身所起的反应是高兴。所以大众语文是大众高兴说、高兴听、高兴写、高兴看的语言文字，这高兴的境界便是艺术的境界。

陶行知在胡愈之定义的基础上加了“前进”一词，旨在体现大众语文在引导民众在民主化、科学化、现代化道路上所起的积极作用。这也反映出陶行知在大众语文建构中所起的先驱与表率作用。

第二，指出了大众语文建设的必要性和紧迫性。陶行知坚信大众迫切需要属于自己的语言文字，因为语言文字是符号。“大众是过着符号贫穷的生活，但是他们需要符号是铁打的事实，老太婆用绳结记账，农夫刻树皮抒情，野孩子写王八蛋骂人，民众学校学生用注音字母代替他所不会写的字。”他还举了一个生动的例子，来说明大众对属于自己的语言文字的渴求。

> 从前有一位妇人寄了一封信给她的丈夫，丈夫打开一看，纸上画的是：“一个单圈，一个双圈，一个圆圈，一个破圈，一个连许多的圈。”丈夫看不懂，一位聪明人把他妻子所画的圈中秘密指点他说：“欲待相思无从寄，画几个圈儿替。单圈儿是我，双圈儿是你，圆圈儿是团圆，破圈儿是别离，还有说不尽的心思，把一路的圈儿圈到底。”这些例子指示出大众的生活中是有一个大缺憾，大众没有取得够用的思想的符号、情感的符号、行动的符号。总而言之，没有取得充分的生活的符号。大众的符号是和大饼一样的贫乏，剥削大众的大饼的人是同时独占了大众生活所需

要的符号。

由上可见，不管是什么时候的大众，不管是干什么工作的大众，都需要语言文字，还有用文字来表达自己思想的强烈愿望。过去的语言文字是被统治者所垄断的非大众化的符号，陶行知所倡导的语言文字是通俗的、大众化的，是容易被劳苦大众所接受和使用的符号。

第三，指明了大众语言文字运动的出路。陶行知根据民众对语言文字的需要，结合当时语言文字学界的一些观点，提出了大众语文运动的两条出路：一是“智识分子参加大众生活，在大众语演进的基础上努力写作语文合一的大众文”。要求知识分子深入到大众生活中去，与大众共同生活、共同劳动、同甘共苦，深入体察民众生活，拜大众为师，学习大众语，“等到他自己的生活与大众的生活打成一片，然后他才能领略大众生活之酸甜苦辣，然后他写大众便是写自己，写自己便是写大众。”如果知识分子不愿做大众的学生，不愿成为民众队伍中的一员，就永远不会学到真正的大众语言。只有与大众为伍，与大众共同生活，才能真正领悟到大众语言文字的真谛，也才能创作出适合大众口味的大众文。二是“将生活符号普及于大众，使大众自己创造出语文合一的大众文”。要想让大众自己能够创作出属于自己的大众文，就必须首先在大众中普及大众语言文字，让大众学会使用这些符号。为此，陶行知提出了“三管齐下”的教育方法：一要教汉字，二是教注音字母，三是教用注音字母拼成大众文。因为认识汉字是学习大众文的前提，而学汉字的一条捷径就是教其认注音字母，“大家学会注音字母便可以自动去用字典、认生字，追求新知识”，然后，运用注音字母去记录自己的思想、情感和行动，接着就可教大众运用文字和字母写大众文。在此过程中，可以充当老师的人很多，所有识字的人都可充实到这支教育队伍中来，还可以通过“小先生制”来帮助民众学习大众语文。他还告诫大众语文运动的发动者要善于有选择地去教大众，不能不加选择地教授一些过时的、不健康的内容。“我们把文字符号传给大众的时候，要做一番‘滤清’的工作，我们要把时代落伍的意识滤掉，要把麻醉的毒质滤掉，要把古典滤掉，要把洋文法滤掉，我们献给大众的符号是要和没有微生物的清水一样，大众得了这种清水的符号，便能自由的、毫无成见的写出真正的大众文。”陶行知为大众语文运动指出了明确的奋斗方向，目标之明确，方案之具体，规划之周密，真可谓是中国语言文字运动的先驱和楷模。

第四，划分了白话文与大众文的界限。在20世纪30年代国内语言文字学界掀起的“文言文、白话文和大众文”论战中，众多学者发表自己的见解与看法，陶行知就是其中力倡大众文的一位杰出代表。1936 年 1 月他针对胡适撰写的《大众语在哪儿？》一文进行了针锋相对的论辩，于当年 1 月 16 日在《生活教育》第 2 卷第 22 期发表了《白话文与大众文》，明确提出“大众语在大众的嘴巴上”，而“白话在小众的嘴巴上”，在使用大众文过程中，要做到“字字句句他们都听得懂，用一个字不要忘了大众，造一句句子不要忘了大众，说一个比喻不要忘了大众。这样训练的结果，自然是大众语了”。他从三个方面对大众文与白话文进行了区别：一是从语言角度，大众语是以民间通用的口语为基础的，而白话文是以书面语言为主。如白话讲“结婚”，而大众语讲“做亲”。二是从文字角度，“大众语只有拼音的新文字，才可以把它忠实地写出来”，而白话文完全以汉字为表词达意的载体。陶行知拼音的新文字，民众便于认、方便写和容易学，“有了拼音新文字，大众自己就可以根据大众语和前进大众意识来创造大众高兴看、高兴读、高兴听的大众文”，而“汉字是没有这个本领的，汉字难写难认”，成为普及大众文化和教育的最大障碍。三是在技术方面，他反对胡适提出的使用无线发音机的方法去向大众宣读文稿，因为这样做，大众能否听得懂是个未知数；而真正要创作出大众文并能够让大众听得懂，就要深入体验大众生活，广泛传播大众文化，做到“钻进大众的队伍里去和大众的生活打成一片”，这样才能写出真正的大众文。

第五，主张教材都使用白话文。陶行知针对汪懋祖、柳诒徵等人反对教材使用白话文的观点，撰写了《文言白话又一战》，主张“一切公立学校，都应该教白话文，不应该教文言文”，因为白话文容易学、容易教，这种教材适合“小先生”在普及大众教育中起作用。“如果改成文言文，小先生失去了效用，中国教育再等一百年也不得普及。”他认为文言文教材是培养少爷、小姐和蛀书虫的教学内容，而大众的普及教育只能采用白话文教材，因为它是大众真正所需要的并能够真正推动大众教育发展的教育内容。

第六，教给民众如何写大众文。陶行知在揭示白话文弊端的同时，提出了自己写好大众文的科学方法。他认为，白话文的最大弊端就在于大众听不懂，“白话文，教人聋；读起来，听不懂”。因此，写大众文的关键是：一、“大众文应该写大众需要知道的事”；二、“大众文应当照大众说话的口气写”。只有这样，大众才能听懂、读懂。为了切实起到指导大众文写作的作用，陶行知还专门用大众语创作了一首通俗易懂的大众诗：

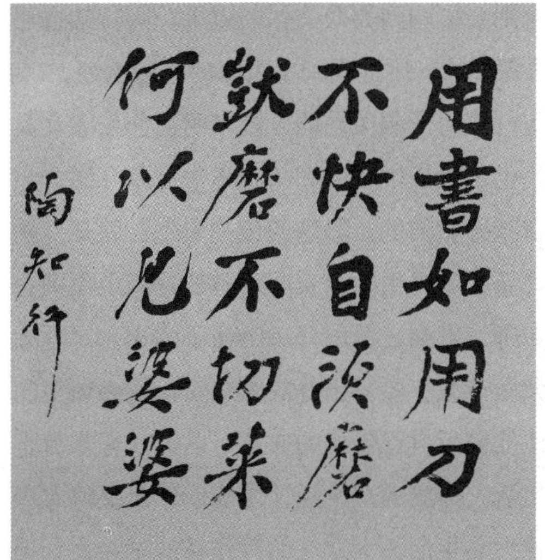

陶行知手书所作诗篇。

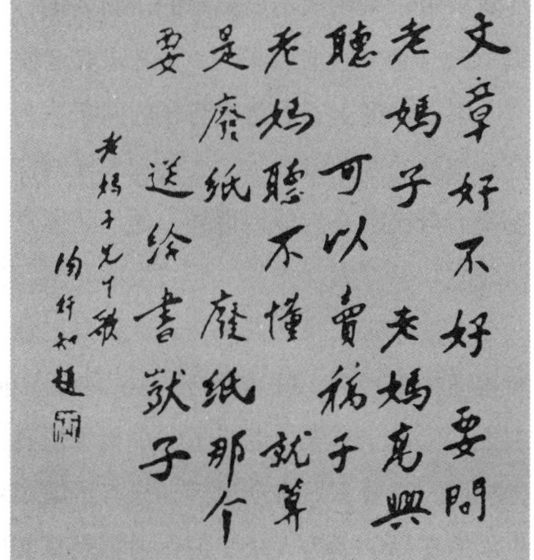

陶行知所书《老妈子先生歌》。

根据大众语，来写大众文；文章和说话，不能随便分。
一面动笔写，一面用嘴哼；好听不好听，耳朵做先生。

他建议，在写作大众文时要不断倾听大众的意见，当完成一篇大众文或一首大众诗时，就要到民间去读，广泛地让大众去听，然后让其提意见和建议。他说：“工人、农人、车夫、老妈子、小孩子的耳朵靠得住，你做好一篇文章，读给他们听听，如果他们听不懂，你要努力的修改，改到他们听懂了，才算写成大众文。小众听得懂，而大众听不懂的文章，决不能冒充大众文。好的大众文还要大众高兴听，如果小众高兴听而大众不高兴听，决不能算为好的大众文。”只有这样，才能写好或改好大众文。他还赋诗一首来反映这一思想：

文章好不好，要问老妈子；老妈高兴听，可以卖稿子。
老妈听不懂，就算是废纸；废纸哪个要？送给书呆子。

他多次强调，要想写好大众文，就必须在初步完成后，先在大众面前用嘴哼，“请大众的耳朵做我们的先生”，直到大众能听懂并乐意听为止。为了避免大众听不懂，就尽量少用一些民众不太熟悉的“新名词”，否则会影响到大众文化的效果。陶行知自己编写的《老少通千字课》，就是采取这种方法完成的，因此受到了大众的普遍欢迎。

第七，提出了大众文写作的四条原则。陶行知用形象生动的方式来阐明创作大众文应当遵循的四条原则：“大众文怎样写法？我也不敢胡说，但有四个先生可以介绍。只要我们自己虚心向他们请教，他们是愿意免费指导我们的。”这四位“先生”就是“耳朵先生”、“大众先生”、“生活先生”、“新文字先生”，实际上讲的是四个原则：一要多读多听。写完大众文后，要自己多读多听，直到自己的耳朵听懂了为止，“耳朵听得懂，高兴听，就算及格”。二要善于向大众请教。要写出好的大众文，就必须多向农人、工人、车夫、老妈子、小孩子请教，让他们听自己创作的文章，以大众喜欢与否为标准。三要深入大众生活。只有了解大众生活，体察大众生活，才能创作出反映大众生活的作品。因为大众文创作内容是真实反映大众生活，大众文的写作目的是为大众提供精神食粮。四要运用新文字写作。他所讲的“新文字”是指“一种拼音的新文字”，他认为“新文字是我们写大众文的最好的先生”，因为这种文字“必定是要容易认，容易写，才容易普及而成为大众的文字”。只要遵循这四条原则，大众文就可以真正写好，成为大众喜欢读的文章。

发起“科学下嫁”，积极推动科学普及

主持科学教育调查，力倡科学教育

20世纪二三十年代，中国兴起了科学教育思潮，这是近代中国社会发展和科学进步的必然结果。从1914年6月开始，留学美国的一批中国青年发起组织了“中国科学社”。该组织提倡以“传播科学知识，促进实业发展”为宗旨，任鸿隽任社长。1915年中国留学生胡明复、赵元任、任鸿隽等为向国内介绍科学，在上海创办了《科学》杂志，成为国内宣传科学知识的主要刊物。他们倡导科学与教育结合，向国人传授科学知识、科学方法。到“五四”新文化运动时期，由于“民主”与“科学”成为高举的两面旗帜，陈独秀明确提出：“近代欧洲之所以优越他族者”，就在于“科学之兴”。当时正在美国留学的陶行知和胡适均发表了倡导科学教育的主张。

陶行知不仅是早期科学教育思潮的倡导者，也是早期科学教育运动实践的参与者与组织者。1924年7月10日到8月8日，中华教育改进社与清华学校共同组织科学教员暑期研究会，陶行知任副会长。在陶行知草拟的这份科学教员暑期研究会说明书中讲道：成立这个研究会的原因是“科学知识为吾国进步所必需。欲使吾人民在现代民族中占重要位置，以无负其人口之众，智力之强，与夫天然财产之丰富，必须有更进一步之科学知识”。而要想让广大民众了解科学知识，就必须让其接受科学教育。1931年陶行知从日本潜回上海后，提出了“科学下嫁”的口号，把科学教育由思潮推向了运动。

为了广泛向民众宣传科学，普及科学知识，陶行知于1928年创办了晓庄科学社，该社成立的宗旨是“培养科学的人生观，构造科学的环境，制造简单的科学工具，研究科学的教学做”，以期“促进乡村科学化”。主要活动有：聘请科学专家讲演，介绍科学的书报和科学发明，编辑科学研究报告，开展科学调查和实践，举行科学集会等。内部机构分设生物、物理、化学、数学等四组，还明确提出“首重科学之发展，而科学中尤特别注意生物学”的具体目标。

陶行知深信“科学化运动，比如大江之流”，来势凶猛，不可阻挡。晓庄科学社由秉志、姚文采等兼任指导员，由学生自行研究。起初生物教师姚文采不理解，上课仍然照本宣科，后来陶行知请来两位捕蛇人，并将师生带到山上，实地操作，现场教学，让学生去动手捕蛇，经过多次试验和对蛇的解剖，学生认识到了蛇的生理特征、生活习性和捕蛇的要领。陶行知对师生讲：“生物课照着书本讲，岂不成了死物课！”因此，在陶行知的指导下，师生开始脚踏实地地将科学原理落实到实际行动中。姚文采带领学生到野外采集标本，请药农教学生制草药，请花农来教种花，请农学专家来教种山芋。他还特聘了金陵大学教授邵仲香到晓庄为学生做农业指导员，邵教授带领学生进行科学耕作、科学施肥、按时浇水，结果产出的山芋比当地农民种的大得多，产量倍增，陶行知将这种大山芋命名为“山芋总统”，引起了当地农民的极大兴趣，纷纷来晓庄参观学习，起到了农业科技知识普及到民间的效果。还请中国科学社和金陵大学的专家、教授来作专题讲演，晓庄科学社的生物研究室与秉志领导的生物研究所合作，采集了长江和沿海动物制成标本，并建起了生物标本陈列室，供学生和农民参观，起到了广泛传播科学知识的作用。

晓庄科学社是陶行知在科学传播方面所做的有益尝试，也是他大力开展“科学下嫁”运动的早期试验，为他在20世纪30年代进行大规模的科学传播运动积累了丰富的经验，奠定了坚实的基础。

创办自然学园，推行“科学下嫁”运动

“科学下嫁”运动，是20世纪30年代由陶行知发起的一场科学普及运动。该运动既是继五四运动之后在中国开展最早、规模最大的一次科学传播实践活动，又是近现代教育史上首次大范围、多层次的科学教育运动。陶行知抱着振兴中华民族的伟大志愿，

从科学救国的视角着眼，创造性地提出了“科学下嫁”、普及到民的崭新构思，并积极实践，奔走呼号，在近现代中国产生了重大影响，为科学意识深入民心打下了基础。

1930 年陶行知被蒋介石查封晓庄学校后又遭通缉，被迫流亡日本。他利用在日本的空闲时间，对日本的经济和科技进行了认真考察，他意识到日本之所以发达的一个重要原因在于重视科学技术，培养科技人才，“日本之所以强，强在他的科学发达”。而中国相比之下，相差甚远。因此，要想使中国走上现代化和工业化的道路，就应当效法日本，重视科学技术的推广与应用。

于是他于 1931 年春回到上海后，就大力开展“科学下嫁”运动，进行了一系列普及科学知识的活动，如创办自然学园，研究自然科学；成立儿童科学通讯学校，培养儿童的科学意识，掌握科学知识；发表科普文章，宣传科学道理；出版科学书籍，传播科学知识等，取得了较好的效果，掀起了中国近现代科学教育的高潮。

陶行知开展“科学下嫁”运动，得到了上海报业巨子史量才的大力支持，史捐献出 10 万元作为活动基金。同年夏，陶行知在上海创办了自然学园，目的是将科学技术知识下嫁给广大的劳苦大众。他说：“自然科学是开向理想世界的特别快车”，“从农业文明过渡到工业文明，自然科学是唯一的桥梁”。自然学园的主要成员有丁柱中、高士其、董纯才、陶宏、戴伯韬、方与严等，主要从事自然科学的实验，研究科学普及创作。据高士其回忆说：

> 自然学园是一所三层楼的洋房，我和戴伯韬、董纯才三人住在二层楼上，丁柱中、方与严、陶宏三人住在楼下，陶先生白天来晚上回去。三层楼上住的是一对巴基斯坦夫妇和他们的儿女。楼上有晒台，我们三人每天起床后，就坐在晒台上晒太阳。上午我们看报、看书、看资料。午饭后，开始写作。我写儿童卫生讲稿，丁柱中写巴士德传，陶宏是搞化学的，他有一套玻璃仪器，方与严是陶先生的助理和秘书，一切杂务工作是我们大家分管的。
>
> 自然学园里有一架很精密的显微镜，我来后主要是供我使用，我用牛肉汤做细菌的培养基，这里还有其他实验用的设备和仪器。到了晚上，全体自然学园的同人们，由陶先生率领到前面一处空地上观看满天星斗，陶先生给我们指出哪是北斗星，哪是牛郎织女，哪儿是天河。他又亲自编写了《儿童天文学活页指导》。自然学园也是自由学园，在那儿我们无拘束，过着写作生活。

正是在这些科学爱好者的携手努力下，自然学园编辑出版了一套《儿童科学丛书》和《大众科学丛书》。其中《儿童科学丛书》影响很大，包括生物、化学、物理、天文、地质、生理卫生等学科，共108册。陶行知本人亲自编写了三册科普读物:《儿童度量衡》、《空气的科学把戏》和《肥皂的把戏》。他还建立了一个小型实验室，经常组织园内人员到小学做玩科学把戏的示范。正是在陶行知的亲自指导下，才编写出了一批优秀的儿童读物，正像高士其所评价的那样："陶行知热衷于科学教育事业，奔走呼吁筹募基金，领导一批科学人才，写作儿童科学读物。"

为了进一步推动"科学下嫁"运动，陶行知还于1932年5月在上海爱文义路小沙渡路永裕村创办了儿童科学通讯学校，该校经上海市教育局审查批准成立。该校以生活教育思想为指导，以增长小学教师、师范学生、儿童家长、识字青年和儿童的科学智能为目的。陶行知亲自担任校长，聘请专家担任指导员。创办宗旨是"造就科学的儿童、科学的民众、从而造成科学的民族，以适应科学的世界"。陶在招生启事中指出："二十世纪的世界是一个科学的世界。在科学的世界里，只有科学的国家才能存在。我们必须使中华民族具备科学的本领，成为科学的民族，以适应现代生活，生存于现代世界。但是科学要从小教起，我们要想造一个科学的民族，必得要加工培植嫩芽的儿童。本校感觉儿童科学教育之重要，特发起创立，期使科学的民族早日产生。凡爱好科学的儿童与有志指导儿童学习科学的教师和家长，均请报名入学，共同研究，共同实验。"

学校分设初级班和高级班两种：初级班的招生对象是初小教师、师范生、家长、初小学生和略识大众文的青年；高级班的招生对象为高小教师、师范生、家长、初中学生、高小学生和文字通顺的青年。修业年限为两年，学费标准为：初级班，若一次交只收8元，若两次交就每次交5元；高级班，若一次交只收16元，若两次交就每次交10元，若四次交就每次交6元。开设的课程有生物、物理、化学、天文、地球、气象、工艺、农艺、生理卫生等。初级班的教材主要有陶行知编写的《儿童科学活页指导》、《算术的把戏》等，高级班的教材主要是《儿童天文学活页指导》等。当时报名人数达百余人，各科讲义均按时免费发给学生，由指导员义务任教，学生自己根据讲义内容动手做实验，遇到疑难问题，随时可以到校中去请教老师。陶行知还经常带学生观看星斗，识别天河、北斗、牛郎、织女等星座。1932年5月，该校派出6名指导员到杭州师范学校、湘湖师范学校等地宣传对儿童实施科学教育的重要性，取得了良好效果。

由于经费原因，该校办到1935年被迫停办。后来，陶行知又设法与广播电台取得联系，举办空中学校，主要利用广播电台向大众传播科学知识。陶行知和同仁们撰写广播稿，每篇以刚好播放20分钟为度，一篇一题，由其次子陶晓光讲授普及教育课本《老少千字课》，同时宣传科学技术知识。

培养科普骨干，出版科普书籍

为了向民众广泛宣传科学知识，培养大众的科学意识，陶行知于1931年春组织编写了《儿童科学丛书》。由于他被国民党政权通缉不便出面，所以由丁柱中、陈鹤琴任名义主编，高士其、董纯才、戴伯韬、陶宏等人分任编辑，包括生物、物理、化学、数学、天文、矿物、农业、生理卫生等。这套丛书的特点是依照陶行知“教学做合一”的教育理论来编写，着重在指导儿童动手去做实验。陶行知在谈到丛书的编写目的时说：“我们编辑这部书的目的在引导小朋友把自己造成科学的孩子。科学的孩子必得动手去做，用脑去想，所以这部书是科学的孩子实验观察思想的指南，而不是静坐那儿‘诗云子曰’一样的读书。如果买了回去，读而不做，做而不求做之所以然，那便是违背我们编书的宗旨了。”陶行知组织编写这套丛书的终极目标是希望在使用这套丛书的小朋友中能够出现中国未来的伽利略、巴士德和法拉第。

这套丛书的对象主要是儿童和在校中小学生，包括那些从小失学没条件学习科学知识的成人，还有教师、家长等有知识和文化的人，因为这些人阅读后可以指导其子女学习科学。该套丛书有不少指导人们进行科学实验的理论和方法，以便培养广大民众热爱科学、学习科学、运用科学的习惯。当时的中国小朋友没有条件购买实验仪器，所以丛书指导小朋友找些破布、旧棉花、竹头、木屑、芦秆、墨水瓶、罐头盒等废弃物品作为原料来自己制作实验仪器，这样也有利于培养孩子们的创造发明意识。

陶行知根据自然学园成员的不同专业特长，分配了不同的编写任务，高士其是研究细菌学的国外留学生，陶行知就让他编写《微生物大观》，为了解决他手头缺乏资料和参考书的困难，陶行知还专门给了他钱，买了一套英国伦敦出版的《细菌学》。高士其非常感动，把自己的全部精力都集中到了该书的写作上，仅一个月时间，就把书稿交给了陶行知。陶行知还亲自校阅丁柱中译的《巴士德传》，还让董纯才翻译了《十万个为什么》、《黑白》、《五年计划的故事》等。

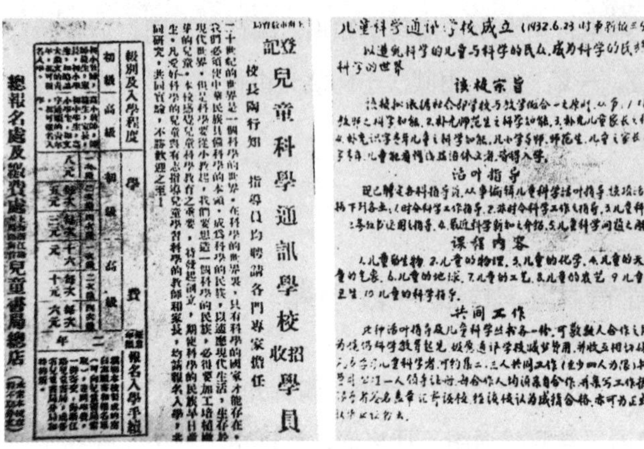

登記

兒童科學通訊學校招收學員

校長陶行知　指導員均聘請各門專家擔任

二十世紀的世界是一個科學的世界。在科學的世界裏，只有科學的國家才能存在。我們必須使中華民族具備科學的本領，成爲科學的民族，以適應現代生活，生存於現代世界。但是科學要從小教起，我們要想造一個科學的民族，必得要加工培植科學的兒童。本校感覺兒童科學教育之重要，特發起創立，期使科學的民族早日產生。凡愛好科學的兒童與有志指導兒童學習科學的教師和家長，均請報名入學，共同研究，共同實驗，不勝歡迎之至！

級別及入學程度　初級　高級

學費

報名入學手續

總報名處及繳費處　兒童書局總店

儿童科学通讯学校成立（1932.6.23 时事新报三张一版）

以造就科学的儿童与科学的民众，成为科学的民族，适应科学的世界

该校宗旨

活叶指导

课程内容

1.儿童的生物　2.儿童的物理　3.儿童的化学　4.儿童的天文　5.儿童的气象　6.儿童的地球　7.儿童的工艺　8.儿童的农艺　9.儿童的生理卫生　10.儿童的科学指导。

共同工作

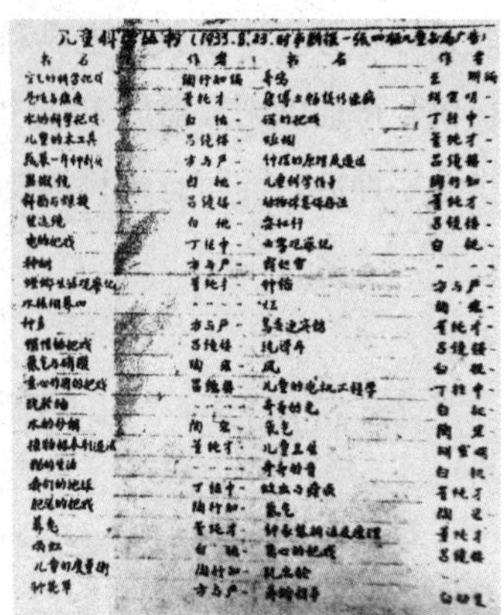

儿童科学通讯学校招生广告、办学宗旨及所编写的《儿童科学丛书》目录。

这套丛书中，陶行知亲自编写了《儿童的度量衡》，从数字与数位、量长短、造尺、量面积、量角度、量大小、衡、秤、杠杆、天平秤、活的秤、小磅秤、弹力秤等方面详细地说明了度量衡的原理和使用；编写了《空气的科学把戏》，列举了捉空气、把空气移进肺里监禁、纸不湿、水底点火、嘴唇生瓶、竹笔套吸水、水枪、杯水倒拿、水姑娘跳高、风车、潜水钟等小实验的做法，以此来说明空气的原理和用途；《肥皂的把戏》以对话的方式，对肥皂膜、肥皂泡、吹肥皂泡、玉连环、轻气球等作了解释；后来又编写了《儿童天文学活页指导》，目的是帮助儿童看天体、找北斗、找北极星、识光年、量天、找天龙、找织女、找牵牛、看土星等。这些书对儿童普及科学知识，具有直接的现实指导作用。

从 1931 年 9 月起，陶行知以“不除庭草斋夫”为笔名在《申报 · 自由谈》发表《比牛顿大一倍》、《阳历闹乱子》、《伽利略与木星的月亮》、《血染的诺贝尔奖金》等关于科学知识和科学家故事方面的文章 15 篇，在广大民众中推广科学知识，以达到传播科学知识的目的。

1934 年 2 月 16 日，陶行知主编《生活教育》杂志，开辟了“科学新知”专栏，后改为“科学前线”和“科学生活”，利用这些科学专栏广泛传播科学知识，讲述科学道理，宣传科学教育，为在民众中间普及科学知识提供了一个园地。

从民主主义者转变成为共产主义战士

从旧民主主义到新民主主义

陶行知出身于安徽贫苦家庭，自幼饱受艰辛，对灾难深重的旧中国广大劳苦人民有深刻了解和同情，这是他热爱人民的阶级根源和社会根源。他怀着满腔热情写了不少反映工农大众疾苦并为他们鸣不平的诗篇。在《一幕悲剧》里，他把一个饥寒交迫的妇女忍痛将亲生儿子送给路人的生离死别的情景描绘了出来，读来令人深感悲痛。他在海轮上看到在机仓里工作的工人，被煤火烤得如同煤炭一样，内心感慨万分，写下了《人与煤炭》一诗，表露他对压迫中国工人的三座大山的无比愤恨。

1923年他在一封家信中说："我本来是一个中国平民，无奈十几年的学校生活渐渐地把我向外国的贵族方向转移，学校生活对于我的修养固有不可磨灭的益处，但是这种外国的贵族的风尚却是很大的缺点，好在我的中国性、平民性是很丰富的，经过一番觉悟，我就像黄河决了堤，向那中国的平民的路上奔流回来了。"他回国以后，目睹灾难深重的祖国，人民处于水深火热之中，工农大众被摒弃于校门之外，于是决心放弃大学教授的优越生活条件，到平民中去，倡导并推动平民教育到乡间去的运动。1927年初，他毅然脱掉西装革履，穿上布衣草鞋，睡地铺，住牛栏，在南京郊外荒野里办起了晓庄师范，决心打破旧的传统教育，把教育送给农民。他以为农民服务为乐事，是中国教育界第一个深刻认识和高度重视农民问题的人。

热爱祖国、热爱人民，是陶行知日后逐步成为党外布尔什维克的两大基石，也是一个党外布尔什维克政治家的思想与行动的反映。然而陶行知并非一开始就是共产主义者，他和当年的许多共产主义者一样，也是有一个不断进步和不断发展的过程。

辛亥革命兴起，他接受民主革命思想并积极宣传。在金陵大学读书期间，他组织爱国演说会，举办爱国捐，宣传爱国思想。他在出国留学期间，时刻不忘祖国。他精通英语、德语、法语，但他从不用英语和本国人交流。因此，他留学美国时，被人称之为百分之百的中国人。回国后，他任南京高等师范学校教务主任，被推为南京学术界联合会会长，“五四”爱国运动兴起，他动员高师及全市学生开展反帝爱国运动。

他刚从国外回来时，信奉美国总统林肯的“民有、民治、民享”的旧民主主义思想。他认为中国落后就在于文化教育落后，平民不识字，于是满腔热情地投入平民教育活动。在教育实践中，他感到占中国人口百分之八十五的农民受不到教育，是国家贫穷落后的重要原因，于是下决心办乡村教育。这时，他在政治上非常崇拜孙中山，主张唤起农民革命。这种思想充分反映在《锄头舞歌》词中，他说：“天生了孙公做救星呀！唤醒锄头来革命呀！”后来，他亲眼看见晓庄师生支持南京和记洋行工人罢工的正义斗争受到蒋介石的血腥镇压，学校被关闭，自己被通缉，铁的事实给了他深刻的教育。

1931 年“九一八”事变后，日本帝国主义侵略军步步入侵，国民党政权推行“攘外必先安内”的反动政策，中国共产党却领导全国人民掀起了抗日救亡运动，陶行知便积极投入救亡运动。在陶行知的思想发展变化过程中，有两个明显特点：一是从为农民服务发展到为劳苦大众服务。他在上海创办工学团，得到中国共产党的支持和帮助，并和

陶行知在英国伦敦海德公园。（背影）海德公园是当时的自由论坛，陶行知曾写有《海德公园》一诗，赞扬这里的言论自由，讽刺抨击当时国民党政权的独裁和专制。

左翼人士亲密合作，拒绝对日妥协投降和积极反共的国民党人进入工学团。这时，他在工厂区办工人夜校，宣传抗日救亡，逐步认识到工人阶级的力量，写下了“光棍的锄头不中用，联合机器来革命”的歌词。二是政治上跟着中国共产党走，把生活教育与民族解放斗争结合起来。陶行知有救国救民的抱负，但如何才能救国救民？他想用创办乡村师范来救国救民，可是，蒋介石封闭了他办的晓庄师范学校。他认识到，中国人民要自由解放，不从根本上推翻反动派的统治，单靠教育来实现是不可能的。同时他认识到，中国共产党集中了中华民族的优秀儿女，为祖国人民的解放前仆后继，确实是中国人民的希望。

在伦敦北郊海格特公墓的马克思墓。

在共产党员同事和学生的影响和帮助下，他开始学习马列主义，看田汉介绍给他的英文本《资本论》，思想上受到不少启发。1933 年春节，陶行知借同乡友人程霖生的寓所（当时陶行知住处），请共产党方面的朋友讲解马克思主义。与严竟成、戴伯韬、王洞若等人一起听讲与讨沦，系统学习了马克思、列宁的著作。3 月 4 日，不顾国民党政权的法西斯统治，他与蔡元培、叶恭绰、李公朴、陈望道等人共同发起马克思逝世五十周年纪念会，充分表现了追求真理的大无畏气概。

为了能直接阅读马列原著，陶行知在 50 岁后，又开始学习俄文。当时的苏联是世界上第一个社会主义国家，出版了大量马列著作，对马克思主义作了系统而广泛的宣传。由于他本人的刻苦学习和他人的帮助影响，陶行知逐步弄清了马克思主义的基本原理，掌握了马克思主义的基本思想方法。

1934 年 1 月，陶行知在《生活教育》杂志上发表《行知行》一文，正式宣布放弃他使用了 23 年之久的名字陶知行，改为陶行知，表示他坚信辩证唯物主义思想。从知行到行知，反映了陶行知哲学思想的飞跃，标志着他的世界观的根本转变。1943 年，他在《创造年献诗》中写道：“行以求知知更行，不知直认为不知。遍览已知求未知，以知与人已愈知。以为武断靠不住，存在从来决意识。解剖内体寻条理，追踪外缘找联系。贯通证据悬断语，屡试屡验验还试。矛盾相生复相克，数量满盈能变质。相推而进正反合，顺沿发展觅定律。”此时他已完全接受马克思主义，这为他迅速成长为一个共产主义者

1936 年 7 月，陶行知代表救国会出席世界和平大会。

奠定了思想基础。

1936 年 10 月 30 日，陶行知与陆璀等人在出席世界青年和平大会和世界和平大会期间，一同拜谒了位于伦敦郊外的马克思墓，他在墓旁留影，向马克思的墓鞠躬致敬，并写了下面这首诗，表达对马克思的敬仰之情：

光明照万世，
宏论醒天下，
二四七四八，
小坟葬伟大。

1936 年，他和沈钧儒、邹韬奋、马相伯发起组织救国会，积极投身于抗日救亡运动，并受全救会（即全国各界救国联合会）的委托，以国民外交使节的身份，到世界各国宣传抗日，动员海外侨胞支援祖国抗日救亡运

陶行知在马克思墓前留影并赋诗一首

陶行知在温哥华与华侨合影。

动，争取国际友人的同情和赞助，把抗日救国联合战线的种子撒遍世界各地。

1939 年 7 月，陶行知在重庆创办育才学校，这所学校得到以周恩来为代表的中共中央南方局的关怀和支持。学校里有中共的地下支部，学校负责人和教师很多是共产党员，成为国民党统治区里一所延安式的革命学校。育才学校后来培养了一批又一批人才送到革命根据地或游击区去工作。陶行知在重庆与李公朴、史良等创办的社会大学，也是在中共地下组织和民主人士的支持下办起来的。

周恩来、董必武、邓颖超、吴玉章和中共中央南方局对陶行知也十分关怀，陶行知不顾特务的监视，和南方局的负责人经常来往，还常找周恩来、董必武谈心。他读了《新民主主义论》后，曾高兴地说："中国有救了！"他强调："近人毛泽东先生的新民主主义"是"实现真正民主的路线"，呼吁"创造一个自由独立进步的新中国"。这时的陶行知已摆脱了"民有、民治、民享"的旧民主主义思想，拥护以共产主义为指导思想的新民主主义。当他读到《在延安文艺座谈会上的讲话》时，兴奋地对人说："为谁服务这个根本问题，把我以前说的话讲得更明确了。”他为几位奔赴解放区的同事送行时说：“你们到了光明区，加紧努力，我只要还有一丝留在重庆的可能，我都要在这里奋斗！”

抗战胜利后，陶行知对民主又有了新的认识。他说：“民主的意义还是在发展，因为它的内容还是在发展。”他将民主从政治民主扩展到经济民主、文化民主、社会民主、国际民主。他认为：“毛泽东先生写的《新民主主义论》，和中国民主同盟临时全国代表大会所通过的纲领，都系实现真正民主的路线。”为此，他对民主作了如下精辟的论述：

> 民主是中国之起命仙丹。民主能叫四万万五千万老百姓团结成一个巨人。民主能给我们和平，永远消除内战之危机。民主好比是政治的盘尼西林，肃清一切中国病。民主又好比是精神的维他命，给我们新的力量，来创造一个自由独立进步的新中国和一个富足平等幸福的新世界。民主第一，人民万岁！

为了实现他所论及的真正民主，1945 年 11 月他先后参加了重庆各界人士举行的反内战大会，并发表了讲话，他在讲话中呼吁民众起来制止内战，争取和平民主。同年 12 月，他又参加了重庆各界追悼昆明“一二 · 一”死难烈士大会，并撰写祭文高度评价学生们为争取民主而勇于牺牲的革命精神。1946 年 6 月，“下关惨案”事发后，陶行知作为上海和平运动领导者，就下关事件向外国记者澄清是非，并斥责“反动的力量是逐渐将三民主义变为法西斯的组织”。

同年 7 月中旬，李公朴、闻一多在昆明被国民党特务暗杀后，陶行知怒斥道：国民党政权专横霸道已经二十多年了，他们拥有全国的军队和警察，然而他们还要像蛇蝎一样的向上爬，去杀害那些进步的手无寸铁的评论者的生命。他致函育才学校全体师生时讲道：“死了一位民主战士，就感召培养一万个民主新战士来替补；死了一百位民主战士，就感召培养一百万位民主新战士来替补。”他认为“只要我们肯得为民主死，真民主就会来到，而中华民族也一定可以活到万万年”。

在陶行知的影响下，加拿大温哥华华侨成立抗日救国会，支援祖国抗战。

总之，陶行知的民主观念经历了一个自由民主主义者向激进民主主义者转变、再由激进民主主义者向自觉的马克思主义者转变的过程。陶行知民主观念的转变，可以说是他从亲自参与的政治实践中在不断提高政治思想觉悟的前提下实现的。亲身的经历使陶行知逐步认识到，国民党政权的专制统治将会断送中国的民主前程；而只有共产党领导的革命运动才能真正引导中国走上民主之路，因而他坚定地追随中国共产党，成为一名“党外的布尔什维克”。

从实用主义到辩证唯物主义

陶行知的哲学观点是根植于中国传统文化的深厚沃土，在吸收与借鉴西方现代文化精华的基础上形成的。就其来源而言，主要受中国传统文化和美国实用主义哲学的影响。

中国传统知行观是陶行知哲学观的首要来源。中国古代思想家对知行关系大都作过精辟的论述，而且强调行的重要性，从孔子、墨子、荀子到王夫之、颜元都提出行先知后、知行并重的思想。陶行知对墨子的思想继承得比较多，他曾指出：“《墨辩》提出三种知识：一是亲知，二是闻知，三是说知。亲知是亲身得来的，就是从行中得来的。闻知是从旁人那儿来的，或由师友口传，或由书本传达，都可以归为这一类。说知是推想出来的知识。我们拿‘行是知之始’来说明知识之来源，并不是否认闻知和说知，乃是承认亲知为一切知识之根本。闻知与说知必须根于亲知里面方能发生效力。”说明墨子的“亲知”、“闻知”、“说知”对陶行知的影响很深。

王阳明的知行观对陶行知的哲学观形成产生了至关重要的影响。1910年在金陵大学上学期间，由于深受王阳明知行观的影响，他将自己的名字改为“陶知行”，1934年他在《行知行》中讲道：“在二十三年前，我开始研究王学，信仰知行合一的道理，故取名‘知行’。”到30年代，他将王阳明的知行观进行了创造性的改造，他说：

> 至于阳明先生的“知行合一”是“即知即行”，那么“知行”就一样的困难，或是一样的容易，实在“知”和“行”不能分开，不过是一件事的两面而已。
>
> 王阳明说：“知为[是]行之始，行为[是]知之成。”我说：“行为[是]知之始，知为[是]行之成。”

王阳明的话，我可以把他翻半个——180度的筋斗，意思就是把他的话来个倒栽葱。

为此，他于1934年7月将自己的名字改为“行知”，以体现其哲学观的变化。不论是讲“知行”，还是讲“行知”，都可以看出其深受中国传统文化影响的事实。另外，他对孙中山先生哲学观的理解及对国民“知易行难”心理习惯的剖析，也可反映出陶行知哲学观受到中国传统行知观的深刻影响。

杜威实用主义哲学思想是陶行知哲学观的重要来源。陶行知赴美留学后，接受了杜威的实用主义思想，但他在吸纳西方哲学观的过程中始终立足中国传统文化，并将其作为自己的文化根系，在此基础上有鉴别地去吸收。他说：“我们必须有从自己经验里发生出来的知识作根，然后别人的相类的经验才能接得上去。倘使自己对于某事毫无经验，我们绝不能了解或运用别人关于此事之经验。”陶行知在哲学观方面吸取杜威的思想主要有强调“做”与“行”的重要性，注重理论同实际的联系；注重科学实验，以科学方法办教育。他在自己已经形成的知行观的基础上，对杜威实用主义哲学思想作了创造性的吸收，从而形成其兼容中西的富有特色的哲学观。

陶行知哲学观点的核心是认识论，其哲学观点的形成过程是一个动态的过程，主要经历了由“知行”到“行知”再到“行知行”的过程，是从相信“知是行之始”的唯心主义转化到坚信“行是知之始”的唯物主义，最后形成了“行知行”的辩证唯物主义观点的过程。

从辛亥革命、五四运动、抗日战争到战后反独裁、反内战

为了挽救中华民族的命运，陶行知始终以极高的政治热情，立足于中国革命的实际，积极参与中国近现代史上历次拯救中国命运的革命实践活动。特别是他“作为一个无保留追随党的党外布尔什维克”（周恩来语），为中国的前途和人民的解放而奔走呼号，不遗余力，为推动中华民族的解放事业作出了贡献。

参加辛亥革命地方起义

1911年秋，陶行知升入金陵大学文学系学习。1911年10月10日，武昌起义爆发，全国各地纷纷响应，江苏全省到处掀起革命的浪潮。在武昌起义后的20多天时间，苏州、镇江、无锡等地宣告光复，南京成为孤城一座，岌岌可危。夺取南京，对于革命军来说，意义非凡，可以有效遏制清兵对武昌的反扑，进而可以形成长江沿线与武汉遥相呼应的两个革命重镇。当时，驻守南京的清兵分为新军九镇和旧军江防营两部分，前者是倾向革命的部队，他们受到武昌新军起义的感召，革命热情高潮，于是在11月7日举起了义旗，向南京发动进攻，结果因弹药缺乏而失利。同盟会上海支部立即通电全国，要求调集各省兵力来增援，顿时，光复各省均派兵力火速增援南京，大战告即。

此时，金陵大学为了避免战争影响到师生的正常教学，决定停课放假，让学生各自回家。陶行知与安徽籍的同学一同回到家乡，投身到这场革命的洪流之中。据陶行知的同乡朋友程管侯后来回忆说："1911年……辛亥，参加余德民、陶行知、汪章瑞、程则裴等在屯溪阳湖余家庄起义，清县知事先期出走，休宁富户地主代表汪觉生等拥夏慎大取得县政权。"他自己也曾于1916年在为申请利文斯顿奖学金致哥伦比亚大学师范学院罗素院长的信中写道："我考入金陵大学，令人高兴的是，在金大对于基督徒学生和非基督徒学生均一视同仁。三年后，第一次革命爆发了，我回徽州，任县议会的秘书。干了半年后，又返校继续完成学业。"正是在民主革命思想的影响下，陶行知的思想进步很快，他开始关心政治和国内形势，参与组织学生团体，积极投身社会实践，通过演讲和募捐等活动来支持民主革命。

1912年5月，为了帮助革命党人黄兴领导的南京留守机构解决财政困难，陶行知亲赴苏州东吴大学，发动该校学生到南京联合召开运动会，售出的门票用来充当"国民捐"。为了给新型民主

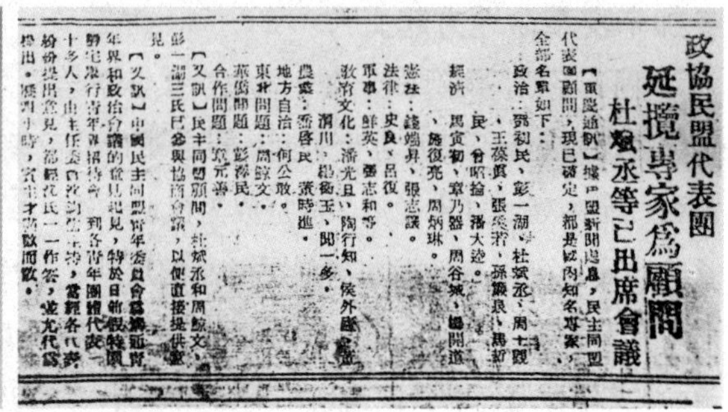

政協民盟代表團
延攬專家為顧問
杜斌丞等已出席會議

陶行知积极投身民主运动。图为重庆时的陶行知和他节录自己作的《战斗论》。

共和国家的建立提供理论依据，他在金陵大学期间就钻研民主共和理论，他撰写的大学毕业论文是《共和精义》。在欧美民主共和理论和孙中山三民主义学说的指导下，他认为“自由、平等、民胞，共和之三大信条也。共和之精神在是，共和之根本在是”。他看来，共和对个人与社会均具有重要意义：“重视个人之价值”，“唤醒个人之责任”，“予个人以平等机会”；“共和政治图谋国民全体之福利”，“重视共和目的、共同责任”，“能得最良之领袖”，还论述了共和与教育、共和与文化、共和与交通、共和与秩序等关系。

领导南京五四爱国运动

1919年5月4日，北京爆发五四爱国学生运动，这一消息传到南京后，南京高师的学生立即通过游行和散发传单等方式来响应。5月9日，南京各界六千多人聚集在小营演武厅召开国耻纪念大会。陶行知、刘伯明、钟叔进等人发表演说，阐明国耻历史，表达誓雪国耻的决心，痛斥卖国贼和日本帝国主义，呼吁拒绝在巴黎和约上签字，取消二十一条。陶行知在演讲中讲道：

> 今日为国耻纪念，吾人视之应哭。然哭亦徒然无益于事，惟愿国人对于此种国耻纪念应有如何之决心，以希达到消除此种国耻之日，庶乎可尽人民为国之目的。否则，徒然有此国耻纪念，以表示其意思而无消除之望，又何必有此纪念？！然希冀消除此耻，其应当进行事件有六，吾人当勉为之：（一）必求达到归还青岛之目的；（二）不承认卖国贼所订各种密约；（三）保全我最高级之北京大学；（四）释放我代表真正民意之学生；（五）扩张教育，增进人民智识；（六）振兴实业，重持全国金融。希望国人勿贪财色名利而自堕其人格，要有真正之决心继续进行，终必

达到消除此九日国耻之目的。

听了演说后，有的学生当场咬破手指，沥血疾书“还我山东”四个大字。会后，举行游行示威活动，并散发大量传单。第二天，陶行知等人前去英美领事馆，表明了中国人民反对巴黎和约，要求归还青岛的立场。5 月 13 日，南京 20 多所中等以上学校各选 4 人参加南京学界联合会成立大会。大会以“提倡服务社会，发挥爱国精神”为宗旨，通过了大会章程，选举陶行知为会长。南京学界联合会成立后，便开始组织学生散发传单，开展露天演讲，社会影响很大，致使下关扛驳转运公司拒绝装卸日货，南京总商会坚决抵制日货。5 月 20 日，政府当局和校方阻止学生继续进行反帝爱国运动，身为南京高师教务主任的陶行知，不畏惧政府的压力，不听校方的劝阻，仍以学界联合会会长的名义，继续组织学生开展爱国学生运动。由于当时南京高师校长郭秉文在美国考察，学校事务由陶行知与学监主任陈容共同主持，陶行知坚决支持学生运动，而陈容阻挠学生参加游行和罢课，与陶行知争执，羞愤辞职。南京各校学生因陈容的顽固立场，而脱离学界联合会，独立组成学生联合会。6 月 2 日，南京学生联合会成立，陶行知被聘为顾问。11 月 7 日，在全国各界联合会筹备会的推动下，由南京学生联合会发起的南京各界联合会筹备会成立，陶行知以欧美同学会代表的身份被选为会长。12 月 8 日，南京社会各界

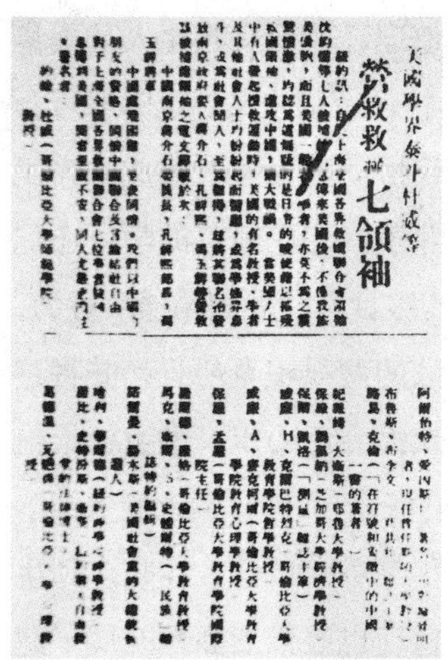
營救救聯七領袖

1936 年 12 月 6 日，陶行知在美国得悉救国会“七君子”被捕，代杜威起草致蒋介石电文，并征得世界知名人士爱因斯坦、罗曼·罗兰、罗素、甘地等联名发表。左图为当时报载杜威等致蒋介石《营救救联七领袖》电文。右为“七君子”出狱后合影。左起：王造时、史良、章乃器、沈钧儒、沙千里、李公朴、邹韬奋。

上万人集会抗议福州惨案，陶行知又被推为大会副主席，复被公推代表教育界与另一商界代表向苏省军民两长请愿，抗议日军枪杀福州学生的暴行。1921 年 6 月 2 日，安徽学界又发起了一场反对军阀独裁、争取教育经费独立的运动，遭到军阀镇压，伤 50 余人，有 2 名中学生死亡，造成震惊全国的“六二惨案”。当时陶行知正在安庆讲学，他不顾军阀的枪林弹雨，挺身而出，撰写文章肯定学生的正义行为，并帮助学生转学，在他的帮助下有不少学生转到了南京上学。

支持晓庄师生反帝爱国运动

1927 年 3 月 15 日，新型的晓庄师范诞生于北伐战争的炮火声中，学校成立伊始师生就组建了红十字救护队，并在多处设立妇孺收容所，特别是燕子矶小学设立的妇孺收容所，收容了 200 多名难民，他们遵照陶行知“严格训练”，“认真救人”的要求，起到了救护在战争中受伤的士兵和民众的作用。3 月 24 日，北伐军进入南京城，晓庄师范的师生与市民一道上街欢迎北伐军。正当全市人民沉浸在北伐军取得胜利的喜悦之际，聚集于长江口的英、美、日、法、意等帝国主义国家的船队借口“保护侨民”，疯狂炮轰南京，打死打伤中国士兵和居民两千多人，制造了震惊中外的“南京惨案”。中国人民没有被帝国主义的血腥屠杀所吓倒，陶行知领导下的晓庄师范学生参加了江苏省学生联合会和全国学生联合会，他们纷纷上街宣传革命道理，在街头巷尾人员聚集的地方进行讲演，散发传单，控诉帝国主义的反动罪行，揭露军阀的卖国行径。他们还协助附近的农民成立农民协会，开展反对土豪劣绅的斗争。晓庄师范的学生还配合北伐军调查土豪缪子欣收购粮食接济军阀的通敌行为，扣留了停泊在燕子矶江边资敌的两只粮草船只，并将这些通敌的土豪抓起来，在群众大会上公审，学生们给他们戴上高帽，游街示众，学生们沿途高呼“打倒土豪劣绅”、“打倒列强”、“打倒军阀”等革命口号。在晓庄师生的带动下，南京北郊的农民运动也轰轰烈烈地开展了起来，有力地打击了封建主义与帝国主义的嚣张气焰，弘扬了革命人民的正气。

团结御侮文件

陶行知

大祸已临头，
萁荳忍相煎。
摩登万言书，
我名最先签。

陶行知诗《团结御侮文件》。

毛澤東先生致章陶鄒沈四先生信

關於團結禦侮幾個基本條件與最低要求的討論

毛泽东公开复信陶行知等，表示支持团结御侮宣言，并愿与救国会亲密合作，共同推进抗日救国斗争。

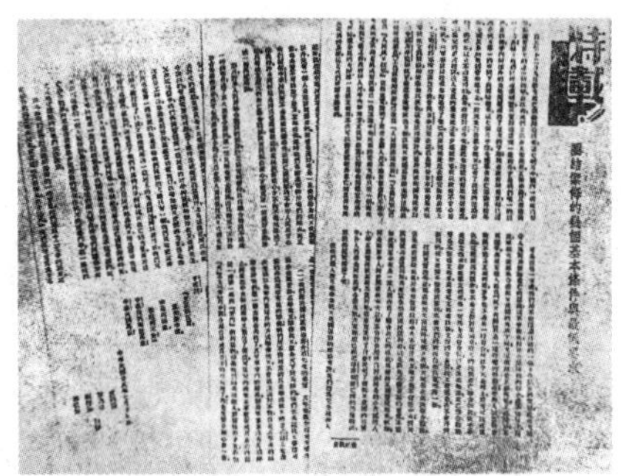

1936 年夏，陶行知修改了胡愈之起草的《团结御侮的几个基本条件与最低要求》，并以他和沈钧儒、邹韬奋、章乃器的名义发表。

陶行知先生今日出國

參加世界新教育會議

考察英，法，德，意，土，蘇聯，美國新文化狀況

宣傳中國文化及救亡運動的實況

徵求世界人士對太平洋集體安全的意見

1936 年 7 月，陶行知受救国会委托，出国访问宣传抗日。这是当时《生活日报》报道陶行知出国的消息。

1930 年 4 月，晓庄师生又参与了支持和记洋行工潮事，而且表现非常活跃。蒋介石认为这又是陶行知在后面支持学生，不由得十分恼火。4 月 7 日蒋介石不指名地指责陶行知："……前天和记洋行发生工潮，接着学生不顾劝阻上街游行。现在共产党造谣，如果学生轻信谣言，为共产党做工作，有越轨行为，政府要当他反革命处置。……如果哪一个学校，哪一个团体，无故煽动风潮，不管学校的校长是谁，有什么名望，政府必定严加制裁。"

蒋介石认为晓庄师范是这次学潮工潮的主要发动者，派首都（南京）卫戍司令部司令谷正伦来见陶行知。

谷正伦气势汹汹地说："陶先生，你的学校有许多共产党员，请你把名单交出来，否则，政府将采取断然措施，对学校严加制裁。”

陶行知不卑不亢答道：“笑话！谁是共产党，额角上面没有刻字，我怎么知道？我只知道学生爱国，反对帝国主义侵略。中国人爱自己的国家，没有错！要说错，错在政府。日本军舰驶入长江上游，如入无主之国。中山先生若在天有灵，该是如何痛心！”

谷正伦恼羞成怒：“国家的事，有政府管。学生不好好读书，多管闲事，便是捣乱，便是反革命！”说完拂袖而去。

几天后，晓庄师范果然被国民党查封。陶行知遭到通缉，连夜出走去上海。他写信指示晓庄师生作合理斗争，派代表去教育部责问：“爱国何罪？”“为什么封闭学校？”

陶行知的哥大同学教育部部长蒋梦麟避而不见，派教育部次长朱经农接待。师生们严词责问：凭什么封闭学校，通缉陶行知？朱经农强词夺理道：“我一向与陶先生相熟，以为他是很纯洁的。现在才知道原来他和共产党是‘一丘之貉’！”

学生将朱经农的话写信告诉陶行知，他沉思良久，赋诗回敬这位当年曾一起推行平民教育，并合编《平民千字课》，如今身居高位，倒行逆施的留美同学。

劳山有牛，好用其角。朱先生说：“是一丘之貉。”
牛变为貉，这事可确？纪常听之，磨刀霍霍。
天下的老牛，生来都有角。只因受训育，有角如无角。
无角令人爱，有角令人愕。平常当非常，老牛竟成貉。
用力耕田，应敌用角。天下的老牛联合起来啊！谁敢剥削？

陶行知出席世界和平大会期间与巴黎学生自治会代表合影。

旅法华侨与巴黎市民举行反对日本法西斯侵略中国的示威游行。

他将诗寄给朱经农，这位留美同学收到后，无言以对。

响应“八一宣言”，发表“共同声明”

当日本帝国主义占领东北，进一步加紧侵华步伐，华北告急之时，中国共产党参加了1935年7月在莫斯科召开的共产国际第七次代表大会，大会号召建立国际反法西斯同盟，要求国共合作，共同抗日，建立抗日民族统一战线。1935年8月1日，中国共产党驻共产国际代表团以中国共产党中央委员会的名义，发表了《为抗日救国告全体同胞书》，又称“八一宣言”。宣言呼吁和号召各党派、各界同胞、各军队停止内战，以便集中一切国力去为抗日救国的神圣事业而奋斗；组织全中国统一的国防政府和全中国统一的抗日联军；实行全体同胞总动员，以战胜日本帝国主义。这一宣言，在国内产生很大影响，受到广大人民的欢迎。11月28日，中华苏维埃中央政府和中国工农红军革命委员会发表了《抗日救国宣言》，提出了具体的抗日救国十大纲领。在中国共产党的领导下，12月9日，北平五六千大中学生举行了反日救国示威游行，高呼着“打倒日本帝国主义”、“停止内战一致抗日”等口号，遭到反动军警的镇压。这就是“一二·九”爱国学生运动。毛泽东又于12月27日在陕北召开的党的活动分子会议上作了《论反对日本帝国主义的策略》重要讲话，号召放手大胆地团结一切可以团结的力量，尤其是那些有影响的社会知名人士，建立最广泛的抗日民族统一战线。

正是在中国共产党倡导建立抗日民族统一战线的正确路线的指引下，陶行知等一批进步知识分子进一步密切了与共产党的关系，积极走上了抗日救国的道路，并呼吁全国

陶行知在游行队伍中（一）。

陶行知在游行队伍中（二）。

人民团结起来一致对外。为此，1935年12月12日，陶行知与沈钧儒、马相伯、邹韬奋、章乃器、李公朴、周建人、郑振铎等280多名文化教育界著名人士，联合发表了《上海文化界救国会宣言》，又称"共同声明"。陶行知是这一共同声明的主要发起者和组织者，沈钧儒回忆说："陶先生是当时奔走呼号极其努力的一人。"宣言积极响应中国共产党的号召，提出"停止内战，一致抗日，维护领土主权完整"等抗日救国主张。宣言高度评价"一二·九"学生运动，倡议全国人民早日奋起，争取民族解放，保卫中华民族的主权与领土完整；要求立即出兵讨伐冀东及东北叛变组织，严惩一切卖国贼，集中全国人力、物力、兵力抵抗日本帝国主义的侵略。还倡导保障人民结社、集会、言论、出版等自由。该联合声明的发表，引起了全社会的关注，具有很大反响。12月27日，上海文化界人士成立了上海文化界救国会。陶行知当选为执行委员兼教育委员会主任，具体负责主持与发动教育界的救亡运动。会后，又发表了《上海文化界救国会第二次宣言》，再次呼吁建立全国文化救亡统一战线，反对文化统治，停止内战，坚决抗日。不久，陶行知又于1936年2月初写了《战斗》一文，痛斥当时国民党政权的不抵抗政策，批判那些政府官员"明哲保身，听天由命，等待五十年，三天亡中国，不抵抗主义"，指出"中华民族已到存亡关头，凡是受麻醉而不战斗，或迷恋在私斗里的人，都要被历史的巨浪所淘汰，留下真正的斗士用他们的热汗和鲜血把新的历史一页一页的写成。"他大声疾呼："只有大众组织起来担负救国的责任，才是真正的救国。……用我们的汗和血继续的写这部伟大而光荣的新历史。"

从事国民外交，争取抗战外援

1936年7月11日，陶行知应邀参加在英国伦敦召开的国际新教育第七次代表大会，会议的中心议题是"一个新教育者如何用教育的工具去改变现实，创造新世界向前发展的条件"，应邀参会的代表来自50多个国家。会后，陶行知以救国会国民外交使节的身份，出访了英国、瑞士、比利时、法国、德国、意大利、土耳其、美国，考察这些国家的文化教育状况，大力宣传中国的抗日救国主张，争取各国对中国人民抗战的支持和援助。7月11日，从香港启程，14日到达新加坡，应邀作了题为《新中国与新教育》的报告。26日离开新加坡，途经马来西亚和印度，了解了当地人民的生活疾苦，他在印度时赋诗《印度的高利贷》："没得吃，要借债；没得穿，要借债；嫁女儿，要借债；印度农人一身都是债。"表现出对国外贫苦大众的同情心。8月7日，到达伦敦参加第七届新教育会议，陶行知和留美同学张彭春参加了会议，陶行知在会上作了《中国救亡运动与小先生普及大众教育运动实践情况的报告》，受到与会代表的关注，各国代表对陶行知所介绍的“小先生制”、“教学做合一”、“工学团”等理论与实践表示关注，特别是印度、加拿大、墨西哥等国的代表尤为感兴趣，代表们打算回去也照样试试。

陶行知出席巴黎全欧华侨抗日救国联合会会议时，与钱俊瑞（后排右二）、陆璀（前排中）合影。

1936 年 8 月 31 日，陶行知又应邀与全国学联代表出席了在瑞士日内瓦召开的有 35 个国家参加的世界青年和平大会，在会议期间他通过各种努力，赢得了美国、英国、苏联、西班牙等国青年领袖在中国青年抗日意见书上签名的支持，让世界各国青年了解中国的

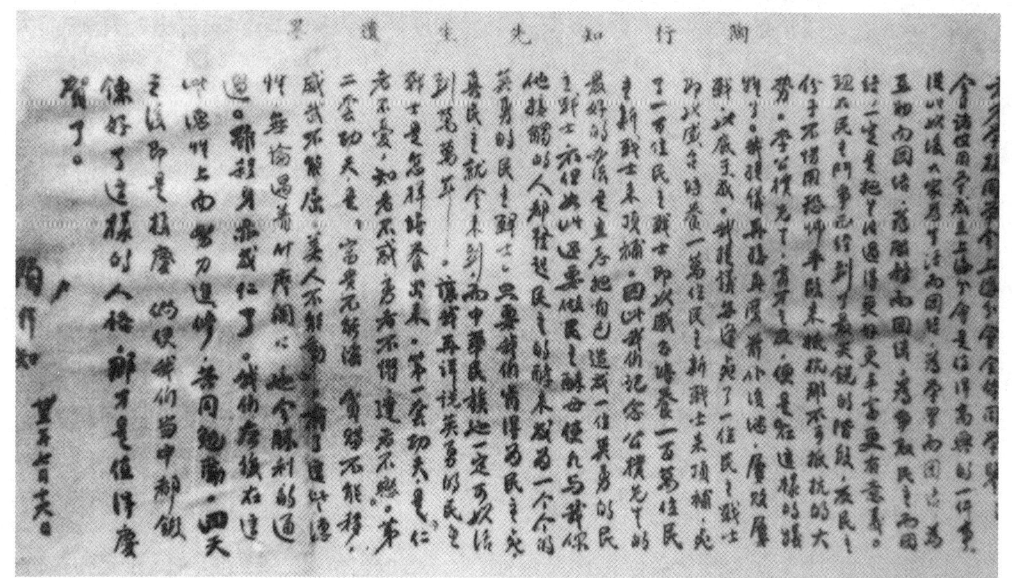

陶行知先生遗墨

他接触的人都发起民主的酵素，成为一个一个的英勇的民主斗士。只要我们个个得为民主而奋民主就会来到，而中华民族也一定可以得到万万年。——谈我再详说英勇的民主战士是怎样培养出来。第一要功夫是仁者不忧，知者不惑，勇者不惧，达者不恋。第二要功夫是：富贵不能淫，贫贱不能移，威武不能屈，美人不能动。有了这些德性，无论遇着什么困难，也会胜利的通过。我就自身杀身成仁了。我们应该在这些德性上面努力进修，并同勉励。四天之后即是校庆，我们使我们当中都锻炼好了这样的人格，那才是值得庆贺了。

陶行知 卅五年七月十六日

国民党反动派暗杀李公朴等民主战士后，陶行知愤慨万分，他在给育才学校同学会的信中，提出“仁者不忧，智者不惑，勇者不惧，达者不恋”，“富贵不能淫，贫贱不能移，威武不能屈，美人不能动”，与同学相勉励。这封信写于 1946 年 7 月 16 日，是陶行知生前的最后一封信。

1946年6月23日，陶行知在上海北站欢送人民代表赴南京请愿的大会上高呼："八天的和平太短了，我们需要永久的和平！伪装的民主太丑了，我们需要真正的民主！"

抗战，支持中国的正义战争。9月2日，他又赶赴比利时首都布鲁塞尔参加另一个国际性会议——世界和平大会。出席此次会议的还有钱俊瑞、陈友松、陈铭枢、胡秋原等人，陶行知被大会选举为主席团成员。大会结束时，他又被选为世界和平大会中国执行委员，并代表中国代表团起草了《致国际和平大会主席书》。大会接受了陶行知等人递交的建议书。年底，在宋庆龄的主持下在上海召开了远东反侵略大会，旨在赢得国际友人对中国抗日战争的支持。

1936年9月20日，陶行知又出席了在法国巴黎召开的全欧华侨抗日救国大会，参会的有来自英、法、德、瑞士、荷兰等国的代表共400多人，其他国家的侨胞纷纷来函祝贺，陶行知在会上发表了《〈团结御侮的几个基本条件与最低要求〉之再度说明》的演讲，他演讲所突出的主题是团结御侮是中华民族当前神圣的任务，还即席吟诗《中华民族大团结》，倡导"停止内战"、"打倒包办救国"、"大众一起联起来，方能创造新中国"、"救国第一是抵抗，抵抗须大家干"、"作战和团结的中心是打倒日本帝国主义"。10月30日他与陆璀在离英赴美之前，去伦敦市郊瞻仰马克思墓，敬献花圈，摄影留念，还赋诗《瞻仰马克思墓》，这是他首次瞻仰马克思墓，后来又去过两次，充分体现出他对马克思的敬仰与推崇。

1936年11月9日，他从英国抵达美国纽约，从此开始了在美国的国民外交和抗战宣传。他首先来到他的母校——哥伦比亚大学，先后拜访了克伯屈、杜威、孟禄、中国人民美国之友协会、女青年会国际研究所、世界电讯社、红十字男职员俱乐部、国际扶轮社、美国作家协会、波特兰图书馆协会及外国教士会。通过广泛接触一些友人和团体，一方面他想了解美国各界对中国抗战的态度，另一方面有针对性地开展抗日救国宣传，以便争得国际援助。

经过陶行知的努力，美国人对中国抗战的态度，由漠视到关注再到帮助。1937 年 8 月 27 日—9 月 25 日，陶行知在墨西哥进行抗日救国宣传，受到墨西哥总统的接见。他希望各国停止向法西斯国家出售军火，不许法西斯国家使用各国的港口，“请以与共同的敌人作战为我们友谊的开始”。结束对墨西哥的访问后，于 9 月底又回到美国，在港口码头工人中进行抗日宣传活动，倡导禁止为日本人搬运军需物资。11 月 17 日，他与留美学生共同成立了中华经济研究社，专门研究美日经济关系，并向美国人民宣传抗日救国道理。11 月 19 日，在加拿大国会及维多利亚剧院集会上，他作了《和平与民主》的演讲，呼吁民主国家团结起来，共同反对侵略者。1938 年春再度赴欧洲各国，先后到英国、爱尔兰、荷兰、法国、比利时等国，在侨胞中进行了抗日爱国宣传讲演。之后，再次去美国和加拿大，进行宣传和募捐活动。1938 年 8 月 30 日，陶行知结束了两年一个月的海外抗日宣传活动，回到香港。在这两年当中，陶行知先后访问了 26 个国家。

正因为陶行知每到一个国家都要利用各种场合，通过广泛外交，不辞艰辛，尽可能与社会各个阶层的人士接触，并巧妙利用各种集会去进行演说，大力宣传中国抗日救国的形势和需求，因此，欧美各国人民对中国的抗战情况有了深入了解和理解，并且争取到这些国家人民和团体的可贵支持与帮助。可以说，陶行知的国民外交，有力支援了国

左图为上海各界人民群众欢送赴宁代表，右图为请愿代表。左起：篑延芳、胡子婴、盛丕华、张炯伯、闫宝航、雷洁琼、包达三、马叙伦。

内的抗日救国运动，为促进中国的民族解放事业作出了不可磨灭的贡献。

反内战、反独裁，争取和平民主

郑振铎曾讲过：陶行知“是一位不屈不挠的民主斗士，许多年来为民主运动而争斗着，从来没有放松过一下，休息过一刻”。的确，陶行知为了中国的民主进步事业作了不懈的努力，尤其是抗战胜利后，面对国民党政权发动内战，实行一党专政、独裁统治，他挺身而出，努力争取和平民主。1945 年，蒋介石撕毁“双十协定”后，激起了全国各界人士的极大愤慨。11 月，陶行知与沈钧儒等民主人士共同发起成立“反内战联合会”，他在成立大会上还朗诵了自己的诗歌《立刻停止内战》：“哥哥放了一枪，弟弟回敬一弹……立刻停止放枪，双方各回原防；听候主人查明，万事和平商量。谁再放第一枪，便是内战罪犯。还要实行民主，团结才有保障。”反映了他和大众期望和平与民主的心声。

1945 年 12 月 1 日，昆明大中学校师生进行反内战运动，国民党政权派军队镇压师生，西南联大等校的 4 名师生惨遭杀害，制造了轰动全国的“一二·一”惨案。12 月 7 日，陶行知为死难者作了悼诗《昆明因反内战被杀于再先生及荀极中潘琰李鲁连同学千古》：

是谁杀中国人？是中国自己的“好汉”。
是哪儿来的枪？是从友邦来的枪。
是哪儿来的子弹？是从同盟国来的子弹。
让我们的同胞知道，一齐起来制止这悲惨的内战。

以此谴责国民党政权意欲发动内战、践踏民主的反动行为。12 月 9 日，重庆各界进步人士举行“陪都公祭‘一二·一’死难烈士大会”。在育才办事处的晨会上，他慷慨激昂地向师生讲话，控诉国民党反动派的罪行，他讲道：“今天是陪都公祭‘一二·一’昆明死难烈士的日子！我要去参加祭礼。我已于昨日晚把我的破布烂棉花的诗稿整理好，……我是可以交代了，无顾虑地去参加祭礼了。参加是危险的，但有正义感、爱国热忱的人都应该去参加。我是校长，不能强迫大家去，希望大家慎重考虑后决定。”会后，他马上写好了祭文、挽诗，便临危不惧、视死如归地走向了公祭会场。在他的带动下，育才办事处的师生都紧跟他去参加公祭大会。同时，他还给妻子吴树琴写好了遗书：

我现在拿着昨晚编好的诗歌全集，去交给冯亦代先生出版，然后再到长安寺去祭昆明反内战被害烈士。也许我们不能再见面了。这样的去是不会痛苦，望你不要悲伤。你有决心，有虚心，有热心。望你参加普及教育运动，完成四万万五千万人之启蒙大事，以奠定天下为公之基础，再给我一个报告，再见！

政协开会期间，陶行知和李公朴在沧白堂举行讲座，宣传民主与和平主张。2月1日，国民党特务公然向讲台扔石头，打伤讲演者和听众多人。陶行知组织育才学校和社会大学的师生保护中共代表王若飞和其他民主人士。2月10日，陪都重庆社会各界人士数万人，在较场口召开庆祝政协会议成功大会，反动军警、特务殴打李公朴、郭沫若、马寅初及群众60多人，制造了震动中外的“较场口血案”。当时，陶行知是大会主席团成员，他率育才学校和社会大学学生参加会议，特务反诬陶行知带领学生捣乱会场秩序。法院传讯陶行知，他不屈不挠，聘请史良为育才学校法律顾问，向法院提起“追诉”，进行了有力的反驳。之后，尽管反动派更加嚣张，但陶行知毫不顾及恐吓和危险，一如既往地领导育才学校和社会大学师生继续为和平和民主作不懈的努力。

由于陶行知坚定地反内战、反独裁，倡导和平与民主，因而他被列为国民党反动派重点打击的“黑名单”。但陶行知无所畏惧，这一期间一直坚持战斗在第一线，每天四处发表演讲，抨击国民党政权的专制和腐败。

没有想到的是，由于劳累过度、健康过亏、刺激过深，1946年7月25日，陶行知突发脑溢血，经抢救无效，于12时30分逝世于上海，终年55岁。一代文化巨人和教

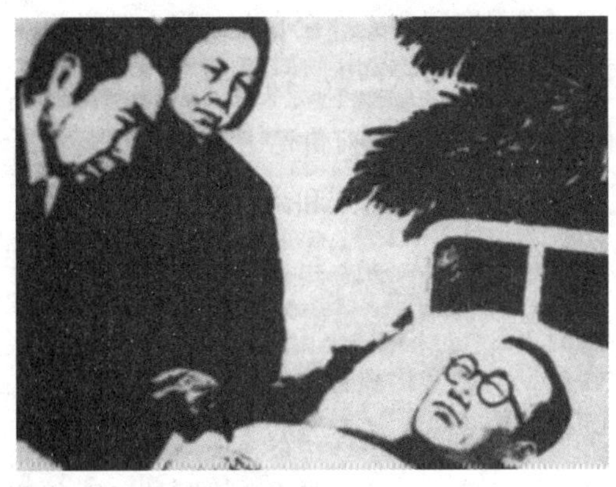

陶行知病重时，周恩来亲去探望。

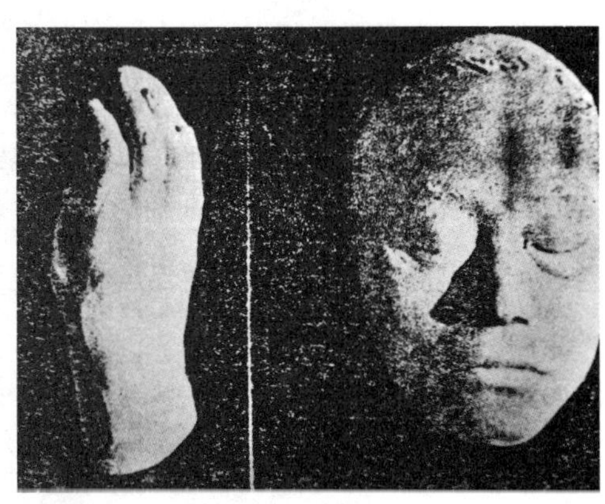

陶行知去世后所做的手模和面模。

育宗师，就这样离开了人世。

陶行知遽然逝世的噩耗传开后，举国上下为之震动，周恩来和邓颖超火速赶到陶行知下榻的爱棠新村，含着热泪说："陶先生，放心去吧，你已经对得起民族，对得起人民，你的未了的事，会由朋友们，由你的后继者坚持下去，开展下去的。你放心的去吧。我立刻就要到南京去了，我们必定要争取全面的、持久的和平和实现民主来告慰你的。朋友们都得学习你的精神，尽瘁民主事业直到最后一息的。陶先生，你放心的去吧！"

当天，周恩来致电中共中央，报告陶去世一事，称"这是中国人民又一次不可补偿的损失。十年来，陶先生一直跟着毛泽东同志为代表的党的正确路线走，是一个无保留追随党的党外布尔什维克。"

7 月 26 日，上海数十个团体和各界人士为陶行知举行大殓，前来追悼的各界人士不计其数，络绎不绝。沈钧儒、郭沫若、黄炎培、章伯钧、茅盾、许广平、雷洁琼、王绍鏊、陈鹤琴、吴晗、田汉、章乃器、王造时、司徒美堂、胡风等眼含热泪守在灵堂。马叙伦、翦伯赞撑着病体来到灵堂，柳亚子抚尸昏厥过去。中共代表团驻沪办事处人员潘梓年、华岗、陈家康等人参加祭奠。毛泽东、朱德联名从延安发来唁电："惊闻行知先生逝世，不胜哀悼！先生为人民教育，为民族解放与社会改革事业奋斗不息，忽闻逝世，实为中国人民之巨大损失。"入殓后，生活教育社、民盟等十五个团体举行公祭，沈钧儒主祭，郭沫若、马叙伦、黄炎培等陪祭。郭沫若宣读祭文，中共代表团驻沪办事处、晓庄校友会、育才校友会等各界团体致祭，在此前后，国内外各界人士和许多社会团体也发来唁电，表示哀悼之情。

8 月 11 日，延安各界代表二千余人举行陶行知追悼大会，毛泽东为之题词"痛悼伟大的人民教育家陶行知先生千古"。朱德题词"学习陶行知先生全心全意为人民服务，不屈不挠的为独立和平民主而斗争的精神"。大会主祭人林伯渠、谢觉哉、陆定一、徐特立，陪祭李卓然、柳湜等 11 人，林伯渠代表陕甘宁边区政府讲话，陆定一代表中共中央致词，对陶行知一生的事业、思想和人格，给予了充分肯定和高度赞扬，称"陶先生所走的道路，是正确的，这正是伟大的民主主义者鲁迅、邹韬奋先生等所走的同样的道路"。

9 月 23 日，重庆各界举行追悼陶行知大会，到会的文化教育团体及各界人士有二千余人。10 月 27 日，上海各界举行追悼大会，到会的有文化教育界及工人、农民、学生以及外国友人五千余人。礼堂悬着"爱满天下"、"民主之魂、教育之光"等横幅，醒

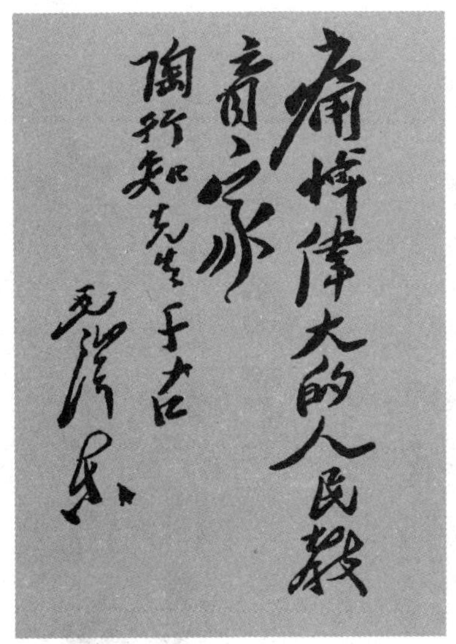

毛泽东题词。

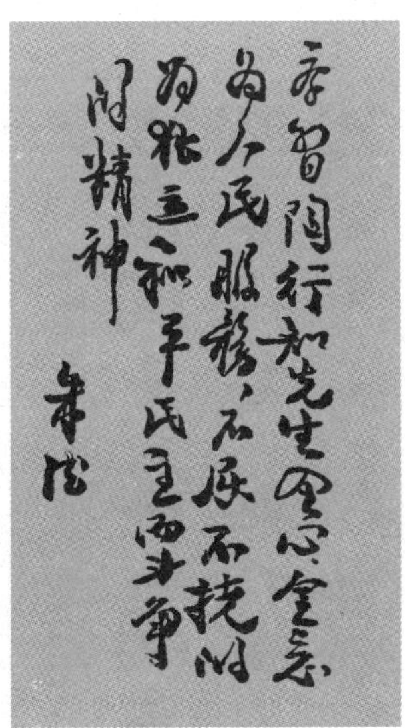

朱德题词。

宋庆龄所题“万世师表”。

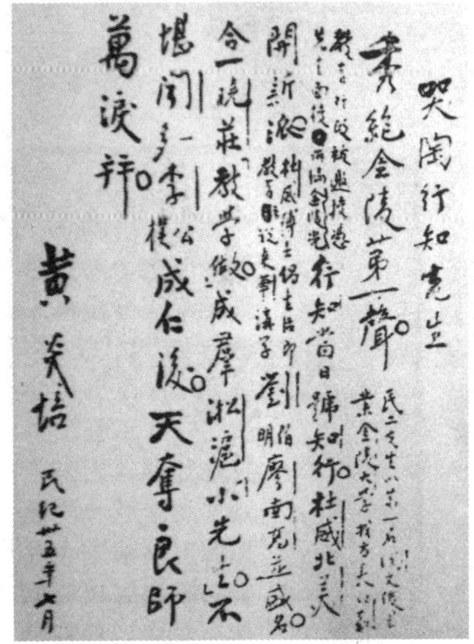

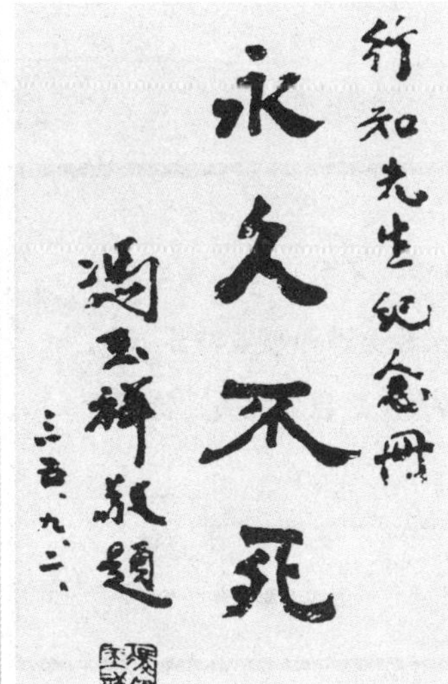

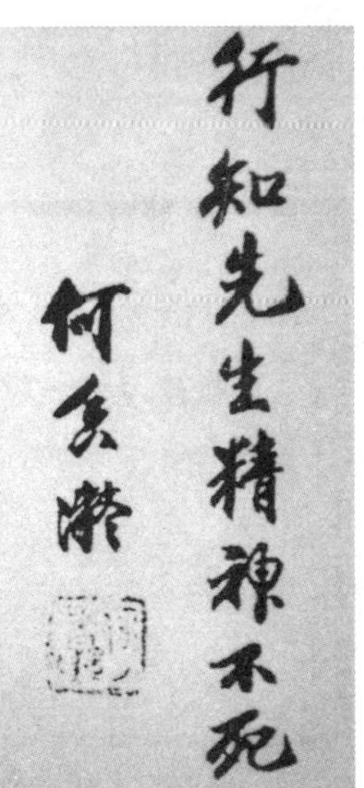

黄炎培、冯玉祥、何香凝的题词。

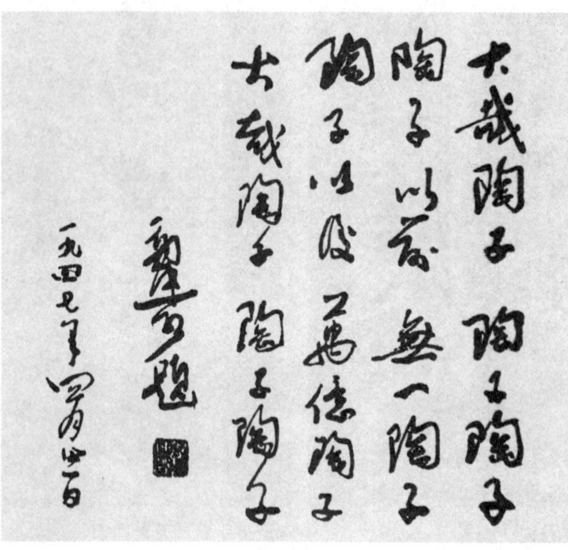

郭沫若题词。

学习陶行知教育思想促进教育改革

祝贺陶行知纪念馆开馆

江泽民 一九八六年十月十八日

江泽民题词。

惊闻行知先生逝世，不胜哀悼！先生为人民教育，为民族解放与社会改革事业奋斗不息，忽闻逝世，实为中国人民之巨大损失，特电致唁。

毛泽东 朱 德

一九四六年七月二十五日

毛泽东、朱德给陶行知家属的唁电。

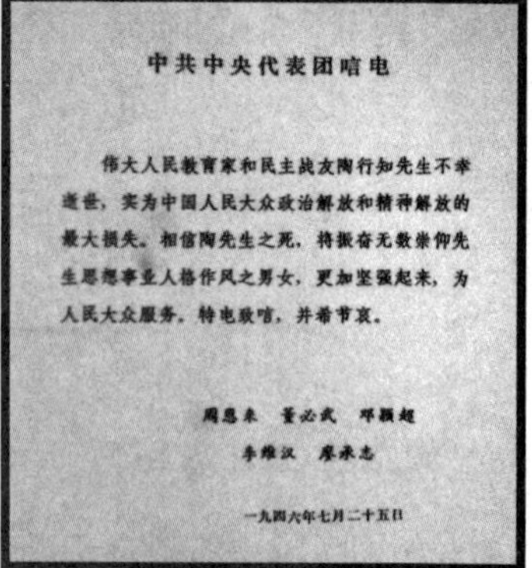

中共中央代表团唁电

伟大人民教育家和民主战友陶行知先生不幸逝世，实为中国人民大众政治解放和精神解放的最大损失。相信陶先生之死，将振奋无数崇仰先生思想事业人格作风之男女，更加坚强起来，为人民大众服务。特电致唁，并希节哀。

周恩来 董必武 邓颖超

李维汉 廖承志

一九四六年七月二十五日

中共中央的唁电。

中国民主同盟总部唁电

行知同志，以毕生精力，从事人民教育，大众文化，坚毅不拔，建树良多。近几十年来，为抗战建国及和平民主，坚苦奋斗，始终不懈，尤为我同志之楷范，方当前途险阻，忽报暴疾逝世！此不仅本同盟之重大损失，亦为全中国之重大损失。谨此电唁，务祈节哀。

中国民主同盟总部秘陷

民盟总部的唁电。

人耳目。宋庆龄题词“万世师表”，何香凝题词“行知先生精神不死”。陈鹤琴主持并致词，田汉读祭文，翦伯赞报告陶的一生，郭沫若讲话，称“陶先生是一个真善美三者具备的完人”。11 月 30 日，上海各界举行陶行知灵柩移至南京的公祭仪式。12 月 1 日，灵柩抵达南京和平门车站，中共代表团代表董必武等各界人士千余人在车站迎灵，并由沈钧儒、董必武率领，送至晓庄劳山。董必武在劳山公祭大会上朗诵挽诗《哭陶先生》：“敬爱陶夫子，当今一圣人。方圆中规矩，教育愈陶钧。栋折吾将压，山颓道未申。此生安仰止，无复可归仁。”

一代文化巨人和教育宗师终于魂归其事业的起点南京晓庄老山脚下！

中华民族优秀的人格范型

人格精神是一种内在的主体素质，不同的人身上有不同的人格精神。陶行知的人格精神是他在艰难曲折的人生道路上，在几十年革命实践中锻造出来的，又反过来支撑和推动着他从事着改造中国社会和文化教育的伟大实践。

陶行知的人格，就是他一贯倡导和奉行的“大丈夫精神”。陶行知在晚年致育才学校全体师生的《最后一封信》里，对这种“大丈夫精神”作了一个全面概括，“平时要以‘仁者不忧，智者不惑，勇者不惧，达者不恋’的精神培养学生和我们自己。有事则以‘富贵不能淫，贫贱不能移，威武不能屈，美人不能动’相勉励”。他一生自尊自立自强，正正当当做人，贫贱不移，威武不屈，私德廉洁，公德文明，严于律己，身体力行，在思想上筑起一座坚不可摧的人格长城。陶行知的人格，是中华民族优秀的人格范型，足可为后人所效仿，并将对中华民族的发展产生广泛而深刻的影响。

爱满天下的博大胸襟

陶行知热爱祖国，“我是一个中国人，要为中国作出一些贡献”，这是他少年时期立下的爱国志向。“国家是大家的。爱国是每个人的本分。顾亭林先生说得好：‘天下兴亡，匹夫有责。’我觉得凡是脚站中国土地，嘴吃中国五谷，身穿中国衣服的，无论是男女老少，都应当爱中国。”这是他对爱国主义最通俗的解释，也是最朴素的感情。“我是中国人，我爱中华国。中国现在不得了，将来一定了不得。”这是他对祖国所寄予的希望和坚定的信念。爱国必然爱民，由此，他以“爱满天下”的精神，爱平民、爱农民、爱工人、爱广大劳苦大众。“他爱人类，所以他爱中华民族，所以他爱中华民族中最多数最不幸之农人”，他愿为苦难的农民“烧心香”，因而他大力倡导乡村教育；他爱工人，他唱出了“光棍的锄头不中用呀！联合机器来革命呀！”他倡导“科学下嫁”，创办各种工学团，开展工农教育；他爱天下一切劳苦大众，愿意终身为劳苦大众服务，做人民的“老妈子”。从爱国爱民出发，他爱教育，决心一辈子献身教育，立志要用教育来救国救民。为此，他反对封建主义的传统教育，反对帝国主义的洋化教育和奴化教育，决心闯出一条适合中国国情的新教育之路来。因此，他矢志不渝地奋斗了一生。从爱国、爱民、爱教育出发，他“无保留地追随党”，全身心地投入中共所领导的抗日救亡运动，把自己的一切纳入到革命的轨道，直到生命的最后一息。

爱满天下是陶行知先生一生教育实践之路的真实写照，他对自己所投身的教育事业、自己的学生，乃至身边的朋友同志都倾尽所有给予帮助，而自己一直过着安贫乐道、十分清苦的生活。

叶良骏的《陶行知的故事》中记载了这样一个故事。有一回，夫人吴树琴告诉他，翦伯赞先生来看望他，等了很久不见他回来，就走了，说是去弄钱买米。陶行知深知翦伯赞的困窘，对夫人说：“翦先生只怕是无米为炊了。赶快看看，家里还有多少米？”

夫人看了看已露出底的米缸，苦笑着说：“你是泥菩萨过江，自身难保，家里的米只够吃两天了。”陶先生略一思索，跑出去叫了一个学生来，叫他给翦伯赞送了一些米去。

“米送掉了，现在只剩下两碗米，我怎么烧饭？”夫人无可奈何地说。

陶先生看看夫人，又看看米缸，突然爆发出一阵大笑：“别急，我自有办法。”

他提笔一挥而就，然后放在吴树琴面前说：“这就是我的办法。”夫人接过来一看，原来是抄录了一首陈世倌的《煮粥诗》：“煮饭何如煮粥强？好同儿女细商量。一升可作三升用，两日堪为六日粮。有客只须添水火，无钱不必做羹汤。莫嫌淡泊少滋味，淡泊之中滋味长。”

陶行知与夫人相视而笑。后来，他将此诗译成英文读给育才师生听。在学校每日都以两餐饭度日的困境中，陶校长的风趣和乐观，给孩子们带来了战胜困难的信心。

乐于奉献的伟大情操

“捧着一颗心来，不带半根草去”是他奉献精神的生动体现。陶行知的奉献精神具体体现在：一、全心全意为人民的教育事业献身，为了中国的教育事业，他是“为了苦孩，甘为骆驼；于人有益，牛马也做”。“愿把整个的心捧出来献给小孩”，愿为农民“烧心香”……他从中国的国情出发办教育，苦心探索，矢志追求；他艰苦奋斗办教育，动员群众，发动社会，一生劳碌奔波；他边试验，边探索，边实践，边总结，为中国创造新的教育理论付出了毕生精力；他身教重于言教，求真，务实，身体力行，时时处处以身作则，为人师表。二、甘愿为抗日救国事业献身。民族危亡，国难当头，他挺身而出，不顾劳累，出访26个国家和地区，宣传抗日救国，揭露日本军国主义罪恶，争取国际援助，力争侨胞支持。回国后倡导国难教育、战时教育，创办育才学校，收留难童，培养人才幼苗，使教育为抗日救国服务。三、献身于新民主主义革命事业，一贯同情、支持、保护和营救共产党人。从同情革命事业，到自觉追随中共，服从中共的领导，不但把自己的教育事业纳入到革命的轨道，而且全力以赴投入反独裁、争民主、反内战、争和平的斗争。

陶行知于1941年写了一首托物言志的诗歌《炸弹》：“你平生只说一句话，从不顾粉身碎骨，在惊天动地的爆炸中，诞生了幸福的新国。”通过歌颂炸弹的献身精神，一方面，表明自己愿为中华民族的解放事业而献身的决心，另一方面，教育广大青年在国难当头之际应当像炸弹一样具有为革命而粉身碎骨的伟大奉献精神。

炽烈真诚的教育激情

徐特立说过：“杜威虽是一个伟大的教育家，但不是一个革命家。行知却是一个革命家，同时在教育方面起了伟大的革命作用……”那么，作为一个革命家，陶行知炽烈真诚的教育激情体现在何处呢？首先，在祖国处于半封建半殖民地社会，阶级斗争与民族斗争都十分激烈的背景下，为了国家，为了人民，他全心全意跟着中共走，奋斗到最后一刻，真正做到了“鞠躬尽瘁，死而后已”。其次，反映在世界观的自我改造、自我革命上，陶行知也很突出。他自觉从“知行”观变为“行知”观，从唯心主义变为唯物主义。他自觉下农村，办乡师，实行知识分子与工农相结合；他又自觉办工学团，与工农交朋友，拜工农为师……吴玉章说："回忆陶先生，我想起了他的革命精神，凡一切过去的思想、学说、理论、制度等等，都要经过理性的裁判，如有不合理，即使人人认为神圣不可侵犯的东西，他也大胆地要反对要革命……"最后，教育理论与教育实践上的大胆改革与创新，也是陶行知教育激情的重要体现。

不屈不挠的刚毅品质

陶行知说："失败是成功之母，奋斗是成功之父。"他一生奋斗，为事业苦战的精神是一致公认的。他的艰苦奋斗精神主要表现在：事业上的专一性，他赤诚爱国，忠心革命，为了救国救民，矢志不渝地探索开拓，立志创新；意志上的坚韧性，他做任何事情都目标明确，意志坚决，一经决定，苦战到底，不达目的，誓不罢休；思想作风上的踏实苦干精神，他在思想理论上的探索，细致周密，虚心求真，一步一个脚印，如办学实践上的探索，他从计划、募捐、教育、教材、教法……处处都能周密部署，从校长、教师到工友，凡事都要亲自动手；生活上的艰苦朴素，他公私分明，不抽烟，不喝酒，处处以身作则，为人师表，他原是留过学的大学教授，在当时社会，地位不算低，收入不算少，只要他愿意，他满可以像他的同学孙科、蒋梦麟、胡适那样飞黄腾达，但是他为了自己所认定的事业，甘愿脱掉西装革履，下乡办乡村师范，甘愿赤脚穿草鞋与师生同吃同住同劳动，做农民戏称的"挑粪校长"。为了事业，无论办学，还是出国访问，他总是日以继夜，连续苦战，忍饥挨饿，战斗不息。"陶行知先生不仅是鲁迅先生所说的'中国的脊梁'那一类优秀人物，是杰出的为中华民族作了很多有益的事情的那一类埋头苦干的'脊梁人物'，而且是属于鲁迅先生形容的柔石一类'损己利人'的高尚人物。"

生活在黑暗落后的旧时代，陶行知作为海外留学归来的"洋学生"，没有和其他人一样选择攀权附贵，而是坚持与劳苦大众站在一起，为平民教育事业奔走呼号。面对国民党反动派的压迫危害，表现了更大的英勇，坚持进步，坚持真理，痛恨倒退，他像一头狮子猛吼着，只要一有机会他就用幽默的口吻讥刺国民党反动派。有一回，他和戴伯韬等人去重庆对岸的南山参观一所学校，国民党的老爷们和官府机关，为了避免空袭，在那一带风景秀丽的山岚上建筑了许多辉煌的别墅和官舍。战时占重要地位的国民党全国经济资源委员会也在那里，恰巧某一晚该委员会举行所谓精神总动员大会，夜晚在广场上搭起楼台，灯光辉耀，机关里大小职员到了几千人，老爷们也在军乐抑扬声中纷纷上场。

照例在官员梦呓似的训话一通以后，就请来宾演讲。陶行知被邀上台，他很幽默地说道：

“我们要坚持抗战，一直抗到底，不能抗到一半就睡觉。凡是中国人，无论男女老幼，都要把最好的一份力量拿出来打敌人，尤其不能打自己人。中国的一个中字，立起来是一个堂堂正正的‘中’字，如果自己相打起来，右手打左手，结果两只手都打断了，倒下来，便成了日本的‘日’字，这不是很可痛心吗？”

他接下去又对许多职员说道：“不要灰心，事不论大小，人不论地位，只要我们坚持干下去，我们是会成功的。最近就有人说我陶行知是步步下降，我回国时办大学，后来办中学，现在降级使用当小学校长，教小娃娃了。有人看到我的许多同学、同事和我的学生，因为善于趋炎附势，个个飞黄腾达，步步高升，不是面团团而为官商大亨，就是官至委员、部长、厅长，趾高气扬，别人也羡慕得很，说我没出息，才步步下降。但我是坚持为国家，为老百姓服务的精神，在任何情形下，就是只让我当一名小学校长，我也要贡献出一切力量来服务。而且很愉快，我相信我们一定会胜利。”

他这番话，说得职员们连连鼓掌不止。这种威武不能屈，富贵不能淫，贫贱不能移，坚持进步，坚持真理，坚决为人民服务的伟大精神，以及痛恨国贼、贪官和一般庸俗的自私自利者的坚决态度，感召了大众。

求真务实的思想作风

“千教万教教人求真，千学万学学做真人”，这是陶行知为人与教人的宗旨之一。为此，他政治上求真，追求进步，追求光明，追求革命，他从旧民主主义革命走向新民主主义革命，从“天生孙公做救星，唤醒锄头来革命”、“革命成功靠锄头”转变为“光棍的锄头不中用呀，联合机器来革命呀”，这是他在政治认识上求真的结果，是一个质的飞跃。在世界观的改造上，从接受王阳明“知是行之始，行是知之成”的“知行”观转变为“行是知之始，知是行之成”的“行知”观，是他在哲学思想上求真的结果。在教育思想上，将杜威的“教育即生活”、“学校即社会”、“做中学”翻半个筋斗为“生活即教育”、“社会即学校”、“教学做合一”，是“吾爱吾师，吾更爱真理”的求真的结晶。晓庄师范、山海工学团、育才学校、社会大学等校的创办，是他教育实践上求真的实际行动。作风上他也求真，他民主，待人宽容，不苛求人，爱满天下。“民之所好好之，民之所恶恶之，教人民进步者，拜人民为老师”。他一生求真，谦逊待人，求真善美，反假恶丑。他为人处世最重视一个“真”字，他一生说实话，办实事，重视名实相符，言行一致，重视真才实学，不求虚名，从不弄虚作假。他勇于自我批评，听得进不同意见，能团结大多数，因而平民百姓、工农群众、中小学生，甚至小贩、报童都喜欢他。

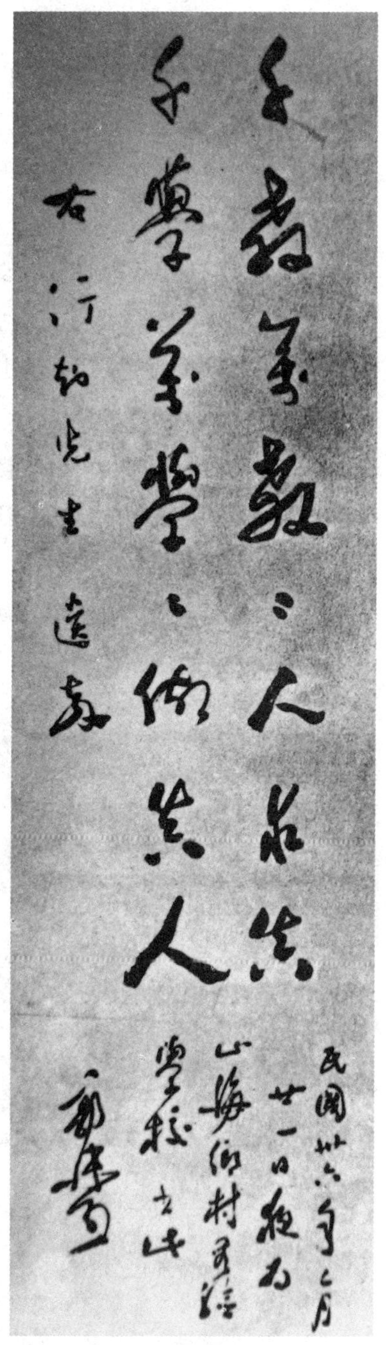

郭沫若手书陶行知名言“千教万教教人求真，千学万学学做真人”。

陶行知一生从没停下过求真的脚步，他总是无所畏惧，敢于求真，勇于求真，面对白色恐怖，他总是坚持真理，凛然不惧。晓庄师范创办几年，在国内颇有名气。由于建立了中共地下党支部，师生参加反帝斗争，国民党政权很不放心。有一天，教育部部长蒋梦麟把陶行知找去谈话。

一阵寒暄以后，蒋梦麟问道：“晓庄办得怎么样？不会出毛病吧？”

陶行知猜出蒋的意思，不动声色地说：“人吃五谷有时要害病，一个团体要出点毛病原是意料中事。晓庄是根据五种生活实施教育的，有一个地方会伤风，一个地方会咳嗽，像人一样小毛病在所难免。”

蒋梦麟急忙问：“哪五种生活？会出毛病的

是哪几种？”

陶行知耐心地回答：“我们的五种生活是健康、劳动、科学、艺术和改造社会的生活。前三种我可以担保不会出乱子，后两种就说不定了。”

“为什么呢？”

陶行知呷了一口茶笑笑说：“你如果要过艺术的生活，难免有浪漫虫混进来伤风。恋爱啊、失恋啊都会有。你若想改造社会，处处和土豪劣绅、贪官污吏、帝国主义短兵相接，有时咳几声就好了，有时则会受重伤，吐血，严重的还会送命。”

蒋趁机急忙说：“我担心的也正是这点，学校办得好好的，何必要惹出事来呢！我看何不把后两种生活除掉。”

陶行知幽默地回答：“人的脸上五官齐备才算是一个完人。怎么能因为怕伤风，就把鼻子割掉呢？虽说病从口入，但总不能因此把嘴封起来啊！”

蒋梦麟无言可答。

还有一件事也很好地体现了陶的求真精神。1937 年秋，陶行知离美赴加，由加到欧

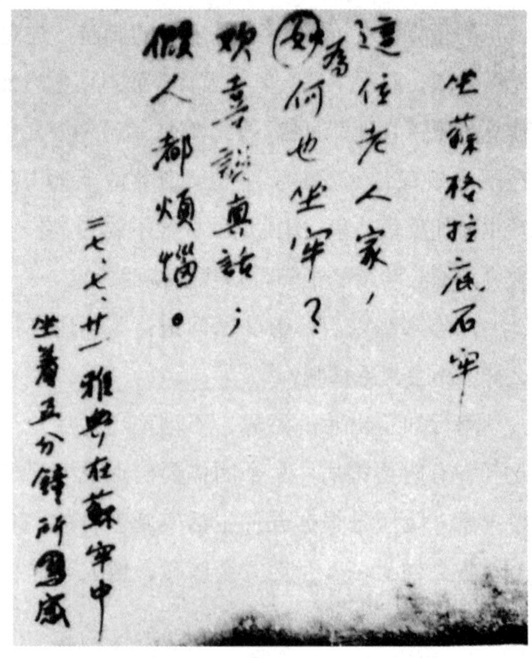

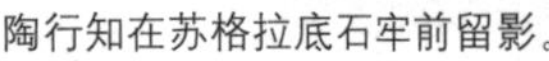
陶行知在苏格拉底石牢前留影。

洲，沿途作国民外交。他到希腊时，曾去囚禁苏格拉底的狱前凭吊，并写了一首诗道：

这位老人家，
为何也坐牢？
欢喜说真话，
假人都烦恼。

开拓求新的创造精神

“敢探未发明的新理，敢入未开化的边疆”，一生探求、开拓、创造，是陶行知的最大特点。陶行知从中国的国情出发，从实践实验着手，创造了一整套以生活教育理论为核心的教育学说；他开拓性地创办了一批内容与形式全新、多层次、多轨制、多形式的幼儿园、中小学、乡村师范、工学团、育才学校、社会大学等，他在办学的指导思想、教学、教材、教法等方面进行了一系列探索，为中国教育创造了一批新的办学典型；他倡导了平民教育、乡村教育、普及教育、国难教育、战时教育、民主教育等一系列教育运动，从中国的国情和革命斗争的实际出发，为中国的教育改造探获新路，也为中国的教育文化事业，为中国的革命事业培养了一大批具有开拓和创造精神的人才。陶行知重视创造，倡导创造，自己也事事处处开拓创造，连他别具一格的大众诗，也是具有独特陶味的创造。他的创造，不仅为中国的教育开了路，更重要的是为提高中国劳苦大众的科学文化水平，为提高中华民族的觉悟和素质，为中国的革命作出了贡献。

陶行知先生一生提倡创造精神并身体力行，在恶劣的环境中也能乐观地面对一切困难。他在生活中也常常鼓励身边的人这样去做。有一回，陶行知到同乡张国良宿舍去玩，看见门上贴了一张纸，上面写着：“日出而作，日入而息，埋头苦干，不怠不逸。”他沉吟了一下，对张国良说：“你这四句话，三句都很好，只有一句不好。”

张国良觉得奇怪：“这四句话的意思都很好，且上下有关联，我要尽量照着做，有什么不好的？”

陶行知指着第三句话说：“‘埋头苦干’是一句成语，给它改一个字就好了，把‘苦’改成‘乐’，如何？”张国良不明白，反问道：“这不是违反常理了吗？”

陶行知说："苦干一定干不好。在干一件事情之先，应当了解为什么干？为谁干？这样，即使遇到任何困难，也不觉得它苦了。苦着脸干，只觉越干越苦，谁还会有信心干下去？"

张国良听了觉得有道理，提起笔正要改，陶行知又说："还要改一个字，将'埋'字改为'抬'字就更好了。埋着头，瞎干、闷干，碰了壁也不知为什么，必然走弯路，事倍而功半。抬起头来看清前面的路，搞明白为什么干，这样，越干越有劲，事业也能取得成功。我提倡抬头乐干，千万不要埋头苦干。"

陶行知的上述六种精神是一个有机的整体。其中，爱国精神和奉献精神，是陶行知精神的两大基石。教育激情是陶行知精神的原动力，求真精神是陶行知精神的核心，刚毅品质、创造精神是陶行知精神的重要体现。这六种精神，构筑了陶行知丰富而深邃的精神世界，也给我们今天的社会主义现代化建设事业发展提供了巨大的精神动力，是我们中华民族一笔极为珍贵的精神财富，值得我们弘扬光大。

陶行知大事年表

1891 年（清光绪十七年）

10 月 18 日（农历九月十六日）　诞生于安徽省歙县西乡黄潭源村，乳名和尚，学名文濬，字世昌。也有资料显示，生于 1892 年 11 月或 1893 年 11 月，本书暂从众说。

父亲陶长生，字位朝（一说字槐卿），号笑山（筱山）。祖籍浙江绍兴府会稽县陶家堰，后辗转迁居安徽省歙县（旧称徽州）西乡黄潭源村。曾在安徽省休宁县万安镇经营酱园，后出顶他人，回黄潭源村务农，靠几亩薄田为生，兼贩菜和经营酱油等小本生意。初通文墨，一度到乡镇管理文书契约。

母亲曹翠仂，安徽省休宁县万安镇人。持家节俭，曾给人缝补浆洗做佣人。

姐，宝珠，幼殇。

1895 年（光绪二十一年，5 岁）

开始随父识字。妹，美珠（学名文渼）出生。

1897 年（光绪二十三年，6 岁）

歙县旸村蒙馆塾师方庶咸秀才因其聪明好学，免费为其开蒙。

1898 年（光绪二十四年，7 岁）

在方秀才蒙童馆读书，接受传统文化教育。

1899 年（光绪二十五年，8 岁）

外祖父母喜其聪慧，刻意培养，转学到休宁县万安镇吴尔宽经馆读书。

1903 年（光绪二十九年，12 岁）

回歙县，先到程朗斋秀才处学四书，后到贡生王藻处求教。

1905 年（光绪三十一年，14 岁）

经人介绍，父亲加入耶稣教内地会，成为基督徒。母亲被介绍到耶稣教内地会教堂帮工（炊事兼勤杂）。

1906 年（光绪三十二年，15 岁）

因常随父亲挑菜进城，看望在教堂帮工的母亲，为英籍堂长（校长）唐进贤所喜爱，免费安排进入歙县耶稣教内地会所办的学校崇一学堂读书，开始接受西方文化教育。

1907 年（光绪三十三年，16 岁）

学习期间，曾邀集同学多人，警告歙县西干十寺勾结官府、欺压百姓的和尚，并将该寺泥菩萨摔入江中。

因学业优秀，堂长（校长）唐进贤关照免费在通事（翻译）章觉甫家搭伙。章精通医术，对他有所影响。

1908 年（光绪三十四年，17 岁）

因唐进贤回英国，崇一学堂关闭，遂转到杭州广济医学堂学医学。三天后，因不满校方歧视非教会学生，愤而退学，回到歙县，专心自修英语一年。

1909 年（宣统元年，18 岁）

得唐进贤帮助，考入南京汇文书院，习文科。

1910 年（宣统二年，19 岁）

汇文书院与同是教会系统的南京宏育书院合并，成立金陵大学堂，陶行知升入金陵大学堂文学系。

1911 年（宣统三年，20 岁）

辛亥革命爆发后，一度回故乡参加地方起义，任徽州咨议机构秘书半年。信仰孙中山学说，主张民主共和。

1912 年（民国元年，21 岁）

研究王阳明的学说，深受其“知行合一”思想的影响，并仰慕其为人，又取名“陶知行”。但“陶文濬”原名仍继续使用。

1913 年（22 岁）

先后任金陵大学学生杂志《金陵光》中文报中文编辑和中文主笔，发表《〈金陵光〉出版之宣言》、《因循篇》、《为考试事敬告全国学子》、《伪君子篇》等文章，并翻译发表译文《中华民国之将来》等。开始以“陶知行”之名发表文章。

在校长包文博士（Dr.Bowen）和亨克教授（Prof.Henke）的指导下，受詹克教授（Prof.Jenks）《耶稣的社会原则》一书的影响，特别是受著名传教士艾迪博士现场演讲的影响，敬佩耶稣基督乐于奉献、勇于牺牲的人格精神，成为基督教徒。

夏　在全校考试中，总分名列第一。

1914 年（23 岁）

在《金陵光》发表《民国三年之希望》和大学毕业论文《共和精义》，坚定民主共和政治信仰。

出席毕业典礼，宣读毕业论文《共和精义》，并接受美国纽约大学承认的文科学士文凭。

与汪纯宜女士结婚。

在金陵大学校长包文的赞助下，通过向亲友借贷，赴美国伊利诺大学，攻读政治学，并担任学生会秘书，热心公共事务。

1915 年（24 岁）

1 月　父亲去世。

4 月　长子陶宏（又名桃红）出生。

夏　获伊利诺大学政治学硕士学位。

秋　转入纽约哥伦比亚大学师范学院，在教育行政学权威斯特雷耶教授指导下，攻读教育学博士学位，同时修读杜威、克伯屈、孟禄等人教育哲学和教育史学等课程，成为杜威实用主义哲学与教育学信徒。

1916 年（25 岁）

2 月 16 日　致函哥伦比亚大学师范学院院长罗素（我的生活经历和今后打算）。

秋，接替凌冰，任哥伦比亚大学师范学院中国学生会和“中国教育研究会”年度主席。

1917 年（26 岁）

受时任南京高等师范学校教务主任郭秉文（哲学博士、原哥大师范学院校友）的鼓动，做回国任教的准备。在孟禄博士的争取下，通过哥大学位委员会组织的博士论文口试，得到允许，可以回国收集资料，撰写博士论文。完成后，寄交哥大即可获得博士学位（由于回国后事务缠身，博士论文虽完成，还未寄出，就在南京高师一场大火中被烧毁）。获哥伦比亚大学师范学院“都市学务总监资格凭”，离美回国。在船上与人谈及回国志愿时说“我要使全中国人都受到教育”。

9 月　应聘担任南京高等师范学校教育学专任教员，主讲教育学、教育行政和教育统计等课程。

1918 年（27 岁）

3 月　郭秉文代理南京高等师范学校校长后，陶行知接任南京高等师范学校教务主任。支持学生成立教育研究会，研究中国教育改造问题。

4 月　在《金陵光》发表《试验主义之教育方法》，介绍杜威实用主义教育研究方法。

5 月　南京高师教育专修科（相当于现在的教育学院，下辖三个系）成立，拟聘陶担任该科主任。由于陶改“教授法”为“教学法”的主张在校务会议上受到部分持保守主张者的反对而未通过，坚不接受教育专修科主任一职，直到后来通过后才上任。

7月5日　次子陶晓光（小桃）出生。

1919年（28岁）

1月　参加由江苏省教育会、北京大学、南京高师、暨南学校、中华职业教育社共组的新教育共进社，任该社《新教育》月刊的南京高师编辑代表。

2月　闻哥伦比亚大学教授杜威到日本讲学，托南京高师校长、哥伦比亚大学师范学院校友郭秉文邀请杜威来华讲学。

3月12日　致函胡适，谈邀请杜威来华讲学，以推动中国教育改革。

3月31日　发表《介绍杜威先生的教育学说》，为杜威来华讲学作铺垫。

4月21日　发表《第一流的教育家》，提出一流教育家的标准和追求。

4月30日　与蔡元培、蒋梦麟等人在上海迎接杜威抵华。

5月1日　陪同杜威夫妇参观《申报》馆，与经理史量才等人合影留念。

5月9日　上午，在南京六千人声援五四运动的游行集会上，痛斥卖国的“二十一条”。下午，参加江苏省教育会举行的国耻纪念大会，发表演说，强烈要求归还青岛。

5月10日　与南京各校代表一起，会见英、美两国领事，表明中国人民强烈要求归还青岛的严正立场。

5月下旬　在南京高师学监主任兼代理校务陈容辞职后，暂时代理校务。

11月22日　三子陶刚（三桃）出生。

12月7日　在南京高师校务会议上提出《规定女子旁听办法案》，主张应允许女生进入大学学习，实行男女平等对待。

12月8日　参加南京各界四万余人为“福州惨案”而举行的抗议集会，被推为大会副会长。

本年　将南京高师全部课程中的“教授法”一律改为“教学法”。主持全体校务会议，提出《改良课程案》。计划将本校课程改为“选课制”。任南京高师“工读协助研究”、“改良考试”等委员会主任，还任“学生自治”、“暑期学校”和“女生研究”等委员会委员。

正式更名为“陶知行”。

1920年（29岁）

年初　陪同杜威讲学并担任翻译。

4月15日　在校务会议上报告招生问题，强调“不论男女，均可录取”，规定了录取女生的数额。

4月　主持接待杜威来南京高师讲学。

夏　为提高中小学师资水平，在南京高师举办首次暑期学校。组织留校学生教附近平民识字。与胡适、王伯秋等人谈论个人抱负时说："我的志愿就是要用四通八达的教育来创造一个四通八达的社会。"

9月　促成南京高师首次招收女生。

12月16日　东南大学筹备处成立。

1921年（30岁）

夏　与胡适等联名发表《改造安徽省教育会宣言》，倡议将"会长制"改为"委员制"。

7月　送杜威归国。

9月5日　在沪与教育界同人迎接美国哥伦比亚大学师范学院教授孟禄来华讲学。

9月7日　在江苏省教育会口译孟禄演讲"共和与教育"。

10月22日　发表《师范教育之新趋势》。在江苏省立第一师范学校口译孟禄演讲"旧教育与新教育的差异"。

11月中旬　《新教育》杂志主干（主编）蒋梦麟赴美，接手主持《新教育》四卷一期主编工作。

12月初　被新教育共进社正式聘为《新教育》杂志主干（主编）。着手整顿该刊的组织机构，筹划增加刊物内容。

12月8日　在江苏省教育厅召开的《学制系统草案》讨论会上发言。

12月16日　在北京积极主张由实际教育调查社、新教育共进社和新教育编辑社合组中华教育改进社，被推为《中华教育改进社简章》的起草者。

12月21日　在有孟禄参加的中国教育问题讨论会上发表《关于师范教育的意见》演讲。

12月23日　出席实际教育调查社在北京为孟禄举行的饯别会。会上，中华教育改进社宣布诞生。

12月下旬　与胡适等人着手编辑《孟禄的中国教育讨论》。

1922年（31岁）

1月7日　在沪送孟禄归国。

2月8日　在中华教育改进社于沪召开的董事会上，被聘为主任干事。
4月12日　中华教育改进社总事务所在北京正式成立。主持所内日常事务。
4月　以中华教育改进社名义致函全国，调查中国的教育状况。
5月13日　与蔡元培、李大钊、胡适等十七人联名发表《我们的政治主张》。
7月3—8日　中华教育改进社第一届年会在济南举行，负责年会组织工作。在社务报告中谈到要学习武训办学的精神。与王伯秋合提《创办青岛大学案》，获通过。
9月6日　代表中华教育改进社向教育部提出有关学制问题的八条议案。
9月25日　参加“筹划全国教育经费委员会”会议，议决增加教育税。
9月下旬　参加教育部举行的学制会议，就学制问题发表了意见。
11月2日　在北京，为东南大学、南京高师下年度的经费问题访教育总长汤尔和。
12月6日　南京高师归并东南大学。任东南大学教授、教育科主任和教育系主任。
12月23日　在北京举行的中华教育改进社周年纪念会上，报告一年社务。

1923年　(32岁)

1月　领导中华教育改进社举办国民音乐会。提倡以“国民音乐”来陶冶国民精神。
3月4日　在中华教育改进社于天津召开的京、津董事会上被推为出席万国教育会议的代表。
3月6日　在北京中华教育改进社总事务所参加讨论英、日两国退还庚款问题时，被推举起草对于各国赔款的总办法。
4月　与中华教育改进社薛鸿志共同整理调查资料，合撰《中国之教育统计》(英文)；撰写《中华教育改进社之历史组织和事业》(英文)，准备作为资料携往万国教育会议。
6月　参观浙江嘉兴的平民教育。与朱其慧、晏阳初等人在上海组织中华平民教育促进会筹备会。与朱其慧、王伯秋等人共同发起成立了南京平民教育促进会。因准备改进社第二届年会，未能赴美参加万国教育会议。
夏　受聘为安徽公学校长，筹备开学四十余日。迁家至北京。
7月28日　致函东南大学代理校长刘伯明，请辞东南大学教育科和教育系主任职务。
8月中旬　通电各省教育厅、教育会和办理平民教育的机关团体，拟在北京举行第一次全国平民教育大会。
8月20—25日　中华教育改进社第二届年会在北京清华学校举行。负责年会的组织工作，并报告社务。参加平民教育促进会筹备大会，被推为大会书记，起草组织大纲。
8月26日　中华平民教育促进会总会正式成立，被推选为董事部书记兼安徽省执行董事。
8月底　东南大学准其辞职，此后专任中华教育改进社主任干事。
10月3日　致函朱其慧，建议聘晏阳初为中华平民教育促进总会总干事。
10月4—16日　在南京推行平民教育。从长子、次子读《平民千字课》的经验中，悟出“连环教学法”。
10月18日—11月初　在安庆推行平民教育。
11月上旬　在南昌推行平民教育。
11月13—27日　在武汉三镇推行平民教育。
12月上旬　回京后组织了十几个平民读书处。在家里设立“笑山平民读书处”，鼓励儿子教祖母识字。应邀去北京师大平民教育社讲演长江流域平民教育运动之性质、组织及方法。
下半年　与朱经农合编的《平民千字课》四册陆续出齐。

1924年（33岁）

1月8—10日　在张家口推行平民教育。
参加察哈尔区平民教育会筹备会议，与政学各界领袖开会商讨推行平民教育。出席察哈尔全区平民教育促进会成立大会。
3月2日　在北京举行专题演讲会，报告提倡平民读书处的办法和经验。
3月初　中华教育改进社和东南大学拟在南京举办全国教育展览，任筹备委员会副主任。
3月26—29日　在河南推行平民教育。抵开封后，对河南九十余县教育局长演讲平民教育；对各界领袖演讲平民教育。参加河南全省平民教育促进会会议。在开封庆祝开展平民教育的集会上演讲。
7月3—9日　中华教育改进社第三届年会在南京举行。筹办的全国教育展览在年会期间正式展出。提出两项参加世界教育会议的提案，获通过。在中华教育改进社董事会上，被公推连任改进社主任干事。就日本利用庚款实行文化侵略问题发表意见，力主维护中国主权。修定《请求力谋收回教育权案》，获通过。
12月13日　四子陶城（蜜桃）生。

1925 年（34 岁）

2 月　不再担任《新教育》主干（主编）。

5 月　为陈鹤琴编《语体文应用字汇》写序。为中华教育改进社编《柏克赫司特女士与道尔顿制》写序。

7 月 28 日　在中华教育文化基金董事会所的开幕式上，被聘为该会执行秘书。

8 月 17—23 日　中华教育改进社第四届年会在太原山西大学举行，汉、满、蒙、回、藏五族均有代表参加年会。负责年会组织工作。在社务报告中特别强调："本社现在所办理之事业，一为科学教育，一为乡村教育。"

8 月　在中华教育改进社第四届年会上提出《请组织国家教育政策委员会案》、《请发起并筹备中华女子教育促进会案》等。

1926 年 （35 岁）

春　被推为中华教育改进社"国家政策教育委员会"委员和"促成宪法中制定教育专章委员会"委员。

2 月 26—28 日　在北京出席中华教育文化基金董事会首次常务会。

3 月 17 日　致函有关单位，阐述中华教育改进社对英国处置庚款法案的立场。致函庚款咨询委员会的中国委员，劝勿就职，以维护我国主权。

10 月 29 日　以中华教育改进社的名义发表《创设乡村幼稚园宣言书》，主张"用科学的方法来建设一个省钱的、平民的、适合国情的乡村幼稚园"。

11 月 21 日　在中华教育改进社特约乡村教师研究会上演讲《我们的信条》。在南京参加特约乡村试验学校第一次研究会暨乡村教育研究会成立大会。建议在明陵小学举办特约乡村小学成绩展览会。

12 月 25 日　在南京参加中华教育改进社特约乡校联合宣誓仪式，誓词题为《我们的信条》。提议组织乡村教育同志会，宣读了《简章》，并在讲话中提出："打破死的教育，创造活的教育，打破假的教育，创造真的教育。"

年底　筹办中华教育改进社乡村教育同志会会刊《乡教丛讯》，为乡教工作者提供园地。

1927 年 （36 岁）

1 月 1 日　中华教育改进社乡村教育同志会主办的会刊《乡教丛讯》创刊。召开试验乡村师范学校筹备会。议决了开校计划，落实了专人负责。

1月2日　与赵叔愚、丁超等人赴南京北郊黑墨营勘察乡村师范校址。初步确定后，立下界牌。

1月中旬　因黑墨营交通不便，决定将乡村师范校址改定在南京神策门外老山脚下的小庄。

1月28日　在《新教育评论》上刊出《试验乡村师范学校招生》的广告，其中声明："小名士，书呆子，文凭迷最好不来。"

2月4日　下乡安排试验乡村师范学校立础礼。当晚，住小庄农友陆健祥家。稻草铺地，与耕牛（戏称为"牛大哥"）同卧一室。

2月5日　立春。主持试验乡村师范学校立础礼，宣布改"小庄"为"晓庄"，取日出而作之意。

2月10日　在上海召开试验乡村师范学校董事会，被推为董事会书记兼学校校长。推举袁观澜（希涛）为董事长。通过了学校《组织大纲》。

2月27日　在南京安徽公学召开试验乡村师范学校（简称"晓庄师范"）第一院院务会议。报告董事会议决的事项。议决了招考及开学日期等问题。

2月下旬　委派钱向志在晓庄附近的畲儿岗筹办晓庄小学，贯彻办理师范应以小学为中心的主张。

3月5日　晓庄小学开学。

3月上旬　北伐军进逼南京，战云密布。协助南京红十字会办起收容所和救护队，以减轻离难平民的痛苦。

3月11日　主持晓庄师范招考工作。对前来应试的学生，除笔试、口试外，要求每人开垦荒地两分。

4月2日　致函晓庄师范全校同志（晓庄学校之使命）。

5月　创设寅会。于每日清晨，由师生轮流演讲工作计划及学习心得一刻钟左右。

5月15日　致函晓庄师范全校同学（实际生活是我们的指南针）。

6月　晓庄师范礼堂"犁宫"落成，亲笔书写"和马牛羊鸡犬豕做朋友；对稻粱菽麦黍稷下工夫"对联于犁宫大门两侧。组织晓庄小学课程设计会。

7月16日　主持制定晓庄小学课程设计办法。将小学课程分为五门：语言文字、公民训练、自然农艺、健康卫生、正当娱乐。主动兼任语言文字指导员。

7月19日　在晓庄师范寅会上演讲《农夫的身手》。

9月初　晓庄师范第二期招生，招收了两名女生，赞扬她们是中国历史上第一个到乡下去的女学生。组织成立民众教育研究会。主持编订儿童生活历。

10月2日　蔡元培应邀来晓庄师范就任董事长职。

10月26日　演讲《政治家与政客》。

11月2日　演讲《教学做合一》。

11月3日　演讲《在劳力上劳心》。

11月5日　演讲《以教人者教己》。

12月　应冯玉祥邀请，去开封实地考察河南教育。帮助冯玉祥制定普及军队教育计划。婉言谢绝出任河南省教育厅厅长。

1928年　(37岁)

1月5日　将培养师资的“徒弟制”定名为“艺友制”。

1月8日　晓庄师范、燕子矶小学、尧化门小学、晓庄小学、鼓楼幼稚园、燕子矶幼稚园联合招收艺友。

3月26日　上午，参加晓庄师范神策门中心小学的开学典礼，报告开办原由。下午，晓庄师范黑墨营中心小学开学。

3月　正式试行“艺友制”。接待蒋梦麟、沈定一等来晓庄参观。商谈在浙江成立乡村师范事。

4月4日　为自编教育论文集《中国教育改造》写《自序》。

5月15—28日　参加南京举行的全国教育会议。任全国教育会议分组审查委员会普通教育组委员和“初等及中等学校教学组”提案预备委员会委员。会议期间，提出了改革教育和社会的提案十余件。

5月中下旬　在第一次全国教育会议上提出《乡村小学、师范学校标准案》、《推广乡村幼稚园案》、《改革乡村教育案》、《请大学院呈清国民政府，划出地方数处献与人类，俾抱有改造社会理想之学者，得以运用科学方法，实现极乐世界，俟试有结果，再行从事推广，以收大同之效案》等。

6月27日　与操震球、程本海、王琳同赴杭州，筹办浙江乡村师范。

夏　接待冯玉祥来晓庄参观。

秋　联村自卫团举行成立大会，自任团长。冯玉祥到会授枪。

10月1日　浙江省立乡村师范（简称“湘湖师范”）开学。

10月10日　演讲《今后中华民族的使命》。

1929年（38岁）

1月20日　致函田汉，欢迎“南国社”到晓庄来演出。“南国社”来校演出后，陶行知成立晓庄剧社，任晓庄剧社社长，创作剧本，与学生同台演出。

1月　由上海亚东图书馆出版《知行书信》。

6月6日　新安小学开学。兼任校长。妹文渼病逝。

7月8日　主持晓庄师范全体会议，议决将本校事业分设为五个学院。兼任和平学院院长。

9月17日　被教育部聘为教育方案编制委员会委员、常委。

10月14日　参加教育方案编制委员会第一次会议，担任义务教育组主任、师范教育组委员。

10月15日　接待美国哥伦比亚大学师范学院教授克伯屈参观晓庄学校。

11月下旬　带领晓庄剧社去镇江、无锡、苏州、上海、杭州等地演出，颇获好评。

12月4日　在上海接受圣约翰大学授予的荣誉理学博士学位。

1930年（39岁）

2月　作为教育部遴聘的专家，被定为出席第二次全国教育会议代表。

3月15—17日　主持晓庄师范成立三周年的纪念活动。举办成绩展览会、专家讲演会，举行联村运动会、救火演习、植纪念树等活动。发表《晓庄三岁敬告同志书》。

3月下旬　日本舰队泊留南京。对国民党政权奴颜媚外表示愤慨。

4月3日　对南京英商和记工厂的华工被殴事件非常关心，进城了解情况。

4月5日　鼓励晓庄师范游行队伍，要他们冲破阻拦，达到示威目的。

4月7日　首都（南京）卫戍司令部司令官谷正伦奉命训令晓庄师范停办。

4月8日　教育部派赵乃传、顾树森等五人接管晓庄师范。

4月9日　写《护校宣言》，反对政府强行封校。

4月12日　晓庄师范被国民党政权武装军警强行封闭。陶行知遭国民党政权通缉。

4月15日　第二次全国教育会议开幕。因陶本人“为国府明令通缉，教育部改聘中大教育学院院长韦悫担任代表”。

4 月 30 日　在极端困难的情况下，回函、汇款给新安小学的同志们，并勉励他们要“捧着一颗心来，不带半根草去”。

夏　在上海召集晓庄师生座谈。一致认为晓庄师范是“用教育的形式反封建、反帝国主义”，并指出“我们是实际的革命者”。

秋　被迫东渡日本。

1931 年（40 岁）

7 月　发表《中华民族之出路与中国教育之出路》。

夏　接受史量才资助，创办自然学园，开展科学下嫁运动。主编《儿童科学丛书》。

9 月 2 日　在《申报》副刊《自由谈》上辟“不除庭草斋夫谈荟”专栏，发表时评和杂感。

9 月 24 日　发表《托尔斯泰与穆罕默德的信徒》一文，对“九一八”事变中蒋介石国民党政权的不抵抗主义进行猛烈抨击。

12 月上旬　支持上海青年自动组织的“援马抗日团”北上抗日。

是年　被申报馆总经理史量才聘请为总管理处顾问。

1932 年　（41 岁）

1 月 29 日　发表《国民的军队》一文，对“一 · 二八”事变中顽强奋战的十九路军将士给予声援。

2 月中旬　与史量才就《申报》登载“伍豪启事”密商，决定推迟发表该启事，并接受中共对策，刊登“致伍豪先生启事”，有意为周恩来“脱党”辟谣。

4 月　由《申报》馆出版杂文集《斋夫自由谈》。

5 月 21 日　开始发表教育小说《古庙敲钟录》。

6 月 23 日　成立儿童科学通讯学校。

6 月　起草《乡村工学团试验初步计划说明书》，筹备创立将“工场、学校、社会打成一片”的工学团。

9 月 20 日　在《消息》月刊发表《从教育上谋国难的出路》。

10 月 1 日　出席上海大场孟家木桥山海工学团成立大会。

10 月　出版《教学做合一讨论集》。

1933 年 （42 岁）

1 月 1 日　上午，参加山海工学团成立三周月纪念会。下午，应中社邀请，前往演讲《手脑相长》。

1 月 21 日　宝山县政府批准设立山海试验乡村学校（即山海工学团）。

2 月　在程霖生家，请人讲解马克思主义，约严竟成、戴伯韬等人参加。

3 月 14 日　参加与蔡元培、陈望道、李公朴等共同发起的纪念马克思逝世 50 周年的纪念大会。

7 月　指导张世德（张劲夫）、严钝组织沈家楼棉花工学团。亲自下地劳动，推广条播技术。

11 月 26 日　陶母去世。

1934 年 （43 岁）

1 月　将名字“陶知行”正式改为“陶行知”。

1 月 28 日　在山海工学团参加“一·二八”两周年纪念会。同时举行儿童自动工学团小先生普及教育队授旗典礼及宣誓，“小先生制”正式诞生。

春　多方营救被国民党以“左翼文化联盟负责人”罪名逮捕的山海工学团团长马侣贤。

4 月 1 日　劳工幼儿团正式成立，专门招收劳工子女免费入学。山海工学团开始利用电影、收音机等设备施行电化教育。

4 月 4 日　在山海工学团庆祝儿童节大会上演讲《普及教育与学武训》。

10 月 14 日　由天津到济南推行普及教育。

11 月 8 日　中国普及教育助成会筹备会在上海成立，任负责人。

11 月 15 日　在山海工学团星期总集会讨论会上谈《传统教育与生活教育有什么区别》。

11 月 26 日　会见甘肃省教育厅厅长水楚琴，商议把小先生制推广到甘肃去。

12 月 1 日　发表在宝山县民众教育馆主办的民众教育服务人员训练班开学典礼上演讲词《小先生与民众教育》。

1935 年 （44 岁）

1 月 21 日　将自著的童话寓言《乌鸦》题字赠送给日本东京池袋儿童之村生活学校。向日本介绍生活教育、山海工学团和小先生制。

2 月 12 日　主编的中国普及教育助成会筹备会《普及教育》周刊在上海《晨报》创刊。

3 月上旬　到南京、九江、汉口推行小先生制。

7 月 2 日　参加中华儿童教育社全体理事会。

12 月 12 日　与宋庆龄、何香凝、马相伯、沈钧儒等知名人士联署发表《上海文化界救国运动宣言》。

12 月 16 日　载文支持“一二 · 九”北平学生运动。

12 月 27 日　发起成立上海文化界救国会，被推选为执行委员。

是年　由上海儿童书局出版论文集《普及教育续编》。

1936 年（45 岁）

1 月 6 日　起草的《上海文化界救国会国难教育方案》，经上海文化界救国会通过。

1 月 28 日　上海各界举行“一 · 二八”四周年纪念会，与沈钧儒等率领工人、农民及各界爱国人士近万人参加游行示威，徒步四十五里，呼吁：国人团结起来抗日救国。

1 月　与上海文化界救国会、职业界救国会、妇女救国会等团体及其他爱国人士，组成上海各界救国联合会，被选为理事。

2 月 23 日　国难教育社成立，被选为理事长。主持起草《发起组织国难教育社缘起》、《国难教育社成立宣言》、《国难教育社简章》等文件，经会议通过。

春　与陈鹤琴、方明一起参观“亭子间工学团”，并写诗赞颂。接待美国进步作家、记者史沫特莱女士参观山海工学团，由张健、侣朋两位小先生接待，自己在旁担任翻译。

4 月 23 日　夫人汪纯宜病逝。

5 月 31 日　与沈钧儒、宋庆龄、何香凝、邹韬奋等及其他地方救亡团体代表在上海开会，成立“全国各界救国联合会”，被选入常务委员会和执行委员会。

7 月 7 日　受全国各界救国联合会委托，前往欧美亚非各国宣传抗日救国，发动侨胞共赴国难。

7 月 10 日　离港赴英，参加世界新教育会议。

7 月 11 日　发表与《救国时报》记者的谈话记录《南京若与红军携手，救亡实力大有可观》。

7 月 16 日　在新加坡青年励志社演讲《新中国与新教育》。发表《苏联宪法草案中之公民权》。

7 月 25 日　与沈钧儒、章乃器、邹韬奋等人联合签署的《团结御侮几个基本条件与最低要求》宣言正式发表。

8月7日　抵伦敦。在世界新教育青年会上作了题为《推行“小先生制”普及教育》的报告。

8月10日　毛泽东就《团结御侮的几个基本条件与最低要求》宣言，写信给陶行知与沈钧儒等四人，表示：“我们同意你们的宣言纲领和要求，诚恳的愿意与你们合作，与一切愿意参加这一斗争的党派、组织或个人合作，以便如你们纲领与要求上所提出的一样，来共同进行抗日救国的斗争。”

8月底至9月初　与钱俊瑞、陆璀在日内瓦参加世界青年和平大会。

9月3—7日　在布鲁塞尔参加世界和平大会第一次会议，被参加大会的中国代表推为中国代表团主席，并在大会上被选为大会主席团成员。会议结束时，被推为世界和平理事会中国执行委员。

9月12日　在巴黎华侨各界欢迎会上演讲《联合奋起，抗日救亡》。

9月18日　参加巴黎中国学生会召开的纪念“九一八”大会并演讲。

9月20日　在巴黎出席全欧华侨抗日救国联合会成立会，即席创作并朗诵《中华民族大团结》长诗。

11月中旬　会见杜威、克伯屈等。访中国学生抗日会、农联、华侨学校等。

11月22日　在全欧华侨抗日救国大会上演讲《〈团结御侮的几个基本条件与最低要求〉之再度说明》。

12月1—11日　先后拜会哥伦比亚大学师范学院教授杜威、孟禄、克伯屈等人。在美国非侵略会演讲。

是年　《普及教育三编》、《中国大众教育问题》等书出版。

是年　由上海儿童书局出版《知行诗歌三集》。

1937年（46岁）

1月　与在美国的华侨冀朝鼎等33人，发起救援救国会“七君子”，杜威、爱因斯坦、孟禄等世界知名人士16人致电蒋介石，表示严重关切。

2—3月　出席美国洗衣工会联合会议，并建议印制“请不要买日本货”的卡片，放在洗好的衣袋里，以宣传抗日救国。

4月3日　被国民党政权江苏省高等法院以“危害民国并宣传与三民主义不相容之主义”罪名再次予以通缉。

4 月 14 日　在加拿大温哥华演讲《中国的抗战是不自由就受奴役的斗争》，英文记录稿载同月加拿大报纸《Sun》。

4 月 15 日　出席国际扶轮社午宴，并作政治形势演讲。

5 月 4 日　在洛杉矶五千人集会上演讲，表示强烈反对美国军火商贩卖废铁等军火原料给日本侵略者制造武器，屠杀中国人民。

8 月 30 日至 9 月 7 日　在墨西哥接受记者访问，到妇女人民阵线会议、墨西哥中华小学演讲。

9 月 20 日　拜会墨西哥总统。

10 月 16 日　致信胡适，对其承认伪满洲国以换取和平的主张，表示反对。

11 月 15 日　出席大使馆纪念周并演讲。会见《华盛顿邮报》记者。

11 月 18 日　离美去加拿大，宣传抗日救国。

12 月 8 日　代为草拟的杜威、甘地、罗曼·罗兰、罗素、爱因斯坦五人宣言发表，谴责日本侵略中国。

1938 年（47 岁）

2 月 10 日　在伦敦出席世界反侵略大会。

2 月 10—15 日　与吴玉章再次拜谒马克思墓。

2 月 17—18 日　去都柏林调查爱尔兰与日本的贸易情况。

2 月 20 日　去利物浦，访问当地华侨抗日救国后援会。

2 月 23 日　去荷兰鹿特丹、海牙，访问华侨会馆及救国后援会。

2 月 25 日　去比利时。在布鲁塞尔访问华侨抗战后援会。

3—4 月　访问国际研究所。到加拿大各大城市演讲。把演讲所得之款，购买医药器材，通过宋庆龄转送八路军白求恩医疗队。调查加拿大华人情况。

6 月 12 日　出席致公堂茶会，向各团体辞行。

6 月 15 日　离美去英。在美期间，积极推动《鲁迅全集》征订工作。

6 月 24 日　离伦敦去巴黎。在英期间，与李信慧女士一道，第三次拜谒马克思墓。写诗祝贺《鲁迅全集》出版。

7 月 6 日　第一届第一次国民参政会在汉口举行。根据国民参政会组织条例第三条（甲）项，被安徽省选为国民参政员，因在国外未出席会议。

7月21日　访苏格拉底石牢。去埃及。

7月27日　用英文致函Gandhi（甘地）、Tagore（泰戈尔）等。

7月28—29日　离埃及去印度。在船上组织唱歌团，船过红海时组织医药急救班。

8月10—12日　抵加尔各答。访泰戈尔，出席全印学生、工人、农民代表及全印大会领袖举行的欢迎茶会。后去孟买。

8月14日　访甘地，答应撰写关于中国大众教育的文章，将小先生制介绍给印度。

8月31日　与邓颖超一起参加香港文化界人士举行的欢迎大会，并介绍遍游欧美诸国的情况。

9月1日　在香港各界欢迎会上演讲《国际形势与中国抗战》。

9月9日　完成英文论著《The People's Education Movement In China》（《中国的大众教育运动》）。该文系应甘地约请而作。

9月上旬至中旬　在香港青年会、香港妇女联合会、香港女子筹委会演讲，动员华侨支援抗战。在港期间，向报界和各界人士发表谈话，表示在抗战中要从事三件工作：一是创办晓庄学院，以培养高级人才；二是创办难童学校，使难童能受到一定的教育；三是在港创办中华业余补习学校（即店员职业补习学校），以教育方式发动侨胞救国。在香港筹组中华业余补习学校，任董事长。

10月4日　出席汉口临时儿童保育院欢迎大会并演说。拜见蒋介石，谈晓庄复校、改创晓庄学院计划。

10月5日　拜会周恩来。听周恩来谈陕北军民坚持抗战，深受鼓舞。

10月6—12日　先后访问白崇禧、李宗仁、宋美龄、黄仁霖、陈启东等。

10月17日　离汉赴渝，前往参加国民参政会第二次会议。在汉期间，谢绝任安徽省教育厅厅长之聘，应邀参加“设计委员会”，帮助从武汉迁到四川去的八九所保育院的开办工作。

10月28日至11月6日　以国民参政员身份，出席国民参政会第二次会议。在国民参政会上，提出《推行普及教育及增加抗战力量树立建国基础案》等提案。

11月21日　抵桂林。筹组生活教育社。

12月15日　生活教育总社在桂林正式成立，被选为理事长。

是年　创立中国战时教育协会。

1939 年（48 岁）

1 月　出席香港记者座谈会、新年聚餐会。在明德中学、业余联谊会、中国青年记者学会、红勘自强体育会等社团演讲。在香港召开晓庄学校董事会议，决定筹建晓庄研究所。

1 月底　离港赴重庆参加第三次国民参政会。

3 月初　由重庆到北碚。计划将筹组中的晓庄研究所设于北碚。着手筹办招收和培养难童中天才儿童的育才学校。

4 月　在北碚成立育才学校筹备处，领导王洞若、马侣贤、陆维特等开始筹办育才学校。

5 月　积极筹组育才学校。聘请吴晓邦、陈烟桥等来校任教，组织测验团，用智力测验、分组测验、普通课测验方法，到各儿童保育院、教养院、孤儿院等难童所在地，为育才学校选拔有才能的学生。

9 月　参加国民参政会第四次会议。香港中华业余补习学校终因局势动荡、师资缺乏和经费不足等问题而停办。

11 月 10 日　提出今年孙中山先生的诞辰纪念应以宪政期成为运动中心，举行宪政座谈会。

11 月下旬　与沈钧儒、黄炎培、章伯钧等人在重庆发起组织“统一建国同志会”。

12 月 31 日　与吴树琴结婚，极简朴，住北碚一废弃不用的旧碉堡内。

1940 年（49 岁）

3 月 15 日　出席生活教育社十三周年纪念会，报告社务并指示生活教育运动的方向。

4 月上旬　在国民参政会上提出，政府应规定教育为人民之义务和权利。

4 月 9 日　与《新华日报》记者谈话《抗战必须坚持团结停止摩擦》。

9 月 24 日　出席周恩来等人在北碚温泉招待文化界知名人士的宴会，并聆听了周恩来的形势报告。

12 月 23 日　连任第二届国民参政会参政员。

12 月 26 日　邀请周恩来、邓颖超、叶剑英、冯玉祥等及中外记者，参加育才学校音乐组在重庆举行的儿童音乐会。

1941 年（50 岁）

1 月 4 日　“皖南事变”后，派人通知共产党员戴伯韬等人，要他们赶快隐蔽起来，免遭不测。

春　物价飞涨，育才学校的经济十分困难，但仍严辞拒绝教育部部长陈立夫以解决育才学校立案和经费作为交换条件向育才学校派出训育主任的要求，以保持育才学校的独立性。

4月6日　提出“跟武训学”、“做一个集体的武训”等口号，以克服育才办学中的经济困难。定4月6日为“育才兴学节”。

10月10日　与张澜、沈钧儒、胡愈之等发起组织民主政团同盟。

10月19日　参加第二届国民参政会第二次会议，提出了《设立中央儿童学园以倡导幼年社会教育案》等案。

1942年（51岁）

5月　组织育才师生学习毛泽东《在延安文艺座谈会上的讲话》以及延安整风的文献资料。

12月25日　在育才学校纪念牛顿诞辰三百周年、伽利略逝世三百周年大会上，朗诵《纪念牛顿与伽利略》，号召育才学生向牛顿和伽利略学习，争取为人类作出贡献。

1943年（52岁）

3月　生活教育社改选，连任理事长。

10月15日　在育才朝会上宣读《创造宣言》，指导教育者要创造的是真善美的活人，教师的成功是创造出使自己崇拜的人和理论与技术。

12月　总结“幼年研究生制”和见习团的经验，认为这是一种行之有效的办法。

是年　为营救萨空了而到处奔走。接受周恩来所送的一套南泥湾垦荒大生产图片和一件用延安毛线织成的毛衣。

1944年（53岁）

3月　动员育才师生到光铁坡农场去开荒劳动，生产自救。

9月26日　与宋庆龄等七十余人联名发起邹韬奋先生追悼会，并写诗以寄追思。在儿童福利工作人员会议上演讲。

12月5日　在育才学校武训诞辰纪念会上谈“武训精神”，记录稿载次日《新华日报》。

是年　与沙千里、周竹安等人筹建大孚出版公司。

1945 年（54 岁）

4 月 9 日　在《新华日报》发表与该报记者的谈话，希望郭沫若筹办民主研究院。

5 月　协助中国民主同盟主编《民主》星期刊。为社会青年开设民主星期六讲座。

7 月 20 日　参加育才学校六周年校庆活动，接受美国援华会赠育才的儿童读物，并与贵宾一起将读物分发给育才小朋友。

8 月　任中国人民救国会中央常务委员兼组织部长。

9 月　多次晤见来重庆谈判的毛泽东。

10 月 1—12 日　民盟在重庆召开临时全国代表大会，被推选为民盟中央常务委员、教育委员会主任委员。

10 月 11 日　送毛泽东返延安，并在机场合影。

11 月 6 日　致函杜威（论中美两国关系）。

11 月 18 日　参加重庆各界团体举行的“陈嘉庚安全庆祝大会”。祝贺陈嘉庚安全回到新加坡。

12 月 9 日　参加重庆各界追悼昆明“一二 · 一”死难烈士大会，大义凛然，将生死置之度外。

12 月 22 日　着手筹办重庆社会大学。

是年　任大孚出版公司总编辑。

1946 年（55 岁）

1 月 1 日　提出生活教育的四大方针，即民主的、大众的、科学的、创造的方针。

1 月 3 日　与周恩来、郭沫若等五十余人，发起冼星海先生纪念演奏会，协助组织周恩来倡议成立的星海合唱团和民主合唱团，并任民主合唱团团长。

1 月 10 日　组织育才师生出席欢迎叶挺出狱的联欢会。

1 月 15 日　与李公朴、史良等共同筹创的重庆社会大学（夜大学）开学，任校长。

年初　将育才学校迁往红岩村。带领育才师生参加重庆沧白堂政协促进会。

2 月 10 日　参加较场口庆祝政协会议成功大会。

2 月　就《新华日报》工作人员遭国民党特务殴打事，前往中共代表团慰问和致意。

3 月 8 日　请邓颖超到育才学校讲革命经历，对育才师生进行革命传统教育。

4 月 11 日　由重庆飞南京，筹备育才迁校和筹办上海社会大学。

4月中旬　去南京梅园看望周恩来，谈及对育才学校迁校的设想。

5月中下旬　在沪江大学、圣约翰大学等地作专题讲演。与郭沫若等宴请美洲爱国华侨司徒美堂。指导筹组的生活教育社上海分社成立。

6月23日　在上海北站欢送马叙伦等赴京请愿的十万人大会上发表演说。斥责国民党政权搞假和平、真内战的阴谋。上海“和平运动”联合会在大会上宣告成立。

6月25日　代表上海54个团体向外国记者发表谈话，抗议国民党特务所制造的“下关事件”，并要求美军立即撤离中国。

7月3日　在上海青年会举行的招待外国记者茶会上，用英文宣读郭沫若拟订的发言稿，揭穿了国民党特务的阴谋，并即席答记者问。

7月15日　在回答翦伯赞劝他提防“无声手枪”时说：“我等着第三枪。”

7月16日　致函育才同学会上海分会全体同学（为民主斗争前仆后继）。写《给育才全体师生的一封信》，信中说：“只要我们肯为民主死，真民主就会到来，而中华民族就也一定可以活到万万年。”

7月22日　参加邹韬奋逝世二周年暨遗体安葬大会。

7月24日　与郭沫若等三十余人致电美国哥伦比亚大学历史学院，要求派代表调查李公朴、闻一多遭特务暗杀事件。为生活教育社赶写对联和整理自己历年的诗稿直至深夜。

7月25日　因突发脑溢血抢救无效，于12时30分逝世于上海，终年55岁。

参考文献

资料类

（中华民国）教育部．第一次中国教育年鉴．上海：开明书店，1934．

陶行知．中国教育改造．合肥：安徽人民出版社，1981（影印版）．

江苏省陶行知教育思想研究会，南京晓庄师范陶行知研究室合编．陶行知文集．南京：江苏人民出版社，1981．

中央教育科学研究所编．陶行知教育文选．北京：教育科学出版社，1981．

葛懋春等编辑．胡适哲学思想资料选（上、下册）．上海：华东师范大学出版社，1981．

赵祥麟，王承绪编译．杜威教育论著选．上海：华东师范大学出版社，1981．

华中师范大学教育科学研究所编．陶行知全集（第 1 ~ 6 卷）．长沙：湖南教育出版社，1984—1985；陶行知全集（第 7 ~ 8 卷）．长沙：湖南教育出版社，1991．

朱泽甫．陶行知年谱．合肥：安徽教育出版社，1985．

社科院近代史所编．胡适日记（上、下册）．北京：中华书局，1985．

陈独秀．独秀文存．合肥：安徽人民出版社，1987．

胡晓风等编．生活教育文选．成都：四川教育出版社，1988．

高平叔编．蔡元培教育文选．北京：人民教育出版社，1988．

董宝良主编，喻本伐、周洪宇编辑．陶行知教育论著选．北京：人民教育出版社，1991．

江苏省陶行知研究会等编．陶行知日志．南京：江苏教育出版社，1991．
中国陶行知研究会组编．陶行知全集（第 1 ～ 10 卷）．成都：四川教育出版社，1991．
胡晓风主编．工学团史料．成都：四川教育出版社，1992．
陈鹤琴著．陈鹤琴全集．南京：江苏教育出版社，1992．
蒋廷黻著．蒋廷黻回忆录．长沙：岳麓书社，2003．
胡适口述，唐德刚整理、翻译．胡适口述自传．合肥：安徽教育出版社，2005．
蒋梦麟著．西潮与新潮——蒋梦麟回忆录．北京：东方出版社，2006．

专著类

梁漱溟著．东西文化及其哲学．上海：上海商务印书馆，1922．
潘开沛．陶行知教育思想的批判．上海：大众书店，1952．
戴伯韬著．陶行知的生平及其学说．北京：人民教育出版社，1982．
安徽省陶行知教育思想研究会．陶行知一生．长沙：湖南教育出版社，1984．
江苏省陶行知教育思想研究会．纪念陶行知．长沙：湖南教育出版社，1984．
安徽省陶行知教育思想研究会编．人民教育家陶行知．上海：上海教育出版社，1984．
辛元，谢放编．陶行知与晓庄师范．南京：江苏教育出版社，1986．
北京陶行知教育思想研究会．陶行知研究．长沙：湖南教育出版社，1987．
许宗元．陶行知．北京：人民出版社，1988．
叶上雄主编．生活教育十讲．成都：四川教育出版社，1989．
胡国枢著．生活教育理论——陶行知教育思想研究．杭州：浙江教育出版社，1991．
汤翠英，吴梦进编著．陶行知与当代中国名人．南京：南京大学出版社，1991．
袁振国，张葵著．伟大的人民教育家．南京：江苏教育出版社，1991．
童富勇，胡国枢．陶行知传．北京：教育科学出版社，1991．
周洪宇．陶行知研究在海外．北京：人民教育出版社，1991．
叶良骏．陶行知的故事．北京：人民教育出版社，1991．
章开沅，唐文权著．平凡的神圣——陶行知．武汉：湖北教育出版社，1992．
董宝良主编，周洪宇副主编．陶行知教育学说．武汉：湖北教育出版社，1993．
张劲夫．思陶集．北京：华夏出版社，1994．

江苏省陶行知研究会、南京晓庄师范学校、江苏教育出版社编：陶行知，南京：江苏教育出版社，1996.
董宝良，周洪宇主编. 中国近现代教育思潮与流派. 北京：人民教育出版社，1998.
余子侠. 山乡社会走出的人民教育家：陶行知. 武汉：湖北教育出版社，1999.
周洪宇，余子侠，熊贤君主编. 陶行知与中外文化教育. 北京：人民教育出版社，1999.
元青：杜威与中国，北京：人民出版社，2001.
熊明安，周洪宇主编. 中国近现代教育实验史. 济南：山东教育出版社，2001.
周毅，金成林编著. 创造奇葩——陶行知的弟子们. 成都：四川教育出版社，2001.
金林祥主编. 二十世纪陶行知研究. 上海：上海教育出版社，2005.
徐明聪. 陶行知与现代名人. 合肥：合肥工业大学出版社，2006.
邝忠炽，徐仲林主编. 陶行知与育才学校. 重庆：西南师大出版社，2006.
陶行知与中国现代化课题组著. 陶行知与中国现代化. 成都：四川教育出版社，2008.
胡国枢著. 中华本土教育家陶行知. 杭州：杭州出版社，2009.
金林祥主编. 陶行知词典. 上海：百家出版社，2009.
周毅，向明著. 陶行知传. 成都：四川教育出版社，2010.
周洪宇著. 开拓与创建——陶行知与中国现代文化. 济南：山东教育出版社，2010.
周洪宇著. 陶行知生活教育学说，武汉：湖北教育出版社，2011.
周洪宇著. 陶行知的四个世界. 北京：人民教育出版社，2011.
周洪宇著. 人民之子陶行知. 武汉：湖北人民出版社，2011.

[美]朱宕潜. 新兴国家的教育型：陶行知在中国的工作1917–1946年. 台南：台南高昌印刷公司，1966.
[日]斋藤秋男. 陶行知生活教育理论的形成. 东京：明治图书出版公司，1983.
[加]许美德，巴斯蒂主编. 中外比较教育史. 上海：上海人民出版社，1990.
[美]费正清著. 美国与中国. 北京：世界知识出版社，2002.